"十三五"国家重点图书出版规划项目

朱庆葆 主编

中国禁毒史

国民政府卷

下

朱庆葆 杨长年 刘霆 著

南京大学出版社

图书在版编目(CIP)数据

中国禁毒史. 国民政府卷. 下 / 朱庆葆主编；朱庆葆，杨长年，刘霆著. — 南京：南京大学出版社，2023.12
ISBN 978-7-305-27591-3

Ⅰ. ①中… Ⅱ. ①朱… ②杨… ③刘… Ⅲ. ①禁毒—历史—中国—国民 Ⅳ. ①D669.8

中国国家版本馆 CIP 数据核字(2023)第 246316 号

出版发行	南京大学出版社
社　　址	南京市汉口路 22 号　　邮　编　210093

ZHONGGUO JINDU SHI

书　　名	中国禁毒史
主　　编	朱庆葆
著　　者	清代卷　　刘霆
	北洋政府卷　刘霆
	国民政府卷(上)　朱庆葆　杨长年　刘霆
	国民政府卷(下)　朱庆葆　杨长年　刘霆
	共和国卷　张楠
责任编辑	清代卷　臧利娟　　　　北洋政府卷　谭天
	国民政府卷(上)　张淑文　国民政府卷(下)　张倩倩
	共和国卷　黄睿
照　　排	南京南琳图文制作有限公司
印　　刷	南京爱德印刷有限公司
开　　本	718 mm×1000 mm　1/16 开
总 印 张	105.75
总 字 数	1752 千
版　　次	2023 年 12 月第 1 版
印　　次	2023 年 12 月第 1 次印刷

ISBN 978-7-305-27591-3
总 定 价　998.00 元

网址：http://www.njupco.com
官方微博：http://weibo.com/njupco
官方微信号：njupress
销售咨询热线：(025) 83594756

* 版权所有，侵权必究

* 凡购买南大版图书，如有印装质量问题，请与所购图书销售部门联系调换

目　录

清代卷

第一章　古代中国的鸦片输入与服用问题 / 1

第一节　古代西方鸦片种植与传播 / 1

　　一、何谓鸦片？/ 1

　　二、鸦片的原产地问题及词源演变 / 2

　　三、希腊、罗马及阿拉伯的鸦片使用情况 / 3

第二节　鸦片合剂流入中国 / 5

　　一、东汉时期的"苏合香"：一种可能含有鸦片的合剂 / 5

　　二、"底也伽"的传播时间及路线 / 5

第三节　古代中国的鸦片输入、种植与服用 / 7

　　一、唐宋至元时期 / 7

　　二、明清时期 / 9

　　三、古代中国的鸦片提炼技术 / 11

第四节　鸦片吸食方式的形成与演变 / 13

　　一、烧吸"碗药"/ 13

　　二、混合吸食法 / 13

　　三、直接吸食烟膏的时间问题 / 18

第二章　1840年之前的鸦片贸易 / 21

第一节　1840年之前的中西贸易格局 / 21
一、中英茶叶贸易 / 21
二、中国的货币体制与白银依赖 / 23

第二节　早期的鸦片贸易 / 26
一、葡萄牙与荷兰的鸦片贸易 / 26
二、英国霸权地位的取得及对华鸦片走私的开始 / 28
三、从澳门到伶仃洋：英、葡之间的贸易战 / 31
四、其他国家鸦片走私概况 / 35

第三节　1840年之前的"白银漏卮"问题 / 36
一、鸦片输入的数量与价值问题 / 36
二、清廷关于"白银漏卮"的讨论 / 42
三、白银外流的数量问题及银贵钱贱之原因分析 / 52
四、鸦片贸易对于印度、英国、中国之影响 / 60

第三章　雍正、乾隆、嘉庆三朝的禁烟 / 63

第一节　雍正与乾隆时期 / 63
一、雍正时期：中国历史上的第一个禁毒令 / 63
二、乾隆朝：禁烟令的重申与扩展 / 68

第二节　嘉庆朝的禁烟 / 70
一、鸦片烟外禁的时间问题 / 70
二、禁止吸食法令 / 87
三、嘉庆年间禁烟效果之分析 / 88

第四章　道光朝的禁烟 / 91

第一节　道光朝前期的禁烟 / 91
一、叶恒澍事件及其影响 / 91
二、"广东立场"与《酌定失察鸦片烟条例》的出台 / 94
三、"广东立场"的持续发酵："内禁优先"与"弛禁"论的酝酿 / 97

第二节 鸦片战争之前的严禁 / 118
    一、罂粟种植及《严禁内地种卖鸦片烟章程》/ 118
    二、进口鸦片的贩运与清政府的查禁行动 / 125
    三、鸦片战争前的吸食问题 / 134
    四、林则徐的广东禁烟 / 150

第五章 鸦片贸易的合法化与全面弛禁（上）/ 162
第一节 鸦片贸易合法化的交涉 / 162
    一、英方致力于鸦片贸易合法化的原因 / 162
    二、璞鼎查的交涉 / 164
    三、德庇时的交涉 / 165
    四、战后的鸦片走私问题 / 168
    五、《通商章程善后条款》：鸦片贸易合法化的开端 / 174

第二节 税厘并征体制的形成 / 183
    一、税厘分征体制下中央与地方之关系 / 183
    二、税厘并征：《烟台条约》及《烟台条约续增专条》/ 187

第三节 洋药进口数量与关税统计 / 194
    一、洋药的进口数量 / 194
    二、洋药的税厘统计 / 200

第六章 鸦片贸易的合法化与全面弛禁（下）/ 213
第一节 土产鸦片的全面弛禁 / 213
    一、朝野弛禁之论 / 214
    二、土产鸦片弛禁的开始 / 221
    三、土产鸦片的种植与产量 / 222
    四、土药的税厘征收 / 248
    五、"以土抵洋"之成功 / 263
    六、鸦片弛禁之影响 / 267

第二节 弛禁时期的严禁思想与实践 / 287

一、同治至光绪初的禁种措施 / 287
二、洋务派中的严禁主张及实践 / 288
三、维新派的禁烟主张 / 297
四、太平天国的禁烟政策及实践 / 299

第七章 清末禁烟运动 / 305

第一节 清末禁烟运动之背景 / 305
一、清末民族主义与禁烟舆论之形成 / 306
二、有利的外部环境 / 312
三、民间禁烟团体及禁烟运动的推动 / 317

第二节 禁烟法令与禁烟机构 / 323
一、相关禁烟法令的颁布 / 324
二、禁烟机构的设立 / 332

第三节 中英禁烟交涉 / 339
一、禁烟条约的初步签订 / 340
二、英方的调查 / 342
三、《中英禁烟条约》的最终确定 / 355

第四节 禁烟运动的措施及成效 / 356
一、禁种植的措施及成效 / 356
二、禁贩售的措施及成效 / 366
三、禁吸食的措施及成效 / 370
四、万国禁烟会 / 377

第五节 禁烟运动中的财政抵补 / 382
一、禁烟与财政之两难 / 382
二、抵补措施 / 383
三、抵补政策之评析 / 389
四、清廷灭亡与禁烟运动的中断 / 390

北洋政府卷

第八章　民初禁政之延续 / 393

第一节　禁政持续之原因 / 393
一、中英条约的束缚 / 393
二、国际禁烟形势的制约 / 394
三、民众禁烟力量的推动 / 395

第二节　禁烟法令的颁布与执行 / 396
一、南京临时政府的禁烟令 / 396
二、北洋政府的禁烟法令与饬令 / 397
三、司法实践中的诸多细节问题 / 405
四、各地禁政之举措 / 410

第三节　民初禁政与外交纠纷 / 430
一、纠纷之条约渊源 / 430
二、浙江省的交涉 / 432
三、安徽省的交涉 / 436
四、广东省与江苏省的交涉 / 438

第四节　民初禁政之成效 / 440
一、中英联合会勘与印药禁止输华 / 440
二、存土焚毁之始末 / 452

第九章　军阀时代烟禁的废弛 / 466

第一节　烟禁废弛之原因 / 466
一、政局动荡 / 466
二、麻醉类毒品使用的增加 / 468
三、财政短缺 / 470
四、租界庇护与外人贩毒 / 473

第二节　全国烟毒泛滥之情形 / 483

一、禁烟法令的存续与影响 / 484

二、军阀获取鸦片利益之一般概况 / 488

三、各地烟禁废弛之具体情形 / 498

第三节 罂粟种植与吸食人口的数量问题 / 610

一、目前关于20年代烟土产量及吸食人口的几种估算 / 611

二、吸食人口数的估计 / 612

三、年消费量的估算 / 614

四、烟土年产量的估算 / 617

五、罂粟种植面积的估算 / 622

第十章 禁烟外交与海外华人所受之毒祸 / 626

第一节 英国的责难 / 626

第二节 国际禁烟会议 / 630

一、"国联禁烟委员会"的成立 / 630

二、中国参会之情形 / 631

第三节 世界毒品生产与中国之关系 / 638

第四节 海外华人所受之毒祸 / 641

一、英属殖民之毒祸状况 / 641

二、荷属东印度之毒祸状况 / 646

三、葡属澳门之毒祸状况 / 648

第十一章 民间禁烟运动的继续发展 / 650

第一节 传统政治之转型与禁烟运动之关系 / 650

第二节 各禁烟团体的成立及活动 / 653

一、全国禁烟联合会 / 653

二、万国拒土会 / 657

三、中华基督教协进会拒毒委员会 / 660

四、中华国民拒毒会 / 661

五、各地方禁烟组织概述 / 668

国民政府卷(上)

第十二章　南京国民政府初期的禁毒 / 673

第一节　禁毒法律体系的初步建立 / 674

　　一、《禁烟暂行章程》/ 675

　　二、《修正禁烟条例》/ 677

　　三、《禁烟法》与《修正禁烟法》/ 678

第二节　"断禁"政策的实施 / 681

　　一、"断禁"举措与成效 / 681

　　二、层出不穷的烟毒大案 / 683

　　三、"断禁"政策的失败 / 684

　　四、"渐禁"之议再起 / 687

第三节　军委会腹地省份禁烟 / 688

　　一、四省禁烟 / 689

　　二、腹地省份禁烟 / 691

第四节　南京国民政府初期禁毒的失败 / 696

　　一、中央政府政令不畅，地方禁烟各自为政 / 696

　　二、各级官员贪腐成风，烟毒势力盘根错节 / 704

　　三、中国对外主权丧失，外来毒祸难以遏制 / 706

第十三章　南京国民政府时期的民间禁毒运动 / 714

第一节　中华国民拒毒会与民间禁毒领袖 / 715

　　一、中华国民拒毒会的组织构成及其管理制度 / 715

　　二、民间拒毒运动精英 / 724

第二节　中华国民拒毒会的禁毒努力 / 731

　　一、唤起与鼓动民众拒毒 / 731

　　二、接洽与监督政府 / 747

第三节　海外华侨禁毒 / 762

一、菲律宾华侨清毒《宣言》/ 762

二、清毒委员会及各股办事细则 / 768

第四节　民间禁毒运动的衰落 / 770

一、民间禁毒力量的妥协 / 770

二、政府对民间禁毒力量的管控 / 776

第十四章　"两年禁毒、六年禁烟"运动(上) / 779

第一节　六年禁政的规划、法令、组织及其调整 / 779

一、六年禁政的基本规划 / 779

二、六年禁政的相关法令法规 / 786

三、禁烟组织 / 795

第二节　六年禁政的实施环节 / 801

一、施禁思路概述 / 801

二、具体实施措施及变通 / 802

三、禁烟经费与烟土税收 / 818

第十五章　"两年禁毒、六年禁烟"运动(中) / 827

第一节　分期禁烟区域 / 827

一、完全分期禁烟区域 / 827

二、绝对禁种分期禁运禁售禁吸区域 / 885

第二节　绝对禁烟区域 / 948

一、南京市 / 948

二、浙江省 / 949

三、山东省 / 953

四、青海省 / 956

第十六章　"两年禁毒、六年禁烟"运动(下) / 958

第一节　禁种成效考察 / 958

一、各省禁种成绩概况 / 958

二、存在问题分析 / 962

第二节　禁吸成效考察 / 967
　　一、烟民登记 / 967
　　二、施戒工作 / 971

第三节　禁运与禁售 / 979
　　一、禁运 / 979
　　二、禁售 / 989

第四节　禁毒工作成效 / 996
　　一、禁毒成绩之分析 / 996
　　二、禁毒工作问题之分析 / 999

第五节　六年禁政的若干缺失 / 1005
　　一、禁政计划不尽符合实际 / 1005
　　二、"禁税兼顾"导致重税不重禁 / 1007
　　三、法律执行宽严不一 / 1009
　　四、腐败导致禁政受阻 / 1011

国民政府卷（下）

第十七章　全面抗战前国民政府的禁烟运动与政权建设 / 1019

第一节　禁烟与国家政权建设的合法性问题 / 1019
　　一、"总理拒毒遗训"与国民党的政治遗产 / 1019
　　二、民族国家建构的诉求与政权建设的历史契合 / 1021
　　三、"六三纪念日"与"新生活运动" / 1024

第二节　禁烟运动与国民政府中央政权的巩固 / 1028
　　一、财政的中央集权：鸦片税基的扩大与重新分配 / 1028
　　二、中央政权的延伸：禁烟机构的膨胀 / 1038
　　三、基层的抵制与较量 / 1049
　　四、禁烟与社会管控 / 1059

第三节　全面抗战前的禁毒外交 / 1064

一、对于禁毒外交的认识 / 1064

二、国联多边禁毒框架与禁毒交涉与合作 / 1067

第十八章　全面抗战前日本对华毒害政策 / 1077

第一节　日本对华早期毒品走私 / 1077

一、数额巨大的毒品走私 / 1077

二、日本对华走私毒品的主要口岸 / 1080

三、对日本毒品走私活动的揭露与谴责 / 1081

第二节　日本在华毒品制贩基地的建立 / 1084

一、日本在"旅大"租借地的制贩毒活动 / 1084

二、天津日租界——日本向全球走私毒品的中心 / 1089

三、汉口日租界——日本在中国腹地的毒化中心 / 1092

四、日本在冀东的制贩毒活动 / 1094

五、日本在青岛实施的鸦片专卖 / 1098

六、日本在福州、厦门的制贩毒活动 / 1098

七、领事裁判权与日本在华制贩毒基地的建立 / 1101

第三节　日本在东北地区实施的毒害政策 / 1106

一、鸦片专卖制度的酝酿 / 1106

二、鸦片专卖制度的实施 / 1110

三、毒害情形 / 1118

四、鸦片"断禁" / 1120

第四节　日据台湾地区的毒祸 / 1127

一、渐禁政策 / 1127

二、断禁政策 / 1140

三、日本对台鸦片政策的危害 / 1142

第十九章　全面抗战时期日本对华毒害政策 / 1150

第一节　东北地区的毒害政策 / 1150

一、"断禁"政策的废止与鸦片增产 / 1150

二、鸦片吸食的泛滥 / 1152

三、鸦片走私的猖獗 / 1153

四、鸦片毒祸的危害 / 1155

第二节 伪蒙疆地区的毒害政策 / 1157

一、土药公司制 / 1157

二、组合贩售制 / 1160

第三节 华北沦陷区的毒害政策 / 1163

一、伪中华民国临时政府的鸦片专卖 / 1163

二、华北各地的毒祸 / 1168

第四节 华东沦陷区的毒害政策 / 1180

一、南京 / 1180

二、上海 / 1181

三、山东 / 1182

第五节 华中沦陷区的毒害政策 / 1184

一、河南 / 1184

二、湖北 / 1186

三、江西 / 1193

第六节 华南沦陷区的毒害政策 / 1194

一、福建 / 1194

二、广东 / 1203

三、香港、澳门 / 1208

第七节 华中宏济善堂与日本对华毒害活动 / 1209

一、华中宏济善堂的成立 / 1209

二、华中宏济善堂的毒害体系 / 1211

三、华中宏济善堂毒害的恶果 / 1217

第二十章 抗战胜利后南京国民政府的禁毒努力 / 1221

第一节 战后的禁毒形势 / 1221

一、国统区的毒祸 / 1221

二、收复区的毒祸 / 1222

第二节 南京国民政府的禁毒举措 / 1224
    一、中央政府的禁毒举措 / 1224
    二、地方政府的贯彻落实 / 1235

第三节 海外华侨禁毒 / 1245
    一、海外华侨的毒况 / 1245
    二、华侨禁烟座谈会 / 1247
    三、华侨禁烟设计委员会 / 1248
    四、《肃清华侨烟毒办法》/ 1249
    五、华侨禁毒交涉 / 1250
    六、华侨戒烟运动 / 1252

第四节 国际禁毒合作 / 1254
    一、国境边界禁毒交涉 / 1254
    二、联合国禁毒框架 / 1255
    三、烟毒缉私情报交换 / 1256

第五节 南京国民政府战后禁毒努力的失败 / 1258
    一、依然严峻的禁毒形势 / 1258
    二、禁毒失败的原因 / 1265

共和国卷

第二十一章 中华人民共和国成立前的禁烟禁毒工作 / 1287
第一节 中共早期的禁烟禁毒思想及政策 / 1287
第二节 全面抗战时期中共的禁烟禁毒工作 / 1292
第三节 解放战争时期中共的禁烟禁毒举措 / 1300

第二十二章 禁烟禁毒政策和组织的确立及转变 / 1306
第一节 1952年肃毒运动之前的禁烟禁毒政策 / 1307
第二节 "三反""五反"运动与1952年肃毒运动的确立 / 1314

一、"三反""五反"运动中的铁路运毒问题 / 1314

二、1952年肃毒运动的确立 / 1319

第三节 禁烟禁毒运动的组织形态及其演变 / 1328

一、禁烟禁毒干部的教育与惩处 / 1328

二、禁烟禁毒委员会的建立与发展 / 1329

第二十三章 禁烟禁毒宣传工作的实施与调整 / 1333

第一节 1952年肃毒运动之前的禁烟禁毒宣传政策 / 1333

第二节 美国诬蔑事件与"口头宣传"政策的推行 / 1345

一、冷战初期美国诬蔑共和国贩毒的系列事件 / 1345

二、禁烟禁毒方针的转向与"口头宣传"政策的确立 / 1351

三、"口头宣传"政策的执行 / 1355

第三节 群众的宣传动员：禁烟禁毒运动中控诉的微观研究 / 1368

一、控诉：一种宣传动员技术 / 1368

二、组织与培养典型控诉人 / 1371

三、家庭苦与"大义灭亲"的情感动员 / 1375

四、深挖毒根与阶级苦难 / 1378

五、"由鬼成人"与身份认同 / 1381

第二十四章 农村政治运动与禁种工作的开展 / 1384

第一节 禁种鸦片政策的制定与调整 / 1384

第二节 农村政治运动与鸦片查铲工作的推进 / 1395

第三节 禁种善后政策的拟定与实践 / 1402

第二十五章 禁贩运毒品的推进与烟毒犯的惩治处理 / 1410

第一节 严禁制售和贩运烟毒政策的转变 / 1410

一、第一阶段的禁贩运工作概况 / 1411

二、严禁制、贩、运烟毒政策的普遍推广 / 1414

三、1952年肃毒运动的准备工作 / 1418

四、1952年肃毒运动的执行情况 / 1422
第二节　中央和地方对烟毒犯的处理与惩治 / 1429

第二十六章　毒品收缴和处理政策的建立与变化 / 1446
第一节　美国诬蔑事件对禁烟禁毒政策的影响 / 1446
第二节　烟毒收缴与处理政策的实施 / 1449
一、沿袭与各地独立处理时期 / 1449
二、中央统一管理时期 / 1456
三、暂缓与区域集中保管时期 / 1466
四、中央重新统一管理时期 / 1470

第二十七章　烟民戒烟断瘾及其改造 / 1475
第一节　禁吸政策之流变 / 1475
一、强制戒烟政策的延续 / 1475
二、教育改造与分期戒绝：戒烟政策的温和化转向 / 1481
三、暂缓戒烟：1952年肃毒运动中的禁吸工作 / 1494
四、群众规劝与第四阶段的禁吸工作 / 1500
第二节　个人改造与戒除烟瘾：社会救济与戒烟工作的推进 / 1506
第三节　禁烟禁毒运动成功的经验总结 / 1513

参考文献 / 1521

索　引 / 1559

后　记 / 1585

第十七章　全面抗战前国民政府的禁烟运动与政权建设

政府是国家政权的行使者,而中央政府则处于国家政权的核心地位。近代中国,国家政权建设的主要内容就是建立中央集权制。只有中央集权的建立及巩固,政府才能在法理上以及实际支配能力上成为国家意志的体现者。国民政府是在打倒军阀、统一全国的基础上成立起来的,其通过革命和北伐积累起巨大的政治资源和威望。无论是从领袖的思想,还是党的革命意识,国民政府都必须承担清除烟毒、进行国家政权建设的历史任务。1927年后,国民党成为执政党,出于整合全国统治资源的需要,逐渐加强了对基层政权及民间社会的管控。与此相关的是,国民政府的禁烟工作亦出于三个方面的考量:其一,继承"总理拒毒遗训",树立国家政权建设的合法性权威;其二,掌握全国鸦片利益的分配权力,弥补中央政府庞大的军政开支;其三,使国家政权得以顺利地向基层及社会进行扩张和渗透。抗战前,国民政府在全国范围内发起的禁烟运动增强了中央政府的合法性,扩大了国家的财政基础,并成功地将中央权力向地方延伸。尽管这种权力的转移受到地方势力不同程度的抵制,但结果依然是中央集权制得到加强。

第一节　禁烟与国家政权建设的合法性问题

一、"总理拒毒遗训"与国民党的政治遗产

孙中山是民主革命的先行者,亦是国民党的缔造者和领导者,因此其对鸦片的态度始终制约着国民党的禁烟政策。如本书前卷所述,早在晚清时期,孙中山在致郑藻如的信中,及上李鸿章书中,就明确表达了要禁绝鸦片的思想。其任中华民国临时大总统后,又先后两次颁布禁烟令。在辞去临时大总统职务之后,孙中山仍把革除鸦片积弊作为己任,曾撰文致伦敦报界,要求英国停止不仁之贸易,还中国自由禁烟之主权。孙中山直到晚年仍坚持禁绝鸦片的思想。当时军阀割据,鸦片泛滥,鸦片税收几乎是全国所有军阀政权的财政依赖。孙中山指出:"即以恃非法之鸦片为利源之土匪式军阀言之,亦不敢公然承认鸦片乃正当之营业,对彼等自身之非法行为,亦为难逃羞耻与盗窃之良心责备。"[①]1924年12月,孙中山在赴北京参加善后会议途中,在天津与中华国民拒毒会代表会晤,再次表示坚决反对鸦片公卖,认为"鸦片营业绝对不能与人民所赋予权力之国民政府两立,中国之民意,未有不反对鸦片,苟有主张法律,准许鸦片营业或对鸦片之恶势力表示降服者,均为民意之公敌。对鸦片之宣战绝对不可妥协,苟负责之政府机关为自身之私,便对鸦片下旗息战,不问久暂,均属卖国之行为。欲达禁烟之目的,必须由国民政府采定全国一致遵守之计划,但在军阀未经打倒,民治政府未能统一全国以前,拒毒团体须奋斗不懈,千万不可放弃坚忍与不妥协之奋斗决心,永远抱定彻底不降服之政策"。[②] 此后,中华国民拒毒会将孙中山在天津的这次讲话内容作为"总理拒毒遗训"加以宣传,并将其作为督促国民政府禁烟的舆论利器。

由于孙中山在国民党内的地位及威望,其禁烟思想对国民政府的禁烟运动产生了重要的影响。当时不少禁烟团体和力主禁烟的仁人志士都以孙中山的禁烟主张相号召,国民政府的一些要员亦标榜要遵行"总理拒毒遗训",坚决禁烟。早在1925年,蒋介石在向军事委员会的建议书中,就批评军阀"庇赌包烟"。[③] 此后,蒋介石亦自觉地将禁烟与国家政权建设相联系。他曾指出:"现在我们要完成革命的政治建设,为要挽救国家民族的危亡,为要树立国家民族高尚的人格,为要提高国家民族的地位,非尽速禁绝鸦片不

---

① 国民党中央执行委员会:《禁烟宣传汇刊》,1929年,第7—8页。
② 《总理拒毒遗训》,《禁烟公报》1929年第7期,第28页。
③ 中国第二历史档案馆编:《蒋介石年谱》,中国档案出版社1992年版,第353页。

可。"①国民政府对待鸦片的态度,亦成为民众衡量政府合法性及民族国家代表性的一个标准。显然,孙中山一贯禁绝鸦片的态度,使得国民党顺理成章地举起了清除烟毒、建设民族国家的旗帜。民众和舆论对国民党的这种地位亦持相当认可的态度,并对其改造社会,在中国禁绝鸦片寄托厚望。1927年国民政府甫定南京,中华国民拒毒会即代表全国民众发表宣言,吁请国民政府实行禁烟。②

就国民党的革命意识形态而言,因帝国主义与封建主义成为近代中国民族国家构建的两大障碍,国民党一大即制定了反帝反封建的奋斗目标,并借此号召全国民众。在北伐战争中,国民党指责军阀政权是帝国主义的工具,并宣布了以废除不平等条约为核心的革命外交政策。可以说,国民政府的成立在许多方面是反帝的民族主义运动在中国的一个产物,但这种"政治遗产"对于国民政府来说亦是一把"双刃剑"。虽然政府和社会精英都把烟毒视为国家政权建设的一个主要障碍,但鉴于政府成立伊始,各方面都极为需要财政支持,国民政府与前清及其所批判的军阀们一样,很快就看出鸦片是一个非常重要的财政来源,而且在取得政权之后,以鸦片而获得经济收益并不需要花费太大的力气。国民政府所发起的试图使民族进步的禁烟运动同时也带有明显的财政企图,而且这种财政企图甚至一度成为运动的主流。国民政府的鸦片政策也因此常常受到舆论攻击,被舆论及民众指责为借鸦片牟利,与旧的军阀政权几无二致。令国民政府更为被动的是,任何与禁烟相关的会议以及民间的拒毒运动,作为一项必要的程序,在开始时均要宣读孙中山的"拒毒遗训",而国民党作为孙中山政策的继承者,却始终难以将国民政府的禁烟政策纳入孙中山"拒毒遗训"的解释框架中去。但国民政府毕竟是代表国家的中央政府,在法理上具有整合全国政治资源、进行政权建设的义务与权力,因此国民党中央政府也可以借禁烟运动制约其政治对手和地方实力派。

二、民族国家建构的诉求与政权建设的历史契合

建立民族国家,是近代中国不懈的追求。显然,北洋军阀不断上演的帝

---

① 内政部禁烟委员会:《蒋主席禁烟言论集》,1948年,第28页。
② 蒋秋明、朱庆葆:《中国禁毒历程》,天津教育出版社1996年版,第254页。

制、复辟、分裂、混战的闹剧,使得该政权完全失去了建设民族国家的合法性。与国民党统一全国的军事行动相适应,如何迅速地重塑民族国家建构的权威,是国民政府面临的一个迫在眉睫的问题。

国民党对于近代民族国家及政权的认识经历了一个逐步深化的过程。1912年8月,《国民党宣言》提出的建国目标是"种族同化"。① 此后,国民党分裂,至1919年改组,孙中山在新"三民主义"中提出"五族共和"的"中华民族之新主义"。② 1923年1月,《中国国民党宣言》发表,其建国计划为"内以促进全国民族之进化,外以谋世界民族之平等"。③ 1924年1月,国民党一大在广州召开,大会宣言强调:"一则中国民族自求解放;二则中国境内各族一律平等",国民党"于反对帝国主义及军阀之革命获得胜利以后,当组织成立自由统一的中华民国"。④ 可见,国民党的民族国家及政权观念有一个逐步成熟的过程,并最终以反帝反军阀作为民族国家建构的奋斗目标。

南京国民政府成立后,中国在形式上完成统一,中原大战后,国家政权亦基本实现统一和稳定,南京中央政府成为法理上的唯一合法政府。20世纪30年代,"民族复兴"话语勃兴,《新潮》《再生》《评论周报》《复兴月刊》等刊物多以讨论民族国家和民族复兴为宗旨,"话语声调之高亢、内贯感情之高昂、思想内容之驳杂,在近代中国的思想话语中都是极其突出的",⑤这显现出国人建立现代化民族国家的强烈政治诉求。而此时,因日本军国主义所造成的外部压力、国民党内派系斗争及共产党红色政权的存在,国民政府面临深重的民族危机和统治危机,这些均使得国民党迫切需要利用执政优势,抓住民族复兴的时代主题,树立国家政权建设的合法性权威。

国民党的手段之一是掌握并推广"民族复兴"的话语体系,突出"一个领袖"的意义。1932年至1934年,蒋介石先后数次向中央军校师生及各阶层人士宣讲"复兴中国之道",并竭力阐明民族复兴的中心是"一个领袖"。1934年出版的《复兴民族之要道》一书,收录了蒋介石1932年至1934年发表的有

---

① 邹鲁:《中国国民党史稿》,上海书店1989年版,第128页。
② 孙中山:《论三民主义》,孟庆鹏编:《孙中山文集》,团结出版社1997年版,第37页。
③ 邹鲁:《中国国民党史稿》,上海书店1989年版,第308页。
④ 邹鲁:《中国国民党史稿》,上海书店1989年版,第336页。
⑤ 黄兴涛、王峰:《民国时期"中华民族复兴观念"之历史考察》,《中国人民大学学报》2006年第3期。

关民族复兴的 10 篇言论。① 同年出版的《抵御外侮与复兴民族》,则是蒋介石对庐山军官训练团的讲话稿。此外,其他国民党大员亦纷纷发表有关民族复兴的演讲稿,如胡汉民的《民族主义的民族复兴运动》及阎锡山的《复兴民族须先复兴发展富强文明的原动力》等。② 而中央俱乐部(CC 系)与力行社等亦极力宣传"民族复兴"与"一个领袖"。CC 系的新中国建设学会发行《复兴月刊》,主要讨论欧洲国家的民族复兴之路,宣称:"必中华民族复兴,然后世界恐慌可以安定;必中华民族复兴,然后世界弭兵可以成功;必中华民族复兴,然后世界资本主义与社会主义可以安稳过渡。"③力行社则在南京、上海、杭州、北平、天津、南昌、武汉等处设立出版社、书店、电影制片厂、剧社等,发行报刊数十种,大力宣传民族复兴思想。

手段之二是强化"三民主义"在意识形态领域的主导地位。以蒋介石为例,1935 年 9 月,其在峨眉军训团的演讲中宣称"总理的遗教"是大家"必须具备的知识与必须尊奉的中心思想"。此后,该讲话稿以《总理遗教概要》发行单行本。④ 1937 年 5 月出版的《蒋介石全集》,第一编即为"党义",收录《总理之根本思想》《三民主义纲要》《以三民主义完成国民革命》《三民主义为中国的中心思想》《三民主义为中国唯一的思想》《主义重于生命》《党员要为主义奋斗》《三民主义与五权宪法的概要》等 30 篇文章,强调三民主义的主体地位。⑤ 上述蒋介石及国民党大员发表的演讲稿或论著,均作为宣传材料印发给各党政机关、学校、社区等,产生了广泛的社会影响。在内忧外患的环境之下建立一个独立而强大的民族国家,实现民族复兴,自然需要一个稳固、有力的国家政权来主导。

手段之三是利用节日、庆典等活动机会,大力宣传国民党的建国历史。1928 年《民国日报》社论表示,"双十节"最可庆之处,在于推倒军阀,国家统

---

① 蒋中正:《复兴民族之要道》,重庆青年书店 1940 年版,第 28 页。
② 胡汉民:《民族主义的民族复兴运动》,《胡汉民归国后之言论》(四),先导社 1936 年版,第 36 页;阎锡山:《复兴民族须先复兴发展富强文明的原动力》,太原绥靖公署主任办公处 1936 年版。
③ 寰澄:《中华民族之复兴与世界之关系》,《复兴月刊》1932 年第 1 卷第 1 期,新中国建设学会发行,第 5 页。
④ 蒋介石:《总理遗教六讲》,正中书局 1947 年版,第 2 页。
⑤ 文化编译馆:《蒋介石全集》,东方图书杂志公司 1937 年版。

一,"奠国家于党治之下"。① 蒋介石也谓纪念"双十节""必须惩前毖后",本着"以党救国、以党建国、以党治国"之精神,"处处以党的力量为核心",共建一个"新中华民国"。② "九一八"后,国难日益加重,救亡图存成为时代主题,国民党的纪念话语也出现了新的变化,《中央日报》社论从民族国家认同上予以强调:过去20年混乱之源,在于民众不知有民族、国家,更没有民族与国家的自尊心、自信心;补救之道,最重要的是使民众有民族、国家观念,有民族、国家的自信心、自尊心;各界只有深明此道,知耻而"振作",以竭力扫除国难,这样才"犹有国家,犹有国庆"③。显然,经过"双十节"等节日庆典活动,原先叙述、纪念先烈的历史,逐渐被国民党的革命建国历史所代替,党与国紧密结合在一起。

三、"六三纪念日"与"新生活运动"

与国民党确立民族复兴的领导权威及政权建设的合法性相适应的是"六三纪念日"(或称"六三禁烟纪念日")及"新生活运动"。

1839年6月3日,林则徐在虎门海滩将收缴的鸦片公开销毁。虎门销烟成为鸦片战争的导火索,对中国近代史产生了重大的影响。林则徐领导的这场禁烟运动,唤醒了人们的爱国意识,维护了中国的民族利益和尊严,显示出中华民族与毒品斗争的决心。百年来,虎门销烟所具有的民族主义意义已经超过事件本身,成为近代中国禁烟禁毒的符号与象征,林则徐亦因此成为禁烟禁毒的民族英雄。因此,国民党对虎门销烟的宣传和纪念有利于继承该事件所赋予的民族主义的象征,树立民族国家合法代表的形象。

南京国民政府成立不久,行政院规定每年6月3日为禁烟纪念日,亦称"六三纪念日"。1929年的6月3日,是林则徐虎门销烟90周年,为规范全国的纪念活动,禁烟委员会主席张之江拟订宣传纪念日办法,作为各地纪念活动的统一范式。该纪念办法提交禁烟委员会讨论通过,并于1930年5月经行政院核准。其主要内容为:每年的禁烟日都要按规定的办法办理;全国党政军机关、各团体、学校、工厂、商店于是日一律悬挂国旗、党旗,以志纪念;首

---

① 慎予:《死后者的责任与今后之努力》,《民国日报》1928年10月10日。
② 蒋中正:《今后我们努力工作的两条路》,《民国日报》1928年10月10日。
③ 《国难中之国庆》,《中央日报》1932年10月10日。

都由禁烟委员会召集各机关团体学校代表举行纪念典礼；各省市县由当地政府或省市之禁烟机关召集各机关团体学校代表举行纪念典礼；纪念典礼仪式分为开会，奏乐，唱党歌，向国旗、党旗、总理遗像行三鞠躬礼，主席恭读总理遗嘱及总理拒毒遗训，默念三分钟，主席致开会辞，报告禁烟状况，演说，奏乐，散会等11个步骤。① 全国除典礼活动外，这一天还举行禁烟演讲会、禁烟展览会、禁烟游艺会，并公开焚毁烟土烟具。可见，国民政府一方面希望通过这样的典礼及仪式掌握民族主义的旗帜，另一方面亦希望通过此活动规范并控制当时全国各地的纪念活动，整合民众运动的资源。

值得注意的是，就"六三纪念日"本身而言，它虽然可以树立国民政府的民族主义形象，某种程度上亦有助于政府控制民间的禁烟运动，但不足以把社会内部蕴藏的发展潜力广泛有效地动员起来。事实上，晚清以来兴起的地方主义势力至辛亥革命后分裂为大大小小的传统式权力中心，使国家陷于混乱和瘫痪，社会出现了政治权威危机、大小军阀分享政权、地方割据的局面。这种状况直至20年代后期国民党统一全国仍未改变。② 北伐以后，各地军事将领反抗国民党政府的行动仍然不断，这些战争反映出国民党政府在民族国家建构的过程中遭遇到合法性危机的难题。③ 正如蒋介石所说："我们中国自从十七年完成初步的统一以后，社会始终没有恢复秩序，政治至今未上轨道。"④可见蒋介石很清醒地认识到国家形式上的统一并没有产生足够的统治力量。另外，当时的社会风气颓败至极。时人的描写向我们呈现了一幅全民堕落、秩序失控的社会图景："官吏则虚伪贪污，人民则散漫麻木，青年则堕落放纵，成人则腐败昏庸，富者则繁琐浮华，贫者则卑污混乱。其结果遂使国家纪纲废弛，社会秩序破坏。"⑤因此，国民政府迫切需要一场能够确立领导民族国家的权威、政权建设的合法性、整合全社会力量的运动。这就是1934年蒋介石发动的"新生活运动"，这场运动的意图是巩固统一、整合民

---

① 《禁烟公报民国十九年汇编》，1931年，第32—33页。
② 罗荣渠：《从西化到现代化》，北京大学出版社1990年版，第2页。
③ 秦孝仪：《中华民国建国史》（第三篇），（台北）"国立"编译馆1989年版，第281页。
④ 蒋介石：《新生活的意义和目的》，萧继宗主编：《革命文献（第68辑）：新生活运动史料》，（台北）"中央"文物供应社1978年，第36页。
⑤ 中国第二历史档案馆编：《中华民国史档案资料汇编》（第五辑）（第一编），江苏古籍出版社1994年版，第764页。

族,用蒋介石的话来说就是要"复兴民族,建设新国家"。

1934年2月,蒋介石在南昌"剿匪"前线发起"新生活运动"。顾名思义,该运动的着眼点是国民的日常生活,如蒋介石所谓:"我全体国民之生活革命也,以最简易而最急切之方法,涤除我国民不合时代、不适环境之习性,使趋向于适合时代与环境之生活。"① 蒋介石宣称,"新生活运动"合乎中国固有的"礼义廉耻"道德准则且适乎现代,是建设"国家至上、民族至上"的新伦理的基础,② 乃"今日救国立民唯一之道也",其目的是"从根本上改造国民的生活,以求民族的复兴"。③ 因此,"新生活运动"重视所谓"民族精神"的重建,以"整齐、清洁、简单、朴素、迅速、确实"作为国民"食衣住行"的标准,最终通过"国民生活军事化、生产化、艺术化",而达到"改造社会、复兴国家"的目标。④ 显然,该运动的真正意图是使全国民众都能绝对服从国民政府、三民主义,乃至服从蒋介石的个人独裁统治。

运动伊始,南昌就成立了"新生活运动"促进总会,蒋介石为会长。此后,各省市县均依次设立分会。至1936年2月,设立分会的县份已多达1133个。促进总会每月编印出版《新运导报》特刊,国民党中央宣传部向全国印发了《新生活运动精义》《新生活运动章则》等宣传指导册,各级分会指导员深入机关、学校、工厂、农村,大张旗鼓地宣传动员,做到家喻户晓。每年二月,全国各界都举行隆重的周年纪念活动,蒋介石、邵元冲、林森、汪兆铭、陈立夫、石瑛、朱家骅、熊式辉等党政军要员,均纷纷发表演讲及撰写文章,鼓吹"新生活运动"。一时之间,该运动给人以"轰轰烈烈"之感,以至于"无论到哪个地方,哪个国家,都知道中国在推行一种新生活运动"。⑤

"新生活运动"的内容十分广泛,其中就包括"禁三害(烟、赌、娼)运动"。而且,从改造国民的日常生活入手,"新生活运动"对衣食住行作了各种规定,

---

① 萧继宗主编:《革命文献(第68辑):新生活运动史料》,(台北)"中央"文物供应社1975年版,第234页。
② 《新生活运动汇编》(一),新运促进总会1934年编印,第25页。
③ 中国第二历史档案馆编:《中华民国史档案资料汇编》(第五辑)(第一编),江苏古籍出版社1990年版,第765页。
④ 《新生活运动指导》,三民图书公司1934年版,第12页。
⑤ 朱汇森:《中华民国史事纪要》,(台北)"中央"文物供应社1975年版,第128页;中国第二历史档案馆编:《中华民国史档案资料汇编》(第五辑)(第一编),江苏古籍出版社1990年版,第775页。

其中就有"鸦片摒绝,纸烟勿吸"的条款。① 因此,"新生活运动"开始后,原本就存在的禁烟运动很快被纳入整个运动的过程之中。运动开始不久,蒋介石下令首都南京要于短期内肃清烟毒,作为全国城市的模范。1934年12月12日,禁烟委员会委员长兼内政部卫生署署长刘瑞恒应首都新生活运动会之请,赴中央广播无线台演讲,题为《肃清烟毒与新生活运动》,刘瑞恒指出,"新生活运动是我们救亡图存、复兴民族基本运动,它的中心准则是要把衣食住行,由整洁简朴迅确,做到一切合乎礼义廉耻。现在肃清烟毒运动,是要振作我们的萎靡的精神,扫除不健康的生活,充足我们民族的能力,可以说就是新生活运动的一种"②。该演讲代表国民党中央十分明确地表达了禁烟与"新生活运动"的关系。一些媒体亦在"新生活运动"中宣传禁烟,甚至将禁烟作为"新生活运动"的前提:"近年来委员长大声疾呼,提倡新生活,目的在求简单朴素、整齐清洁,和礼义廉耻,凡是同胞都应该遵守的做去的,现在试问这些吸烟的同胞,他们的生活怎样呢?""吸烟的同胞显然是违背新生活条件的,我们知道复兴民族首先要实行新生活,倘使新生活的条件不能做到,就是说复兴民族也是不能实现的。所以我们要复兴民族,首先要实行新生活,要实行新生活,就要禁绝鸦片"③。1937年,蒋介石在"六三纪念日"上发表演讲,认为"两年禁毒、六年禁烟"的计划初步取得成效的关键在于"新生活运动"。他说:"禁烟……是执行新生活运动最重要的基础。该运动特别强调秩序、整洁、守时和勤劳,特别反对鸦片上瘾者的懒惰和邋遢。……我们必须要引领一种新的生活,我们还必须要最大限度地利用我们的影响力,把鸦片上瘾者从死亡之谷中解救出来。只有那样,我们才能完成新生活运动赋予我们的职责。"④

显然,蒋介石希望以传统的道德价值来铸造军事化的现代国民,从而实现民族的复兴:"要复兴国家,首先要提到的是我们应该用冷水洗脸,而不是枪和大炮。"从这个主旨出发,禁烟禁毒自然是新生活的重要内容,而且还是

---

① 萧继宗主编:《革命文献(第68辑):新生活运动史料》,(台北)"中央"文物供应社1975年版,第772页。
② 刘瑞恒:《肃清烟毒与新生活运动》,《卫生半月刊》1934年第12期。
③ 《禁烟与实行新生活》,《苏衡》1936年第13—14期,第32页。
④ 《中央日报》1937年6月4日。

"首要基础"①。

以蒋介石为首的国民党在一定时期内利用执政地位迅速树立了领导民族复兴的权威,并成为民族国家的唯一合法代表。如此,清除流毒百年的烟祸,是国民政府必须承担的具有国家政权建设意义的任务。另外,禁烟运动亦成为国民政府进行政权建设的重要手段。值得注意的是,在现代政治学逻辑中,固然强调民族国家的合法性和权威性,但若脱离具体的历史语境,将所谓的"国家意志""民族利益"抽象化、符号化,则会违背民众利益,从而导致政权走向破灭。

第二节 禁烟运动与国民政府中央政权的巩固

国民政府中央集权化的障碍有两个:一为逐渐壮大的中国工农红军,一为表面上服从中央的地方实力派。南京政府通过禁烟不仅可以获得民众及舆论的支持,树立政府及蒋介石个人的形象,更重要的是可以将鸦片的运销垄断在中央政府的手里,最大限度地掌握鸦片税利,从而一方面削夺地方军阀的财源,一方面获得"剿匪"的庞大军费。此外,国民政府还通过禁烟运动成功地将禁烟缉私部队派驻各地,加强了对地方政权的控制,巩固了中央政府的统治。

一、财政的中央集权:鸦片税基的扩大与重新分配

(一)中央与地方的"特税"分配格局

近代中国的任何政治派别,一旦在某区域掌握了政权,似乎就难以摆脱对鸦片税收的依赖,国民政府当然也不例外。南京国民政府成立后,解决经费问题仍然是燃眉之急。因此,所谓的"禁烟"依然是由财政部主持,实行"寓禁于征"的政策。这一阶段的禁烟完全服从于筹措军费,正如财政部次长郑洪年接见拒毒会代表时所说:"目下禁烟计划,仅为筹款之计,如谋禁烟,不但不能禁烟,实足纵毒,此种秕政实非人民所喜,更非为国府下应有之现象,本

---

① 国民政府军事委员会禁烟总会编:《禁烟汇刊》1937年第1期,第228页。

部屡思修改,因军费紧急,未遑计及。"①当时不少人谴责政府利用鸦片税的行径。立法院院长胡汉民指出:"如果吸鸦片可以罚金了事,岂不是替有钱人开方便之门,把禁烟行政的威信与价值,陡然降落下来吗?"②舆论更是反对之声四起,中华国民拒毒会发表宣言,猛烈抨击政府的政策,认为该政策"与总理遗训势不两立",正所谓"民意之公敌,卖国之行为也"。③ 甚至一些国民党的地方党部亦反对中央的鸦片政策,以江苏及浙江两省尤为激烈。但这似乎有更为深刻的政治斗争的背景,当时蒋介石下野,主政南京政府的为孙科与"西山会议派",江浙党部作为蒋介石的支持方,以禁烟为道德制高点反对中央亦是有可能的。值得注意的是,国民政府付出了较高的舆论成本,但其鸦片税收并不理想。据中华国民拒毒会的估算,全国烟民至少在1000万名,仅每一烟民每年纳税20元以上,政府即可得税款2亿元,可承担中国全部军费的一半。但是,中华国民拒毒会会长李登辉、总干事钟可托在一份呈文中指出,自实行"寓禁于征"的政策以来,从1927年6月到1928年5月,共收烟税四百四十多万元。④ 可见,由于有国民政府尚未能有效地统治全国,一些地方军阀不受控制,"寓禁于征"的政策并未取得预期的效果。

与此相对的是,地方军阀由于有长期的统治经验,依然能得到很高的鸦片利润。南京政府成立初期,对于西南、西北等边远地区的统治鞭长莫及,这些地区的军阀仍然借收鸦片税款购买军械、扩充军队。仅四川每年"窝捐"即可达四五千万元,而烟税则倍之。⑤ 1930年,杨森二十军的烟税收入为13652686元,占其总收入的43.59%。刘湘二十一军1930年的烟税收入为11179279元,占其总收入的37.1%;1931年为8352145元,占总收入的30.44%;1932年为8570892元,占总收入的27.06%;1933年为9277876元,占总收入的20.55%。⑥ 烟税虽然占比下降,但相对中央政府而言,依然是一笔庞大的收入,而且这仅是公开的数字。另据估计,1933年二十一军的烟税

---

① 于恩德:《中国禁烟法令变迁史》,中华书局1934年版,第193页。
② 《禁烟公报》1929年5月第2期,第128页。
③ 中华国民拒毒会:《拒毒月刊》1927年第15期,第28页。
④ 王金香:《中国禁毒史》,上海人民出版社2005年版,第151页。
⑤ 《禁烟公报》1929年第2期,第26页。
⑥ 《四川经济月刊》第1卷第5期,1934年5月。

收入为1320余万元,占总收入的28%。① 显然,要弄清楚军阀烟税的准确数字是十分困难的。广东省1926年的烟税收入为5252978元,1930年为7764013元,1931年为8011738元,1932年为8662025元②,1926年至1932年烟税收入呈不断增加的趋势。广西的军政当局对鸦片税的依赖更大,1928年全省收入2600万元,鸦片税占了大半③;1929年3月,新桂系要员开会,财政厅厅长黄蓟表示,"民十六七年,全省收入二千六七百万元,特税占大半,故能勉强维持"。④ 1932年是广西烟税收入最多的一年,禁烟罚金达到1587万元,而当年省库和国库岁入总额不过3194.7万元。⑤ 1934年广西的禁烟收入达1375万元,占当年省地方总收入的50%。⑥ 在贵州,每年收烟税达600多万元,每户4—10元不等,1935年鸦片税收占总收入的57%以上。⑦ 在陕西省,1931年烟税收入占田赋的90%强,1932年烟税收入占田赋的94%强⑧。在绥远省,傅作义任主席时,除了公然种植鸦片,征收鸦片种植税,还征收从甘肃、宁夏途经绥远销往京津地区的鸦片过境税。⑨ 1935年,绥远省烟税收入370万元,占总财政收入的44%。⑩ 傅作义独吞烟税,亦是其与德王关系破裂的原因之一。⑪ 在宁夏省,马鸿逵主政期间,罂粟种植面积"约达二十万亩,占全省良田十分之一"。⑫ 宁夏的鸦片收入由种植税及运销税组成,马鸿逵将之分别称为"清乡"费及善后罚款。1933年前后,宁夏财政中,这两项税收占到60%,这还不包括围绕鸦片征收的其他税捐。⑬

显然,在国民政府成立之初,中央政府及地方军阀均依赖鸦片税收。但

---

① 《四川月报》第3卷第2期,1933年8月。
② 《禁烟毒专刊》,《全国禁烟会议汇编》(二),第35页。
③ 郑家度:《广西金融史稿》(上),广西民族出版社1984年版,第212页。
④ 郑家度:《广西金融史稿》(上),广西民族出版社1984年版,第212页。
⑤ 蒋秋明、朱庆葆:《中国禁毒历程》,天津教育出版社1996年版,第276页。
⑥ 广西省政府统计处编:《广西年鉴》(第三回),1948年,第923页。
⑦ 李隆昌:《略谈贵州的烟祸》,《贵州文史丛刊》1983年第2期。
⑧ 蒋秋明、朱庆葆:《中国禁毒历程》,天津教育出版社1996年版,第301页。
⑨ 《德穆楚克栋鲁普与傅作义争夺鸦片过境税》,《内蒙古文史资料》1979年第5辑,第19页。
⑩ 内蒙古大学中共内蒙古地区党史研究所编:《内蒙古近代史译丛》(第1辑),内蒙古人民出版社1986年版,第246页。
⑪ 卢明辉:《德王其人》,远方出版社1998年版,第134页。
⑫ 宁夏省政府编:《十年来宁夏省政述要·民政篇》,宁夏省政府秘书处1942年版,第226页。
⑬ 傅作霖:《宁夏省考察记》,正中书局1934年版,第64页。

中央政府征收鸦片税受到政策及舆论的诸多制约,其在全国鸦片收入的份额远远低于地方军阀,四川一省的鸦片税收竟是中央的几十倍。这些税收正是地方对抗中央的财政基础。如冯玉祥在中原大战时即以"冯总司令临时大借款"的名义筹款,并指定甘肃以烟土筹款作为军费,由省府每月收购烟土40万两至50万两解交国民军潼关总部,转售于中原地区,以充军费。① 1930年,孙连仲到河南与冯玉祥会晤,其见面礼中就有烟土5万两。② 因此,对国民政府而言,要解决政权的统一问题,自然要切断地方实力派的经济命脉,完成鸦片税收的中央集权化。

(二)中央与地方的博弈

1928年,张学良宣布易帜,国民政府形式上统一全国,开始着手经济建设工作,并召开全国禁烟会议,讨论禁绝鸦片的方法。正如蒋介石所说:"现在我们北伐成功,中国统一,所有一切建设的事业已积极进行,这弱国病民的鸦片,我们自然也应该用革命的手段,来把它一律革除。"③1928年禁烟委员会成立后,蒋介石曾表示:"此后国民政府绝对不从鸦片得一分钱,如有此种嫌疑,由本会告发,我们就认这个政府是破产的而不信任他。"④但事实上,决心易表,做到却难。一方面,国民政府需财孔亟,而鸦片税收的获得相对其他财政整顿的措施要容易得多;另一方面,国民政府只有将由地方实力派所控制的鸦片税收集中到中央,才能"釜底抽薪",割断地方军阀的财源。因此,国民政府虽然表面上颁布了鸦片的禁断政策,实际上,政府的一些部门、一些官员仍在大肆利用鸦片税收,包括不久前信誓旦旦在禁烟会上表决心的蒋介石。就在《修正禁烟法》颁布的当年,国民政府中央军勘定武汉,财政部部长宋子文亲自到汉口视察,认为汉口特业(烟土业)与银行、钱庄存在着巨大的债务关系,为维持市面商业金融的稳定,决定由财政部在汉口暂时设立"清理两湖特税处",作为清理积存鸦片的临时机构。⑤ 然而,该机构一经设立,便

---

① 《最近中国农村经济诸实相之暴露》,《中国经济》第1卷第1期,1933年4月。
② 《甘肃解放前五十年大事记》,《甘肃文史资料选辑》(第10辑),甘肃人民出版社1980年版,第33页。
③ 蒋介石:《对全国禁烟会议的训词》,《全国禁烟会议汇编》(二),行政院禁烟委员会1928年印,第28页。
④ 《禁烟公报》1929年第2期,第36页。
⑤ 蒋秋明、朱庆葆:《中国禁毒历程》,天津教育出版社1996年版,第265页。

成了征税的常设机关。汉口是长江与京广铁路的交会处,西南、西北的鸦片要运销华中、华南及华东地区,大都需要经过汉口,在此设立鸦片的征收机构,自然可掌控绝大部分的特税。武汉的占领,意味着蒋介石对桂系军阀的军事胜利,而清理两湖特税处的成立表明由桂系控制的特税完全转移到中央政府的手中。1929年秋,据禁烟委员会调查股主任骆子介报告,汉口鸦片营业绝对公开,有济康隆、益康和、裕丰祥等烟土公司二十五家之多。这些烟土公司的经理承认烟土经营在两湖不受法律约束。这些公司在清理两湖特税处照章纳税,变私贩为公运,由特税处发给各土行护照,派兵护送。① 清理两湖特税处每年的烟税多达1000万元以上,仅1931年上缴财政部的税款即达1400万元,②1932年增加至1600万元。③ 因此,尽管清理两湖特税处流弊重重,舆论一再谴责,但大利所在,国民党中央政府自然不肯轻易撤销。更为重要的是,国民政府通过特税处将各地方政府的鸦片税逐渐集中于中央政府手中,从而削弱地方政府的经济实力,使其不得不依靠中央。

云、贵、川军阀的鸦片利益,最终要通过将鸦片大量运出省外来实现,主要就是通过长江运到汉口,汉口每年征收云南和四川两省的烟税即达2000万元。④ 因此,对于西南军阀鸦片的外销,中央政府采取的是将外销垄断、釜底抽薪、断绝其销路的办法。具体方法是以重税增大烟土成本的方式来加以控制,这样做既可以捞取巨大的经济利益,又可以缩小甚至消除西部等省区土产鸦片的外销市场,从而削弱地方军阀的经济基础。故清理两湖特税处对运至汉口的鸦片征税额度要远远高于这些鸦片出省时的税收。以四川为例,1933年,川土沿长江水路出省,刘湘的二十一军每担征收437.2元,而运至湖北宜昌,清理两湖特税处宜昌分处则每担要征收671元。如果直接由川东运至汉口,每担鸦片在川东纳税仍为437.2元,清理两湖特税处则要征收825元。⑤ 可见,鸦片运销税的大头还是落入了中央政府的腰包。从1933年起,国民政府对于云南等省的外销烟土开始征收高额的罚金。当时,云南鸦

---

① 行政院禁烟委员会:《禁烟公报民国十九年汇编》,1931年,第176页。
② 中华国民拒毒会编:《中国烟祸年鉴》(第4辑),1931年。
③ 《最近国内之烟祸》,《救国周报》1932年第3期,第37页。
④ 陈志让:《军绅政权:近代中国的军阀时期》,生活·读书·新知三联书店1980年版,第86页。
⑤ 《涪陵鸦片问题》,《武汉大学四川同学会会刊》创刊号。

片经四川、武汉到上海,每担所征收的各种税收高达 1025 元;经贵州、武汉到上海,税收高达 1495 元;经广西到广州,所征收的烟税金额也在 1480 元。①

国民党的中央驻军对可能获得的种植税也不放过。如安徽省,该省是国民政府基本能够掌控的省份,皖省烟苗种植一向猖獗,铜山县党务指导委员会曾提请中央,要求将贩烟的皖省主席陈调元撤职查办。② 此事虽不了了之,但 1930 年在安徽驻扎的中央军第四十五师师长卫立煌派人到亳县勒派烟苗捐 35 万元,同时在合肥、宣城等地勒收。该师在宿县 1931 年烟税收入达 90 万元,1932 年则达 300 万元。③

值得注意的是,直属中央政府财政部的清理两湖特税处虽然通过征收高额税的方式逐渐实现了利益转移,但其在一定程度上还是要受到地方实力派的牵制,特别是"两湖"地区的抵制和反对。清理两湖特税处成立伊始,便遭到"两湖"地区的激烈反对,甚至县一级政府亦公开挑战特税处的权威。④ 1929 年 7 月,湖南省湘乡县政府首先质疑,并请禁烟委员会转呈国民政府,撤销此机关。同年 11 月 20 日,湖南省政府主席何键致函行政院院长谭延闿,指出"清理两湖特税处"的设立,"既失国际信用,复妨训政进行,更违先总理拒毒遗训。揆之法理,撤销实刻不容缓"。1930 年 11 月 17 日,何键又会同湖南省党务指导委员会常务委员张炯、沈遵晞联名致函国民党中央执行委员会,再次要求将清理两湖特税处撤销。⑤ 同年,何键又以湖南省政府主席的身份单独呈报禁烟委员会,谓清理两湖特税处骚扰闾阎,遍设检查所,借端敲诈,违法苛征,贪污横暴,要求禁烟委员会力予主持,以除民害。⑥ 1932 年 3 月 7 日,何键等再次以湖南省党部执行委员会常务委员的身份致函国民党中央委员会,指出"禁绝鸦片为本党一贯主张,兹奉前令,似实行公卖,究竟中央对禁烟主张是否变更初衷",使党员"莫名其妙"。⑦ 湖北方面虽然是中央政

---

① 云南旅平同乡会:《鸦片与鸦片问题之研究》,《云南旅平同乡会会刊》第 7 期。
② 《各方声讨陈调元》,《拒毒》1929 年第 27 期。
③ [法]毕仰高:《安徽宿县、灵璧县农民抗烟税斗争》,《民国档案与民国史学术讨论会论文集》,档案出版社 1988 年版。
④ 《禁烟公报民国十九年汇编》,1931 年,第 126 页。
⑤ 《国民政府行政院档案》,中国第二历史档案馆藏,全宗号 2,案卷号 1530。
⑥ 《禁烟公报民国十九年汇编》,1931 年,第 103 页。
⑦ 《国民政府行政院档案》,中国第二历史档案馆藏,全宗号 2,案卷号 501。

府控制的省份,但省主席何成睿亦于1930年6月9日呈请行政院撤销清理两湖特税处,并揭发称"清理宜昌特税分处"违法侵权之事不胜枚举。① "两湖"方面激烈的反对,究其实质乃因清理两湖特税处的设立侵犯了当地的鸦片利益。由于蒋介石对"两湖"地区的请求置之不理,两省甚至自设征收机构,与中央争利。湖北省政府增设了特税附加征收局。用禁烟委员会主席张之江的话说,"湖北省之所以敢于悍然设局,标明寓禁于征者,不过以两湖特税为借口地步尔已"。② 何键则单独设立监护处,与中央竞相收取湖南特税。南京方面对"两湖"当局的举动一定程度上予以妥协,如黔土入湘,每年的特税收入有数百万元,虽然财政部在湖南设有清理湖南特税处,但实际上由何键第四路军总指挥部的监护处控制,这部分税款全部留在湖南,用作第四路军的军费。此后,清理两湖特税处还与第四路军监护处合组土膏转运所,垄断土膏的销售。

1932年夏,蒋介石设立"鄂豫皖三省'剿匪'总司令部",同时宣布在鄂豫皖赣战区以分年渐禁的办法禁烟。1933年秋,蒋介石撤销清理两湖特税处,在湖北成立禁烟督察处,直接隶属于军事委员会。与此同时,禁烟委员会亦将腹地十省的禁烟事宜一并移交给军委会处理。这一方面使得禁烟政策的推行有了强大的军事保障,另一方面亦使得特税收入转化为军费没有了任何中间环节。禁烟督察处作为总理各产烟区统制运销的机构,主办各省份所产烟土的运销。凡有烟土者,一律限期登记存入公栈,公运时粘贴印花,按规定路线押运。禁烟督察处的设立解决了"围剿"红军的大量军费。蒋介石的"剿匪"费用,每月所需达350万元。出兵前夕,蒋介石要求财政部每月拨款30万元,并先拨50万元,财政部部长宋子文答复无款可拨,总共只有50万元湖北省银行发行的银币券,只限在湖北省使用。巨大的军费缺口只能由特税来抵补。1933年蒋介石在汉口设立直隶于军事委员会的禁烟督察处后,"特税日增,'剿匪'经费有着"③,仅1933年汉口所征特税即为2600余万元。④ 为了"剿匪"顺利,多征税款,杜绝走私,蒋介石亦会与地方军阀妥协,其竟与刘

---

① 《国民政府行政院档案》,中国第二历史档案馆藏,全宗号2,案卷号1544。
② 《国民政府行政院档案》,中国第二历史档案馆藏,全宗号2,案卷号1530。
③ 李基鸿:《百年一梦记》,文海出版社1977年版,第229页。
④ 蒋秋明、朱庆葆:《中国禁毒历程》,天津教育出版社1996年版,第311页。

湘商议,汉口税收机关每担烟土返还税款 40 元给四川,四川方面则协助缉私,以保证川土由长江水路运往汉口。① 禁烟督察处在腹省各地交通要道设置缉私部队,以便尽可能多地将烟土运销纳入税收的轨道。

庞大的烟税收入,自然需要专门的金融机构进行专项管理。禁烟督察处成立不久,便拨出禁烟税款建立鄂豫皖赣四省农民银行,所有禁烟税款均须向农民银行缴纳,禁烟督察处所到之处,农民银行亦随至。禁烟扩大到腹地十省后,农民银行一年的特税收入达到二三千万元。农民银行还对烟商开展抵押、贷款、折现等多种业务,并直接经营鸦片买卖。② 各地土膏行店、采办商申请执照的保证金及执照费的半数(另一半拨归地方政府)也由农民银行收缴和保管,每年也多达一二千万元。③ 从 1933 年 4 月到 1937 年 1 月,农民银行根据蒋介石的手谕,先后拨付各项用于"剿匪"的款项达 73 笔,金额高达 1.08 亿元,仅垫支军费一项就有 6400 万元,垫支军用公路经费 1900 万元。④ 1933 年 7 月 19 日,杨永泰致电郭外峰:"奉谕农行及公栈每月终须将营业状况及重要工作造成报告,寄呈总座核阅。"⑤ 可见,由于农民银行的重要性,蒋介石事无巨细,均亲自过问。这样,以禁烟督察处为手段,以农民银行为轴心,蒋介石便建立起一套特殊的经济体系,这个体系完全由蒋介石以军委会南昌行营或武昌行营的名义直接支配和掌握,⑥财政部及其他各部院无权过问。1934 年 7 月,内政部、财政部及禁烟委员会会衔向行政院报告时亦指出,"两湖特税与各省设立之特税机关,系由军事机关办理,本部会关于该特税征收大概情形,无从调查呈复"。⑦ 可以说,蒋介石先后通过清理两湖特税处及禁烟督察处将巨大的鸦片运销税逐渐掌握在中央政府手中。

1935 年,国民政府宣布实行"两年禁毒、六年禁烟"运动。统收统购是六年禁政的初期计划,但中央尚不能完全控制的一些边远缓禁省份时刻警惕中

---

① 李基鸿:《百年一梦记》,文海出版社 1977 年版,第 216—220 页。
② 中国人民银行金融研究所编:《中国农民银行》,中国财政经济出版社 1980 年版,第 329 页。
③ 《鸦片贸易(1910—1941)》(第 28 卷),第 91 页,中国第二历史档案馆藏,全宗号 3,案卷号 1012。
④ 中国人民银行金融研究所编:《中国农民银行》,中国财政经济出版社 1980 年版,第 4 页。
⑤ 中国人民银行金融研究所编:《中国农民银行》,中国财政经济出版社 1980 年版,第 244 页。
⑥ 蒋秋明、朱庆葆:《中国禁毒历程》,天津教育出版社 1996 年版,第 311 页。
⑦ 《国民政府行政院档案》,中国第二历史档案馆藏,全宗号 2,案卷号 1397。

央垄断专卖。如云南省在1935年成立了鸦片统运处,实行垄断专卖,但专卖之利,均由龙云控制,尽管中央屡次派员与龙云交涉,要求将云南统运处改为公栈,统收的烟土交禁烟督察处处理,但最终的结果是龙云始终没有将烟土解交禁烟督察处,连一小部分也不行。① 宁夏的情况与云南相似,专卖之利亦不入中央。桂系军阀,最是蒋介石的心头之患,在数次的党争中,亦只有桂系具有与蒋介石争夺中央权力的实力。因而,南京对广西方面的财政最为警惕。国民政府控制的舆论常讥讽桂系借鸦片牟利的财政状况。1934年4月,《复兴月刊》指出:"新广西的收入,每年二千七百多万,其中鸦片通过税,要占一千四百万,省内烟赌捐,也不下四五百万,真正的田赋只占二百多万。"②博弈最终以南京方面的胜利而告终。1937年1月,南京政府与新桂系达成协议:在梧州成立直属南京的禁烟督察处,接管广西禁烟局、禁烟所业务;禁烟收入中,除占比重极少的内销在广西境内销售的部分罚金款归广西省库收入外,其余各项收入全部上缴南京国库。③ 四川的情形则较为复杂。在1938年中央军进入四川之前,禁烟事宜基本上是四川自办的,禁烟督察处未能在四川设立。当时,四川地方财政的收入项内还列有禁烟一项的收入,中央政府对此项财政的干预力度并不大。但这并不代表中央对四川的禁政完全无能为力。1935年,蒋介石组建四川省政府,建立军委会委员长重庆行营,从政治及经济两方面力图控制四川政权,并要求将开展禁烟运动作为省政府的首要工作。1935年,四川省在中央政府的压力之下,绝大多数县份的罂粟种植得到遏制,刘湘如此配合的目的在于借禁烟之名减少生产,从而提高烟价。其布告中云:"近年以来,烟土产量过剩,不唯不有影响于烟价,抑且扩大四川全省不景气之恐慌,故唯有减低烟苗之产量,方足以救济四川经济之危机。"④但国民政府规定,从1935年7月开始,对于四川等减种地区的烟土以每年递增100％的方式实行累进计税。1936年时,涪陵出川到汉口的每担烟土的税收及运费共1480元,其中汉口征收的税收即达到1080元,占73％。这使得川土的成本大增,销售量大减,不少烟商"呼天抢地,不敢问津,

---

① 《云南禁烟概况》,《云南文史资料选辑》(第3辑),第68页。
② 广西地方志编纂委员会:《广西通志·大事记》,广西人民出版社1998年版,第177页。
③ 广西省政府统计处编:《广西年鉴》(第三回),1948年,第926页。
④ 周介眉:《刘湘、蒋介石在四川的禁政》,《四川文史资料选辑》(第19辑),第99页。

相互裹足不前",①四川烟土造成大量的积压,重庆"川土新货收获后,无法推销","致货积如山,各店均放价售卖",经营云南鸦片的商家"倒闭已达到七八十家,仅存数家而已"②。在禁烟督察处的统销政策之下,全国各地的鸦片运销额却十分可观。四川禁烟总局下设九区局,以第一区局涪陵为例,鸦片进出栈运销数目十分惊人。从1936年4月至1937年3月,该土栈共进滇黔川烟土13849380两,内销外销烟土共12847320两,③可见全国的运销鸦片之巨。此外,禁种省份的烟民所需的鸦片由渐禁省份提供,这部分运销税中央依然不肯放过。比如山西省属于禁种省份,其烟民所需鸦片主要由甘肃省提供。1937年3月,山西省政府主席赵戴文致电禁烟督察处,说明已经购买甘土70万两,请准予起运,并声称"晋省财政困难,烟民众多,且大半系赤贫者",因此要求"免征特税"。禁烟督察处处长有意通融,直接批示:"此次晋省购运甘货""属于制药专卖""与一般商人运销情形不同"。但此批货还是被征税,第一批起运,每担270元,共征145562元,运费每担25元,共14464元。④

由于国民政府的重税政策,鸦片税率竟然超过军阀割据时期。国民政府征收的鸦片税款,影响到产烟及烟土过境省份的利益,经过中央与各该省讨价还价,以"统征分拨"或补助的办法作为补偿。如1933年,国民政府军委会举办腹省禁烟时将清理湖南特税处改为禁烟督察处湖南分处,但仍然每年在特税项下分拨湘省360万元作为第四路军的军费。虽然对何键的利益仍然照顾,但从何键自己截留军费到中央划拨,可见中央的控制力大增。而且禁烟督察处还经常将湖南境内已经纳过税的烟土在从长沙运往临岳途中没收,这使得何键亲自给汉口禁烟督察处处长黄天民写信,请求其对湖南纳税合法的烟土给予保护。⑤ 大笔的禁烟税款成为蒋介石以拨补协助的名义对各路军阀施加羁縻及控制的一种手段。例如每月补助湖南军费30万元、湘黔边

---

① 《烟土滞销,商家倒闭》,《新新新闻》1932年8月22日。
② 《四川月报》1936年第5卷第5期,第39页。
③ 《四川监察呈报四川各公栈特货进出口数量》,中国第二历史档案馆馆藏,全宗号41,卷宗号502。
④ 《禁烟督察处长黄为材等函陕西总监察办公室》,《陕西监察呈报办理晋省购运甘货征收税费卷》,中国第二历史档案馆藏,全宗号41,卷宗号505。
⑤ 《湖南省政府公报》1936年第373期,第26页。

区"剿匪"部3万元、广东四路军总部10万元、广西20万元、粤汉路警备司令部1万元、省会警察局2500元、省政府10万元。云贵川及陕甘等地,都按各地的烟土税率和附加税有不同等级的分配和截留。所有这些,都是绝对秘密,各省之间并不知情,只有督察处处长和会计长明白。[①] 当然,也有一些边远省份的军阀,补助照拿,烟税照收。1934年,南京国民政府为迫使宁夏禁烟,每月补助宁夏3万元,后增加为10万元,令宁夏取消"烟亩罚款"。这笔费用对宁夏而言,当然是杯水车薪。马鸿逵一面接受中央补助,一面则把"烟亩罚款"改为土地税的附加税,照例征收。但是,中央政策的"协补"政策,其意义并不完全在经济方面,更大的意义在政治方面,即由中央政府掌握了征税的权力。控制鸦片分配反映了国民党努力建设国家政权的基本特点,控制鸦片收入对确定中央和地方之间的力量和权威关系来说是一个非常重要的问题。总之,从清理两湖特税处到禁烟督察处的设立,国民党中央政府在全国绝大多数的省份控制住了鸦片的运销及税收,这对财政的中央集权化具有重大的意义。

二、中央政权的延伸:禁烟机构的膨胀

(一)广州时期禁烟机构

与财政集权相适应的是,国民政府亦利用禁烟运动向地方延伸中央政府的政治权力。在民族国家建构的语境中,以禁烟为招牌,具有强大的道德制约力量,在舆论上占尽了先机,任何政治派别和地方政权都无法公开拒绝,这就为中央权力向各省扩张排除了很多障碍。而国民政府的权力扩张则是通过从中央到地方垂直设立的禁烟机构来完成的。在国民政府统治的二十多年的时间里,禁烟机构设立、改组,变化较大。在这些林林总总的机构中,有些完全立足于"寓禁于征",有些则体现了国民党在某个历史阶段的禁烟决心。有些机构虽然规格极高,被纳入国民政府正式的组织框架之中,但处于权力的弱势地位,禁烟不力。有些机构虽然级别低,属于临时设立,并无正式的组织"名分",却掌握着控制鸦片税收的实际权力。从某种程度上说,国民

---

① 中国人民政治协商会议全国委员会文史资料研究委员会:《文史资料选辑》(第三十四辑),文史资料出版社1963年版,第160页。

政府禁烟机构的设立、改组,虽未必服务于国家政治制度的建设,但体现了中央集权化的需求。

1923年,孙中山在广州组织陆海军大元帅府大本营。由于大元帅府的军费开支很大,大本营的财政委员会决定设立禁烟督办署,实行鸦片专卖。关于禁烟督办署的隶属问题,有学者认为其属于财政部,①但《民国职官年表》将禁烟督办署作为一个独立的部门。② 根据资料显示,在当时拨款的明细中,禁烟督办署与财政部的名称是并列的,当时的军费开支极大,包括黄埔军校的开办费及相当一部分北伐军费,而认款最多的就是盐运使署和禁烟督办署。③ 故笔者认为禁烟督办署并不归财政部管理,很有可能直接归属于大本营财政委员会。但这样的时间并不长,为了方便筹款,1924年12月9日,大本营财政委员会便将禁烟督办署改隶广东筹饷总局,其主要任务依然是负责鸦片的专卖征税。④ 值得注意的是,虽然孙中山多次明确地表达过禁绝鸦片的坚决态度,但我们并不能据此就认为禁烟督办署是在孙中山完全不知情的状态下大肆征收烟税。正如蒋介石信誓旦旦的禁烟决心亦不影响其从鸦片税收中解决庞大军费的行为,笔者认为不能将孙中山与国民党早期借鸦片以牟利的政策完全割裂,尽管这可能是孙中山理想与现实的妥协,属一时的无奈之举。

1925年7月1日,广州大元帅府改组为国民政府,在财政部下设立了禁烟督办公署。7月21日国民政府颁布禁烟训令,规定所有禁烟事宜"应由禁烟督办遵照条例,认真办理,无论何人,均不得私运私售"。⑤ 可见广州国民政府对鸦片的政策依然是禁止走私、政府垄断。7月22日,廖仲恺推荐原粤海关监督范其务任禁烟督办,其理由是范"操守廉洁、才具优长、历充要职"

---

① 王金香:《中国禁毒史》,上海人民出版社2005年版,第151页。
② 刘寿林、万仁元、王玉文等编:《民国职官年表》,中华书局1995年版,第140页。
③ 中国第二历史档案馆编:《中华民国史档案资料汇编》(第四辑)(下),江苏古籍出版社1986年版,第1181—1332页。
④ 中国第二历史档案馆编:《中华民国史档案资料汇编》(第四辑)(下),江苏古籍出版社1986年版,第1346页。
⑤ 中国第二历史档案馆编:《中华民国史档案资料汇编》(第四辑)(上),江苏古籍出版社1986年版,第127页。

"不可多得""以之督办禁烟事务,绝能收预期之效"。① 廖仲恺为国府委员,自然有用人的举荐之权,但我们不能忽略廖仲恺财政部部长的身份,② 由其荐举禁烟督办一职,足可见财政部部长对"禁烟"的关心。值得注意的是,9月20日,国民政府却又任命范其务兼任军需局局长一职,虽然范本人力辞该职,但亦可见国民政府设立禁烟督办署的目的。③ 禁烟督办署的存在时间较短,由于资料不全,尚不清楚到底存在几个月,但至少到12月份,禁烟督办署已经撤销,改称禁烟总处,仍然隶属财政部。④ 北伐开始后,军费基本就由禁烟总处来筹集。

(二)行政院禁烟委员会

1927年,国民政府定都南京,在当年召开的国民党中央执行委员会第105次政治会议上形成决议,自1928年起,以三年为限,禁绝鸦片。此时仍在财政部下设立禁烟处,负责禁烟事宜,各县分设禁烟局和戒烟药品专卖处。⑤ 由于北伐尚未完成,国民政府的军费开支极大,所谓的禁烟,其实质依然是敛财。各地方当局各显神通,纷纷设立五花八门的禁烟机构,禁烟局下有分局,分局之下又有稽查处,稽查处下又有稽查所、分所之类,以致"禁烟局所林立,耗资至巨,所有收入,多归中饱,政府所得甚微"⑥。因此,南京政府借禁烟而征税的计划并未收到预期的效果,再加上"寓禁于征"的政策不得人心,内外舆论交相指责。1928年7月,国民政府终于宣布撤销禁烟处,公布了《全国禁烟会议组织条例》及《禁烟委员会组织条例》。根据条例规定,国民政府将召开全国禁烟会议,以讨论禁绝鸦片的办法。全国禁烟会议由中央禁烟委员会委员、各省政府代表各1人、各特别市政府代表各1人、各最高军事

---

① 中国第二历史档案馆编:《中华民国史档案资料汇编》(第四辑)(上),江苏古籍出版社1986年版,第39页。
② 刘寿林、万仁元、王玉文等编:《民国职官年表》,中华书局1995年版,第379页。
③ 中国第二历史档案馆编:《中华民国史档案资料汇编》(第四辑)(上),江苏古籍出版社1986年版,第40页。
④ 中国第二历史档案馆编:《中华民国史档案资料汇编》(第四辑)(下),江苏古籍出版社1986年版,第1442页。
⑤ 蒋秋明、朱庆葆:《中国禁毒历程》,天津教育出版社1996年版,第255页。
⑥ 罗运炎:《中国烟禁问题》,大明图书公司1934年版,第130页。

长官代表各 1 人、禁烟团体代表 5 人、各省总商会代表各 1 人组成,①是"建议及审议一切禁烟事宜的机关"。而全国禁烟委员会为"督理全国禁烟事宜的机关",②其组成人员为 9 至 13 人,由国民政府委员、军事委员会委员、禁烟团体代表等组成,其中内政、外交、司法各部部长为当然委员。③ 8 月,禁烟委员会成立,隶属国民政府行政院。蒋介石、冯玉祥、阎锡山、李宗仁、李济深、何应钦、张之江、李烈钧、薛笃弼、蔡元培、王正廷、陈绍宽等被任命为委员。其中张之江为委员会主席(1930 年改称委员长)。④ 11 月,国民政府在南京召开了第一次全国禁烟会议。⑤ 禁烟委员会根据会议要求,开始了全国范围内的禁烟工作,颁布了一系列的法令法规,各省根据法规也相应成立省禁烟委员会。这标志着南京国民政府在政策上开始放弃"寓禁于征",并实行"断禁"的鸦片政策。

事实上,仅靠禁烟委员会根本难以将所颁布的法令贯彻。禁烟委员会名义上的规格很高,委员均为各部委的大员,但其部门处于极为弱势的状态。各部委的头脑亦只是在委员会挂职,开会从来不到,如孙科、阎锡山、陈绍宽等人都是派出代表列席。禁烟委员会既不掌财政,又不握兵,对于禁烟事务很难有真正的决定权,碰到问题,总是要通过行政院才能协调与其他各部门的关系。而各地的交通、缉私等机关显然对禁烟委员会主管全国禁烟禁毒工作的职能并不重视,查获烟毒的案件只是呈报该管部会,甚至不通知禁烟委员会,以致禁烟委员会对各省市禁烟状况"多行隔膜",该状况经禁烟委员会呈行政院要求知情权后,情况才有所好转。⑥ 而且各地方组建的禁烟委员会只是在名义上与行政院禁烟委员会有业务指导关系,其主管权限仍在各地省政府。如 1932 年 9 月成立的湖南省禁烟委员会,由省政府主席何键任委员

---

① 《全国禁烟会议组织条例》,《福建省政府公报》(中央法规)第 53 期,1928 年 8 月 6 日,第 2 页。
② 《禁烟法施行条例》,《北平市政府公报》(法规)第 4 期,1928 年 10 月,第 49 页。
③ 《禁烟委员会组织条例》,《安徽教育行政周刊》(教育法令)第 1 卷第 19 期,1928 年 8 月 6 日,第 18 页。
④ 刘寿林、万仁元、王玉文等编:《民国职官年表》,中华书局 1995 年版,第 536 页。
⑤ 《全国禁烟会议开幕详情》,《申报》,1928 年 11 月 2 日,第 4 版。
⑥ 《呈请行政院通令各省市以后凡关禁烟事项一律报由属会核办》(1930 年 6 月 25 日),《禁烟公报民国十九年汇编》,1931 年,第 55 页。

长,在32名委员中,湖南籍人士占到25名。① 甚至对于市一级的分会,禁烟委员会都不能有效制约。根据《各省市禁烟委员会组织规程》,省设禁烟委员会,而市一级只能设立禁烟分会,但1930年5月,宜昌市党部召集各团体代表组织了宜昌市禁烟委员会。而行政院禁烟委员会"为免政治机构名称混淆",只能再次呈请中央党部出面干预。② 对于各地军阀,禁烟委员会更是无可奈何,其派往四川调查禁烟的专员熊兆南呈报川中军队抽收烟捐、官卖鸦片情形,禁烟委员会只能呈请行政院核示。③ 中央驻军卫立煌部在皖北征收烟苗捐,在禁烟委员会1930年第52次会议上,曾有委员要求派员前往视察,而议决的结果竟然是"缓议"。④ 可见,行政院禁烟委员会在国民政府的组织架构中实在是一个"软柿子"。设立的这一机构,显然不能作为国民政府进行政权扩张的工具。

(三) 军委会禁烟督察处与军委会禁烟总会

1929年5月,国民党中央军在蒋桂战争中大获全胜,一举占领武汉。汉口是全国鸦片批发贸易的中心,一直是各路军阀争夺的对象。国民政府得到武汉后,于此设立隶属于财政部的清理两湖特税处,于是所有经过汉口的鸦片运销税都纳入国民政府的财政系统。为了尽可能减少走私的情况,清理两湖特税处的机构不断膨胀,到1931年,湖南分处的办事人员即达到30人,而汉水各处的六个分办事处还有更多的人。⑤ "清理两湖特税处"的成立无疑与禁烟委员会的职能是冲突的,而且亦否定了国民政府的"断禁"政策。但是其十分可观的利润为蒋介石打击中国工农红军及国民党的地方实力派提供了经济基础。这亦是清理两湖特税处在舆论责难、流弊重重的情况下依然存在的原因。由于清理两湖特税处直属财政部,因而蒋介石并不能很方便地控制它。蒋介石与宋子文是姻亲关系,政治上是一个派别,但经济上经常发生

---

① 《湖南省禁烟委员会组织成员一览表》,湖南省档案馆,全宗号14,目录号1,案卷号4,第190—195页,转引自魏其俊:《民国时期湖南禁烟政策研究》,湘潭大学硕士学位论文,2009年,第20页。
② 《呈中央党部恳请转饬宜昌市党部改定名称以免与政治机关名称混淆而以重法定由》(1930年5月15日),《禁烟公报民国十九年汇编》,1931年,第52—53页。
③ 禁烟委员会:《禁烟公报》,1930年汇编,第121—122页。
④ 禁烟委员会:《禁烟公报》,1930年汇编,第197页
⑤ 《鸦片贸易(1910—1941)》,中国第二历史档案馆藏,全宗号3,案卷号1012。

矛盾。于是蒋介石便开始试图直接掌握汉口的税收。1932年,蒋介石设立"鄂豫皖三省'剿匪'司令部",并宣布在鄂豫皖赣战区禁烟,并以"'剿匪'司令部"及军委会委员长南昌行营的名义发布了一系列禁烟禁毒法规,如此,不但剥夺了行政院禁烟委员会的部分职权,而且更可以名正言顺地掌握汉口的清理两湖特税处。1933年秋,蒋介石干脆撤销了清理两湖特税处,在汉口重新设立禁烟督察处,并安排其直接隶属于军委会,负责所有的鸦片运销事宜。禁烟督察处不受任何部委的管辖,其正副处长、会计长、缉私主任、巡缉团团长均由蒋介石直接任命,一切收入亦归军委会及蒋介石支配,甚至督察处大部分的日常决定都是直接遵照蒋介石的指示做的。① 蒋为了进一步摆脱宋子文的插手,建立了农民银行,全盘接收关于鸦片的资金事宜,②在此之前,这些业务是由中央银行打理的。如此,蒋介石完全掌控了汉口的鸦片特税。

1935年,国民政府开始了"两年禁毒、六年禁烟"的运动,4月,国民政府应军委会之请,由行政院发布训令,将川、滇、黔、察、绥、宁、冀、鲁、晋9省及北平、天津、青岛3市的所有禁政事务都交给军委会办理。③ 加上前述十省及宁、沪二市,这样全国便有19个省及5市的禁政事务归军委会统一办理。此时行政院所属的禁烟委员会已经实在没有存在的必要了。根据1935年4月军委会委员长行营发布的《禁烟实施办法》,由行营驻在地设立禁烟委员会总会,各省市设禁烟委员会,各县设禁烟分会,关于取缔运售事务,仍由禁烟督察处办理。④ 5月29日,国民党中央政治会议议决,撤销属于行政院下的禁烟委员会,设置禁烟总监,作为禁烟禁毒事务的最高长官,负责办理全国禁烟事宜,由军事委员会委员长兼任,并且禁烟总监可颁布禁烟禁毒法令,只送中央政治会议备案即可。⑤ 6月5日,国民政府正式任命蒋介石为禁烟总监。⑥ 这样,国民政府的六年禁政就在军委会的统筹下全面展开。同月,军

---

① 《鸦片贸易(1910—1941)》,中国第二历史档案馆藏,全宗号3,案卷号1012。
② 《鸦片贸易(1910—1941)》,中国第二历史档案馆藏,全宗号3,案卷号1012。
③ 《国民政府行政院训令二二六〇号》,《国民政府行政院公报》第528期,1935年6月9日,第24—25页。
④ 《禁烟实施办法》,《河南省政府公报》(中央法规)第1316期,1935年4月30日,第3页。
⑤ 《新刑法鸦片罪之规定应停止施行》,《江西省政府公报》(公牍)第358期,1935年12月2日,第7页。
⑥ 《裁撤禁烟委员会特派禁烟总监》,《内政公报》(任免事项)第8卷第16期,1935年7月15日,第4页。

委会委员长行营在武昌设立禁烟总会,并通令各省市县组织禁烟委员会分会。① 在《禁烟总会组织规程》中明确,禁烟总会"受禁烟总监之特别委任,兼办总监职权内事务",并且禁烟总会可以"派赴各省市督促禁烟禁毒人员,得会同各该省主席或市长以省市政府命令办理之,并得会章副署"。② 12月3日,国民政府颁发给禁烟总会铜质关防一颗,文曰"国民政府军事委员会禁烟总会关防"。③ 可见,禁烟总会是纳入国民政府正式的政治制度框架之内,负责代理禁烟总监职权,是全国最高的禁烟机关,负责策划、督促、考核禁政的实施。值得注意的是,此时的禁烟督察处并不归属禁烟总会,根据《禁烟总会组织规程》,禁烟总会所拥有的是监督、检举、调查、建议的权力,而征收特税、管制运售、查缉走私的权力依然在禁烟督察处。二者同属军事委员会,均归禁烟总监蒋介石直接控制,但自成系统。军委会禁烟总会与省市禁烟委员会及县禁烟分会是一个垂直系统,而军委会禁烟督察处则与设立在各地的禁烟督察分处、禁烟督察分所、禁烟督察事务所形成一个系统。1935年11月,委员长行营由武昌迁往重庆,禁烟总会亦随往。1936年1月,禁烟总会迁往南京办公,并在南京召开了第一次常会。④

(四)查禁特派员与缉私部队

蒋介石在掌握禁烟收入和机构的过程中,亦开始了向地方扩张权力的计划。由军委会主管禁烟,部分地区的态度还是比较积极的。广东省对中央的政策表示了支持。1932年10月,广东省民政厅训令各县市遵照履勘烟苗章程,将烟苗铲除净尽,⑤随后再次以省政府及国民革命军第一集团军总司令部的名义训令省各区绥靖委员、各县市长在辖区内铲除烟苗。⑥ 而处于腹地的一些省份,其行动就更为积极。1933年2月,蒋介石以军事委员会委员长

---

① 《行营在武昌设立禁烟总会》,《医药评论》第7卷第7期,1935年3月,第58页。
② 《国民政府军事委员会禁烟总会组织规程》,《山西公报》(中央法规)第50期,1936年7月31日,第1页。
③ 《国民政府文官处公函第七二九九号》,《国民政府公报》(处函)第2222期,1936年12月8日,第9页。
④ 《奉兼禁烟总监蒋令为禁烟总会第一次常会李委员基鸿提议酌拟实行推行各项禁政办法核尚可行令饬遵照等因仰即遵办具报》,《江西省政府公报》(民政)第458期,1936年4月1日,第3—4页。
⑤ 《广东省政府公报》1932年第201期,第106—107页。
⑥ 《广东省政府公报》1932年第202期,第20页。

的名义电饬禁种省份将烟苗铲除净尽。福建省民政厅立刻训令罗源、华安等37个种烟县县长，限文到7日内将辖区内烟苗铲除。① 1934年安徽省亦训令民政厅及所属61县政府严禁种烟。② 不久，蒋介石电告安徽省政府，认为皖北各属仍多抗令偷种，若再查禁不力，境内发现烟苗，即唯该地方及驻军长官是问。省主席刘镇华在压力之下，连电涡阳、亳县、宿县、蒙城、阜阳、太和等县县长及驻军长官，重申禁令，并警告，如果阳奉阴违，一经查出，或被告发，一定严惩，唯该县长是问，绝不姑宽。③ 但是仅靠舆论的制约或口头的警告，显然不起任何作用。如在傅作义控制的绥远省，1932年，归绥县重征烟亩税，引起民变。中央以此警告傅作义，而傅的答复为："此次罚款为绥远省金融所系，且方案妥善，全省均予遵行，该地区仅归绥县之一村，何能违此独异，更何能因极少数人捣乱，一村之阻挠，而使全省民众利益受其影响，同归于尽。"④可见，傅对中央的警告并不以为然。而青海的马步芳，态度则要圆滑得多，其表面上与中央保持一致，宣称："禁烟为先主席之贻谋，林文忠公之遗范和蒋委员长之训令。"⑤马步芳还颁布了一系列禁令，并多次公开焚毁烟土、烟具。⑥ 因此，蒋介石还曾称马步芳领导的青海省是个"禁烟模范省"。但事实上，马步芳与其他军阀一样，利用鸦片牟利。马步芳拥有一个庞大的鸦片查禁机构，这其实是鸦片垄断贸易机构。一个在甘肃居住的西方人曾在沙漠中见到马步芳贩运鸦片的骆驼队，有100多只骆驼，每只骆驼载着两个100磅重的鸦片包。⑦

蒋介石力图打破这种权力态势的做法之一就是由委员长行营向各省派出查禁特派员，以代表中央查举禁种事宜，并且由这些禁烟特派员兼任检举禁毒专员。这些人员全部由蒋亲自遴选，权力很大，不受各该省军政长官管辖，与派往各县的查禁专员自成系统，直接对军委会委员长负责，而且派往各

---

① 《福建省政府公报》1933年第291期，第20页。
② 《安徽省政府公报》(训令)1934年第464期，第13页。
③ 《安徽省政府公报》(公牍)1934年第464期，第37页。
④ 《绥远发生惨案》，《末次情报》(第95册)，第98页。
⑤ 《西北马家军阀史略》，《甘肃文史》(第5辑)，甘肃省文史研究馆1989年版，第115页。
⑥ 《青海省二十五年七月至二十六年五月禁烟禁毒工作报告》，中国第二历史档案馆藏，全宗号12，案卷号868。
⑦ [美]默利尔·亨斯伯格：《马步芳在青海(1931—1949)》，崔永红译，青海人民出版社1994年版，第111页。

地的特派员的军衔较高,如湖北省查禁种烟特派员王烈为中将高级参谋。① 因此,查禁特派员可以惩办禁烟不力的县长及以下各员,还可以调动地方驻军协助禁烟,被调军队不得违令。这样,由蒋派往各地的查禁特派员和查禁专员便成为一个插入各省的监督系统。② 禁烟特派员还逐渐从临时改为常驻,行营自1937年在各地设立禁烟特派员公署,并扩大派驻省份和查举事项。③ 7月1日,禁烟总监颁布了《各省市禁烟特派员巡视章程》,明确禁烟特派员具有"督促考核地方禁政之责"。④ 禁烟特派员公署的级别较高,禁烟总监明确规定,"特派员对省政府、省禁烟委员会、省府各厅处、各级党部、各级法院,及驻在各省中央机关行文,应用公函",而对"行政督察专员、县政府、县禁烟委员会,及禁烟督察处各省分处、办事处、事务所行文应用令",而且"省政府发布禁烟禁毒命令公告,应由特派员会章副署""直辖市行文与省同,普通市行文与县同"。⑤ 正因如此,查禁特派员对各省的威慑力还是较大的。六年禁政开始不久,因"委员长将简派大员,前来查勘",云南省政府随即电令昆明等38市县认真查铲境内烟苗。⑥ 而河南省为应付查禁特派员检查,事先在查勘过程中发现宝丰县仍有烟苗,将该县县长记大过两次。⑦ 在四川省,行营四川特派员办公处以将四川划分为五个地区密检区及一个邮件密检区进行烟毒的检举事宜。⑧ 以湖南省为例来考察查禁特派员对地方禁种的促进作用。1936年2月11日,蒋介石派黄纪清以国民政府军事委员会委员长行营湖南省查禁烟特派员的身份进驻长沙市办公,负责督促、考核湖南省的禁政。19日,何键与黄纪清联衔布告:"厉行禁烟种烟,任何县份不准发现

---

① 《湖北省政府公报》(训令)1935年第89期,第1—2页。
② 蒋秋明、朱庆葆:《中国禁毒历程》,天津教育出版社1996年版,第315页。
③ 《准军事委员会江西禁烟特派员公署函知成立》,《江西省政府公报》(公牍)第785期,1937年4月26日,第7页。
④ 《各省市禁烟特派员巡视章程》,《江西省政府公报》(法规)第875期,1937年8月9日,第1页。
⑤ 《禁烟特派员行文程序》,《江西省政府公报》(公牍)第773期,1937年4月12日,第4页。
⑥ 《云南民政月刊》1935年第23期,第34页。
⑦ 《河南省政府公报》1935年第1312期,第1页。
⑧ 《四川检举禁毒密检区之划分》,《四川省政府公报》(法规)第51期,1935年7月1日,第76—77页。

烟苗一株,倘有违禁或贿纵者,以军法惩处。"①此后,3月6日,蒋介石致电湖南省,要求三个月内肃清鸦片种子。3月24日,黄纪清发表题为《要救国家民族的危亡,必先禁种鸦片》的告全省民众书。在压力之下,4月13日,湖南省禁烟委员会制订《1936年度禁毒、禁烟行政计划》,4月18日,将全省分为两个视察区,7月16日,将2个视察区改为8各督察区,每区设督察专员,进行日常的查禁工作。②湖南省的查禁工作,全面抗战前共进行三次,均是由特派员公署会同省禁烟委员会查禁。在三次查禁中,共有邵阳县县长吴士烈、新化县县长文星三被撤职处分;零陵县、道县、慈利县、永顺县等24县县长遭记过处分;芷江、祁阳等5县县长遭申诫处分。③蒋介石还以禁烟总监的名义,直接干预地方的禁烟事宜。由于查禁特派员有在该省候差人员中遴选查禁委员的权力,1936年,蒋介石训令湖南省查禁种烟特派员黄纪清,认为湖南省的查禁委员在上年的检举种烟中,颇不能破除情面认真检法,此次对于查禁委员应严格奖惩。优秀者由省政府尽先任用,办理不力者,予以相当处分,而且关于专员、县长、委员的奖惩事项在中央政府公报上刊登,区保甲长则在省政府公报上刊登。④蒋介石的干涉,使得洪江、津市的查禁委员被迫撤回,由何键暂时任命洪江、津市的公安局局长兼任查禁委员,不另支薪水,"以符定例"。⑤

除了派出查禁特派员,蒋介石还在禁烟督察处下成立缉私部队来加强对地方的控制。这些缉私部队的长官完全由蒋介石个人任命,直接控制。缉私部队的编制大于正规军,如汉口缉私团有3802人。⑥另据资料,由蒋鼎文负责的长江水上缉私部队有15000人的编制,尽管实际人数可能没有这么多,

---

① 田伏隆主编:《湖南近150年史事日志(1840—1990)》,中国文史出版社1993年版,第166页。
② 田伏隆主编:《湖南近150年史事日志(1840—1990)》,中国文史出版社1993年版,第169页。
③ 湖南省档案馆,全宗号14,目录号1,案卷号3,第35页,转引自魏其俊:《民国时期湖南禁烟政策研究》,湘潭大学硕士学位论文,2009年,第28—29页。
④ 《湖南省政府公报》1936年第395期,第16页。
⑤ 《湖南省禁烟委员会训令》,《湖南省政府公报》(禁烟)第492期,1936年8月12日,第14页。
⑥ 军事委员会禁烟总会编:《二十四年度禁烟年报》,1936年,第54页。

亦可见缉私部队的庞大了。① 1934年,湖南省成立了禁烟督察处湖南分处,南京方面加强了对湖南禁政的控制。禁烟督察处湖南分处设稽查队有两个营的兵力,在湘西扼要之地洪江驻扎,专事缉私。在缉私管理上,省禁烟委员会处于协缉地位。禁烟督察处令各县市遵照规定组建密缉队,与督察处缉私部密切合作,在整个湖南省布控了一个极其严密的缉私网。有了这样的机构,中央的态度明显强硬。11月,蒋介石电令湖南省政府,并警告:"顷据报,湘省凤凰、麻阳、辰州、芦溪、古丈、辰溪、乾城、永顺、保靖、桑植、大庸、龙山、慈利等十三县,皆全县栽种鸦片;又宝庆、武冈、新化、靖县、会同、绥宁、通道、芷江、黔阳、溆浦等十县,为半种鸦片县份,等情,查该省为绝对禁种省份,本年查禁办法,已于十月各电饬遵在案,务仰该主席遵照禁种歌电,严饬所属认真查禁为要。"②

但是,对于边远省份,特别是西北地区的控制,国民政府依然显得力不从心。在陕甘青宁诸省中,只有陕西省军政关系简单,地方军阀势力较弱,因而禁政推行得还比较彻底。邵力子任陕西省政府主席时,厉行禁烟,能有效控制局势。1935年,邵力子就将禁烟不严、铲除烟苗不力的渭南县县长张警吾"撤职留任,严加处分",使得"其他禁种县份不敢再存观望"。③而甘肃、宁夏、青海直到全面抗战爆发,国民政府都未能有效地在当地建立完全的统治。以甘肃省为例,省政府主席尽管由中央任命,但这仅是甘肃各军阀派系斗争的结果,并不是中央能有效控制甘肃局面的标志。省政府的统治力量薄弱,动辄受到地方驻军的干涉,政令施行范围有限。甘肃省主席的权力往往不出省城百里以外。④ 1930年,中央任命马鸿宾代理甘肃省省长,马鸿宾自己就是个大军阀,且握有军队,即便如此,省政府却亦只能管理皋榆两县。不但各县军队调不动,连各县县长也不能过问。⑤ 甘肃的河西地区是马步青的势力范围,中央势力鞭长莫及。虽然此处禁种较有成效,但马步青积极禁种的原因与四川的刘湘类似,即一方面可以取得中央的好感,另一方面可

---

① 美国国务院档案893.114/738,[加]卜正民、若林正编著:《鸦片政权:中国、英国和日本,1839—1952年》,弘侠译,黄山书社2009年版,第301页。
② 《湘西栽种鸦片,行营电令严禁》,《湘乡民报》1934年11月11日。
③ 《邵力子在陕西禁烟始末》,《各界导报》2005年6月17日。
④ 《三陇何以自立》,《陇钟》(第7号)1931年8月1日,第10页。
⑤ 《希望中的邵力子主席》,《陇钟言论集》(第1集),陇钟编辑社1932年版,第51页。

以将存土积存,使得烟价骤涨。① 即使是在省政府能控制的范围之内,省政当局亦总是借口情事"特殊"而对法令的执行有所损益,有些中央法令在甘肃省并没有得到贯彻落实。如1936年6月,国民政府公布《禁烟治罪暂行条例》,要求各省一体遵行,但甘肃省直到1938年2月才有所响应。同样是在陕西禁政颇有成效的邵力子,其出任甘肃省政府主席,亦曾厉行禁烟,但不久邵本人就因无法挽回甘局而"十分惭愧,十分难过"。② 最终邵力子提出辞职,离开甘肃省。

可见,国民政府利用禁烟运动实现中央集权化的效果,在各地区明显不一。湖南、湖北、江西、安徽、河南等腹地省份,因查禁特派员及禁烟督察处的设立,中央政府的权威很快在当地树立。西南地区,中央政府通过对其鸦片运销的控制,基本切断了地方割据的经济基础。而西北地区的情形则比较糟糕,军阀、民族、宗教的情况十分复杂,中央政府的权威建立始终不理想。1937年,国民政府利用禁烟运动实现中央集权化的过程因抗战全面爆发而被迫中断。抗日救国成为国民政府军事委员会压倒一切的首要任务,因此,原改派各省之禁烟特派员一律撤销,其职务交由各该省民政厅办理,禁烟督察处亦再次改隶财政部。③ 此后,禁烟职权又开始分散,并且失去了军事保障,禁烟机构又开始逐渐成为一个弱势部门。

三、基层的抵制与较量

虽然国民政府通过禁烟运动在中东部的绝大多数省份完成了民族国家建构的中央集权化,但是其政权的组织触角依然只能延伸到城市,甚至仅仅是城市的上层,而县以下的基层政权基本控制在乡绅手里,而且"任由乡绅打着旗号胡作非为"。④ 可以说,对省政府而言,即便其效忠于中央,但是其依

---

① 《甘肃省禁烟督察团第四组督察河西各县局禁政工作总报告书》,甘肃省民政厅档案,档案号15—8—404,尚季芳:《民国时期甘肃毒品与禁毒问题研究》,四川大学博士学位论文,2007年,第149页。
② 《和平奋斗救甘肃——邵主席九月十二日在省政府纪念周上讲演词》,《甘肃省政府公报》第1卷第18,19,20,21期合刊,1932年10月2日,第118页。
③ 《湖南省政府公报》(命令)1938年第861期,第12页。
④ 王奇生:《党政关系:国民党党治在地方层次的运作(1927—1937)》,社会科学文献出版社2001年版,第83页。

然面临着中央禁令在省内基层贯彻难的问题。以湖南省为例,1929年何键出任省政府主席,是蒋桂斗争的结果。中央政府对何键的任命,本身亦是一种妥协。禁政开始之初,中央的禁令在湖南的推进举步维艰,这固然有湖南省政当局的抵制原因。但是,何键在湖南亦并无一言九鼎的权威,比如湘西就是省政府势力不及之地。湘西的实力派人物陈渠珍是"湘西王"。早在1930年,陈渠珍就在湘西率先成立禁烟委员会,并自任主任委员,大肆收缴烟税,何键对之亦无可奈何。国家政权在基层的威信树立亦是政权建设的一个重要方面。国民政府的禁烟运动必须处理大量的关于基层既得利益的问题。这些既得利益群体包括以种植罂粟来维持生计的烟农、借鸦片运销而牟利的土豪劣绅及乡镇官员。他们的存在不可避免地要与国民党的禁政发生冲突。在某些地区,由于地方上的一些传统帮会势力及少数民族介入其中,事情变得越发复杂。国民政府要禁烟,就必须加强对基层的控制,这是一个长期的博弈过程。这个过程在乡村表现为"查铲"与"抗铲"的斗争,在城镇则表现为"走私"与"缉私"的较量。在博弈的背后,究其实质为国家政权在基层社会的推行程度。

(一)"查铲"与"抗铲"

乡村的冲突来自国民政府的禁种政策。1928年,全国禁烟会议召开,标志着国民政府禁烟政策的变化。1929年,立法院委员朱和中提议禁烟宜先禁种,行政院通令产烟省区严禁种烟,① 同时禁烟委员会根据全国禁烟会议的决议案制定了《县长履勘烟苗章程》,规定各县县长就所辖县境切实履勘。② 行政院亦表示本年秋季从严查禁各地种植烟苗,切实奉行履堪章程。③ 当时大部分省一级政府财政中,已没有鸦片的种植税。因而,禁种的政策省政府还是力图贯彻的。如中央法令颁布后,浙江省民政厅立即咨保安处请各团队协助禁烟,④绥远省政府还将各县局办理情形抄送中央政府,⑤广东省民

---

① 《立法院公报》(公牍)1929年第11期,第297页。
② 《河北省政府公报》1929年第304期,第12页。
③ 《浙江民政月刊》(公牍)1929年第25期,第217—218页。
④ 《浙江省建设月刊》1929年第24期,第18页。
⑤ 《国民政府公报》(指令)1930年第438期,第5页。

政厅亦饬令潮梅属各县长迅速查铲烟苗。① 各级政府的职能部门亦为禁种做着准备。1930年,农矿部向行政院呈拟了禁种后的土地改良及作物换种等办法,并要求各地农事机关认真调查种烟地区的土质气候。② 河北省农矿厅作了极为详细的调查,其奉发的《种烟区域土地气候调查表》包括土地种类、土地可耕程度、土地物理学性、土地化学性、当地温度、当地湿度、当地降水量、种罂粟前土地状况、种罂粟后土地状况、种罂粟时施用之肥料、地下水面高低、当地适宜作物、通作肥料等参数,③调查的内容十分细致。显然,就绝大多数的省政府而言,主观上是希望将本地区的禁种工作做好的。

1932年,由军委会主持的腹地省份的禁烟开始。总体规划是采用分年分区递减的办法,逐年减少产烟区域,最终达到禁断目的。苏浙皖赣湘鄂豫闽陕甘十省首先禁种罂粟,晋冀鲁等省参照十省克日禁种。其余边远省份,向未种烟之地,绝对不许新种,长期种烟的由地方当局核实亩数呈报"'剿匪'司令部"或"南昌行营"。④ 腹地省份的行动是相当积极的。以福建为例,1933年2月,军事委员会委员长蒋介石电饬禁种省份将烟苗铲除净尽。福建省民政厅立刻训令罗源、华安等37个种烟县县长,限文到7日内将辖区内烟苗铲除。⑤ 福建省还规定将种植罂粟的田亩暂行扣押,并拟定相关办法令各县遵照执行。省禁烟委员会还提请省政府要求从严惩处铲除烟苗不力的县长及驻军,此议案得到政府的认可,并发出布告,3个月内将派员赴各县检查。⑥ 福建事变后,十九路军在福建亦能认真禁烟。1934年,中央军进入福建,福建省遵照派员查禁十省种烟办法,拟定了《福建省查禁种烟实施纲要》,由各区督察专员督率各县县长负责办理。查禁种烟分为烟苗下土及出土两期。具体任务的执行者为基层的保甲长,县政府、县党部及地方法团亦是会同办理机关。烟苗下种前,行政督察专员及各县长印发布告:"奉令烟禁栽种鸦片,违者处死刑。"并且督饬区公所开禁种鸦片大会,邀请党政军学各界出席举行露天演讲,或组织宣传队。保甲长挨户告诫,取具"如敢种烟,甘处死

---

① 《广东省政府公报》1931年第173期,第17页。
② 《江苏省政府公报》1930年第349期,第12页。
③ 《河北省政府公报》(训令)1930年第607期,第12—14页。
④ 蒋秋明、朱庆葆:《中国禁毒历程》,天津教育出版社1996年版,第303页。
⑤ 《福建省政府公报》1933年第291期,第20页。
⑥ 《福建省政府公报》(要件)1933年第298期,第13—15页。

刑"的切结。纲要还特别规定,非区长及保甲长能力所及者,应同县长商由该县驻军带同督察团队等前往铲除,如果有官员包庇,最严重的可直接由军事委员会惩办。① 当时中央军第10师师长秘书谢炯调任县长之职,他接到铲烟命令,却阳奉阴违,派人征收烟捐。此事为第36师师长兼泉州警备司令兼南区保安处处长宋希濂发觉,将谢炯扣留。谢假借大便逃跑,被守兵击毙。② 可见,福建的禁令还是相当严格的。

  大部分省份通过烟苗查禁及对违禁、包庇的官员进行处罚以加强对基层社会的控制。六年禁政开始后,苏浙鄂豫皖赣湘闽等腹地省份成为绝对禁种的省份,必须在第一年内彻底实行禁种。为了督促各地的禁种事宜,军事委员会委员长行营颁布了《查禁烟苗总检举办法》及《查禁种烟特派员办公处组织规程》,规定由军事委员会委员长行营所派之查禁种烟特派员会同各省政府实行总检举。如果检举时发现烟苗,应立即铲除,并将种户拘送法办,田亩充公,若聚众抗铲,则准调驻军,严拿为首之人,电呈行营核准,立予枪决。凡是已经具结禁绝的县份,再发现烟苗,县长及保甲长均受连带处分,由特派员呈请行营按军法严惩。对于地方上包庇种烟的土豪劣绅,应特派员呈请行营,亦可处以枪决。③ 江西省处于"'剿匪'司令部"及"委员长行营"的直接监视、控制之下,是较早进行全省查禁行动的省份。此后,安徽、福建、河南、湖南等腹地省份亦纷纷进行了全省的查禁行动。在查禁过程中,各省均处理了一批渎职、贪污、包庇种烟的基层官员。如河南省在查勘过程中发现宝丰县仍有烟苗,将该县县长记大过两次。④ 江西省甚至将宁都县种烟甲长黄才彬枪决。⑤ 安徽省太平县查出烟苗五六亩,种户及保甲长被拘拿,委员长行营令将县长撤职查办,甚至查禁专员亦被记大过一次,委员长行营并将此次的处理结果通报省,希望各地加紧查禁,破除情面,严格执行。⑥ 湖北省就有阳新县、崇阳县、公安县等被控的县长三名,此外还有警察局局长、联保主任、

---

① 《福建省政府公报》(特载)1934年第428期,第1—4页。
② 《烟苗害死了惠安县长》,《人言周刊》1934年第1—25期合集(上),第324—325页。
③ 《江西省政府公报》(法规)1935年第164期,第1—4页。
④ 《河南省政府公报》1935年第1312期,第1页。
⑤ 《江西省政府公报》(公牍)1935年第296期,第4页。
⑥ 《江西省政府公报》1935年第215期,第14页。

区长、乡长、保长等数十人。① 湖南省一再以"性命攸关,望勿以身试法"②作为对邵阳等县县长的警告,并将查铲不力的区长张安邦、乡长张绍铭、袁岳峰,保长伍显廷、刘其平,甲长侯其乡等记大过一次,③保东乡保甲长等因辖区发现烟苗,被议处,④平江县长寿乡乡长因玩忽禁政,记大过一次,⑤新化县因发现烟苗二十二处,县长及区长、禁烟委员等分别处分。⑥

对基层官员的奖惩无疑强化了国民政府在基层的政权建设。为了进一步规范查禁事项,湖南省还制发了统一的《查禁种烟逐日报告表式》及《每县检举完毕报告表式》。《查禁种烟逐日报告表式》要求查禁专员每天填报查禁事项,内容包括查禁地点、沿途会晤的士绅、查勘经过情形、当晚驻留地点等。⑦ 而《每县检举完毕报告表式》则包括检举的起止日期,过去该地区的种烟状况,过去办理禁政情形,检举方法,区乡保甲长的具结情形,种户的姓名、年龄等个人信息,还有烟苗发现地址,种植亩数,铲除情形,省县是否派员查勘,地方有无收受捐费,行政督察专员、县长、区长、保长、甲长姓名,及办理情形,人犯何时解往何项机关等。⑧ 这些日报表在各省都加以沿用,如福建省很快仿照湖南的模式亦制定了相关表格。⑨ 严格按照表格操作,使得省政府对基层的管理进一步细化、可控。1934年4月6日,湖南省第五区发现烟苗数千余株,而查禁专员李沛堂的日报表中却无记录,省禁烟委员会认为该员查勘行程不过率队经过,并未认真访察,而且禁烟委员会检查了该员的4月10日及11日两天的日报表,该员仍遵原经路线回达县城,敷衍至此,良用疚心。要求其加紧工作,毋再畏难敷衍。⑩ 表17-1、表17-2、表17-3分别为江西省、河南省及湖南省的部分查禁报表。

---

① 《湖北省基层干部"两年禁毒、六年禁烟"期间被控表》,湖北省档案馆藏,LS3—4—4889,4890,彭韬:《民国时期湖北省的禁烟运动——以国民政府"两年禁毒、六年禁烟"(1935—1940)为中心》,华中师范大学硕士学位论文,2004年,第48—49页。
② 《湖南省政府公报》1936年第321期,第20页。
③ 《湖南省政府公报》1936年459期,第12页。
④ 《湖南省政府公报》1936年第389期,第18页。
⑤ 《湖南省政府公报》1936年第444期,第15页。
⑥ 《湖南省政府公报》1936年第445期,第16页。
⑦ 《湖南省政府公报》1936年369期,第14—15页。
⑧ 《湖南省政府公报》1936年第689期,第11—14页。
⑨ 《福建省政府公报》1937年第775期,第20—23页。
⑩ 《湖南省政府公报》1936年第401期,第15页。

表 17-1　1934 年 4 月江西省的查禁路线报表①

委员姓名	专查及抽查地点	期限	旅费	附记
蓝逊	专查安义县,抽查修水、铜鼓两县	一个月	90 元	
欧阳岳	抽查乐平、浮梁两县	一个月	90 元	
郑凤山	抽查德兴、婺源两县	一个月	90 元	
段灏	专查乐安县,抽查宜黄县	一个月	90 元	
陈在斡	专查兴国县,抽查永丰县	一个月	90 元	
丁从周	专查永兴、宁冈、遂川三县	一个半月	135 元	
刘菁如	专查安福、莲花两县,抽查萍乡县	一个半月	135 元	
王名涛	专查上饶、崇义两县,抽查大庾县	一个半月	155 元	道路较远拟加旅费 20 元
萧谦	专查信丰县,抽查赣县、南康两县	一个半月	155 元	同前
	专查宁都、广昌、石城三县	一个半月	155 元	同前
邱自芸	专查雩都、会昌、瑞金三县	一个半月	155 元	同前
符晋升	专查安远、龙南、定南三县	一个半月	155 元	同前

备考:本表所列旅费共计国币一千四百九十五元

表 17-2　1935 年河南省第一期查禁种烟委员及县份统计表②

路别	委员姓名	查禁县数	县名
共计	10 人	61	
第一路	文缉熙	7	永城、夏邑、商丘、宁陵、虞城、民权、考城
第二路	韩莹	6	睢县、柘城、太康、西华、鄢陵、鹿邑
第三路	朱璞	6	灌阳、西平、沈丘、项城、商水、上蔡
第四路	尹瑞轩	6	汝南、新蔡、正阳、息县、光山、确山
第五路	王振国	6	信阳、桐柏、泌阳、唐河、新野、登城
第六路	宋作宾	6	舞阳、方城、南阳、镇平、内乡、淅川
第七路	李通求	6	襄城、郏县、宾丰、南召、叶县、鲁山
第八路	宋祖铎	6	尉氏、许昌、禹县、密县、登封、临汝

---

① 资料来源:《江西省政府公报》(训令)1935 年第 176 期,第 13—14 页。
② 资料来源:《河南省统计月报》1936 年第 2 卷第 11 期,第 12 页。

(续表)

路别	委员姓名	查禁县数	县名
第九路	马敬文	6	偃师、伊阳、伊川、嵩县、宜阳、新安
第十路	范秉仁	6	受县、陕县、灵宝、卢氏、洛宁、渑池

表17-3 湖南省查禁种烟总检举区域表①

区别	县名	附记
第一区	长沙、浏阳、平江、岳阳、临湘、湘阴、益阳、宁乡	本区共八县
第二区	湘潭、湘乡、邵阳、武冈、新化、安华	本区共六县
第三区	醴陵、攸县、茶陵、酃县、桂东、安仁	本区共六县
第四区	衡山、耒阳、永兴、资兴、汝城、郴县	本区共六县
第五区	衡阳、常宁、桂阳、宜章、临武、嘉禾	本区共六县
第六区	新田、蓝山、宁远、道县、江华、永明	本区共六县
第七区	沅江、汉寿、临澧、澧县、安乡、华荣、南县	本区共七县
第八区	常德、桃源、石门、慈利、桑植、大庸	本区共六县
第九区	沅陵、古丈、永顺、保靖、龙山、永绥	本区共六县
第十区	溆浦、辰溪、泸溪、乾城、凤凰、麻阳	本区共六县
第十一区	晃县、芷江、黔阳、会同、靖县、通道	本区共六县
第十二区	祁阳、零陵、东安、新宁、城步、绥宁	本区共六县

省政当局试图通过基层官员层层具结的方式来强化对基层政权的控制，实行连保连结连坐制。并且甲长向保长、保长向乡镇长、乡镇长向县长层层具结，层层监督，确保禁令的执行。② 1936年，福建省的具结规定是农户向甲长切结，保证本人约束弟子不得私种鸦片，倘若违反，甘受严惩。而同样的切结，甲长向保长、保长向区长、区长向县长、县长同时向督察专员公署及省政府层层具结。③ 湖南省的情形亦大体类似，并且具结书为三联，如县长的切结，一联存特派员办公处、一联存省禁烟委员会、一联存县政府。这样做是为了使各级发生连带关系，共同负责。1936年2月，澧县县长履任不久，尚未

---

① 资料来源：《湖南省政府公报》1936年第684期，第13—14页。
② 《禁烟办法》，《益世报》1933年1月12日。
③ 《福建省政府公报》1936年第651期，第16—18页。

完成禁种烟苗的切结,省禁烟委员会立即发电催促,认为其"殊属玩忽",令其"勿再延误"。①

政府的查禁、铲烟总是会遭到基层既得利益者的反对。反对最强烈的就是借种烟而维持生计的烟农。烟农往往向执行查铲任务的人员求饶或贿赂,如果这些手段不起作用,就会以武力抗铲。如1934年,湖北建始烟农认为此次查铲是驻军与县长的意思,是为了勒索更多的钱,当求饶不成后,便聚众反对,击毙保安队士兵数人,夺取枪支二十余支。② 根据当时的报刊及地方志,全面抗战前,福建、安徽、江苏、云南等省份均发生较大规模的抗铲事件。③ 对于此类事件,政府亦只得动用军队,甚至有时还动用到海军。1934年6月12日,海军部指令马尾要港司令李世甲,令其派一旅二团三营前往长乐古田县江田一带铲除烟苗。④ 1935年,福建闽侯地区还动用宪兵,携带机枪进行铲烟。⑤ 总的说来,腹地省份虽然抗铲时有发生,但是在军队的镇压下,均能将事态平息,将禁政贯彻。而西北地区的情形就大不一样了,在那里"土豪劣绅把持着一切",⑥铲烟的困难极大。以甘肃省为例,即使在省政府的所在地皋兰,要将烟苗铲除亦遭到相当大的阻力。1935年,六年禁政开始后,甘肃省制订了五期禁烟计划,先从易于推行政令的县份开始,而河西各县属于马步芳、马步青的势力范围,掣肘甚多,只能放在第五期。皋兰属于第一期禁种县份。虽然省府先将各乡绅士、头人的烟地强制尽先铲除,但"人民并不因此存有戒心",仍有数千人武力抗铲,县长亦遭围攻,而数名种烟民妇,或"自缢白杨树",或"扑崖而死",弄得形势一度失控。省府不得不动用军队,逐亩查铲,才将失态逐渐平息。⑦ 省府所在地尚且如此,其他地区的情形亦可想而

---

① 《湖南省政府公报》1936年第350期,第15页。
② 《柳会员鼎报告赴建始查铲烟苗经过情形》《湖北地方政务研究半月刊》1934年第8期,第84—87页。
③ 《全椒县志》,黄山书社1998年版,第706—708页;《同安文史资料》(第1辑),1982年,第50—52页;《莆田市文史资料》(第2辑),1986年,第102—112页;《扬州文史资料》(第3辑),1983年,第151—152页;《安徽文史资料》(第7辑),1981年,第107—112页。
④ 《海军公报》1934年第61期,第22页。
⑤ 《铲烟纪事》,《宪兵杂志》1935年第2卷第12期,第118—120页。
⑥ 《谢觉哉日记》(上),人民出版社1984年版,第185页。
⑦ 《皋兰县长报告十五十六两日北乡铲除烟苗由》《皋兰县长于新丰乡下漩子村报告铲烟情形由》,甘肃省民政厅档案,档案号15—16—150,151,尚季芳:《民国时期甘肃毒品与禁毒问题研究》,四川大学博士学位论文,2007年,第106—107页。

知。1936年,甘肃静宁县高庄头镇乡长田子崇私种烟苗,静宁县会同通渭县政府派出兵力剿办,结果被田子崇的堡寨武装打得落花流水,县政府科员还被扣押。在战斗过程中,当地农民亦手持农具、土枪对抗县政府的兵士。① 可见,这些农民只知有田子崇,不知有国民政府,在他们眼里,田子崇就是他们的政府,就是法律。

(二)城乡帮会势力的影响

一些地方帮会势力的介入使得情况变得更为复杂。以安徽省为例,在抗铲的事件背后,总有"红枪会"的势力因素。"红枪会"是安徽普遍存在的农民自卫组织,其涉入鸦片利益较深。早在1928年二次北伐期间,国民党在安徽动用军队征收鸦片税,"红枪会"就曾"包围四十六军五师二团三营九连,戮毙孙王两连,伤亡兵士20—30名"。② 禁政开始后,1932年春,皖北"红枪会"逮捕特税处人员10余人,杀死7人,并聚集数万农民,要求驻军离境。③ 1933年春,安徽巢湖"红枪会"鼓动烟农反抗县长的铲烟行动,打伤卫士多人,并夺取枪支,甚至将区长、保卫团长等扣留。④ 同年5月,"红枪会"在合肥东北地区,集合千余人,反抗政府铲除烟苗,并击伤督铲之保安队员10余名。⑤ 1934年,安徽巢县的烟苗种植泛滥,由于巢县的"红枪会"势力强大,保安队仅集中柘县,不敢赴乡查铲。省主席刘镇华表示至万不得已时,唯有忍痛流血。⑥ 4月13日,巢县军政机关动用数千人的保安队武力铲烟,遭到万余人的"红枪会"的抗铲,战斗持续到17日方结束。虽然将烟苗铲除,但保安队人员死伤甚众。⑦

除了农村中的传统势力,民族问题亦是影响禁政的一个因素。如甘肃省的一个种烟大区就是甘肃南部藏族居住的西固、卓尼、岷县和迭部一带。20

---

① 《呈报职县派往高庄头被拘委员张奇烈出险并转呈报告由》《派职县府科员带警持咨往通渭商请协拿田子崇经过各情形由》,甘肃省民政厅档案,档案号15—6—444,尚季芳:《民国时期甘肃毒品与禁毒问题研究》,四川大学博士学位论文,2007年,第220—221页。
② 《合肥,拿获枪会嫌疑犯》,《申报》1928年7月27日。
③ 《北涡阳驻军与缨枪会发生冲突》,(天津)《大公报》1932年3月9日。
④ 《安徽通讯:铲烟民变记》,《人民周刊》1933年第2卷74期,第16也。
⑤ 《合肥,红枪会反抗铲烟苗》,《申报》1933年5月9日。
⑥ 《安徽积极铲烟苗》,《兴华》1934年第31卷第14期,第44页。
⑦ 《皖省烟苗肃清,巢县流血惨剧终了》,《大公报》1934年4月27日。

世纪30年代,土司制度被逐步废除,但国民政府的力量还是难以触及这些地区,当地县政人员不敢入藏区。查禁委员董公唯化装成商人才能进入,见到罂粟烟苗,几遍山谷。董只能乘藏民不在之时,拔取烟苗三株带回,以便交差。①

城市中的黑社会,亦是制约国民政府在基层贯彻禁令的一个因素。以安徽省为例,1932年,吴忠信主皖时期,曾厉行禁烟,但在青帮头子朱雁秋的压力下,被迫将鸦片税交给其承包。朱雁秋是早期的同盟会员,民初跟随柏文蔚,任安徽省厘金局局长,他在安徽下层势力中党羽很多,和南京的安徽要人许世英等交情不浅。1933年,刘镇华任安徽省省长,朱雁秋同样提出承包鸦片税的要求,而且出价很低。被刘镇华拒绝后,朱雁秋当面咆哮,出言不逊,还在自己所办的《大同报》上攻击安徽省政府。1934年,刘镇华精心布置,派其卫队将朱雁秋秘密逮捕,就地枪决。② 此外,皖北的杜墨林亦是势力强大的青帮头子,在禁政期间,公开吸毒,变本加厉贩卖鸦片。1935年,临淮关警察局局长揭觉安独自一人来到杜墨林家,将其枪杀。但不久后,揭觉安在上班的路上,亦被杜墨林的党羽枪杀。③ 1932年9月,蒙城土劣李铭勋、陈在功等制造海洛因,被蚌埠军警稽查处查获。驻军第四师师长徐庭瑶奉命缉拿要犯,李铭勋闻风潜逃,陈在功当场被捕。而对于这些毒犯,竟然有所谓"群众千余人,聚众请释"。④ 甚至蒙城地方公团"以案情重大,恐株连太多,于陈在功被捕后,急联名电请蒋委员长恳将陈在功移交法院办理,冀免除在蚌受军法裁判"。⑤ 陈在功被解往凤阳高等法院审判,经过李铭勋在院外的"秘密活动,贿赂巨金",最终凤阳县政府以"不起诉处分,释放陈在功"。但陈在功毕竟是中央驻军缉拿的要犯,1933年9月,"三省'剿匪'总部"认为凤阳方面的处理违法,将案卷调部审理。凤阳县县长袁兴周、承审许宗尧撤职,被解往省

---

① 《报告视察查禁种烟经过详情请鉴核由》,甘肃省民政厅档案,档案号15—6—381,尚季芳:《民国时期甘肃毒品与禁毒问题研究》,四川大学博士学位论文,2007年,第252页。
② 许汉三、陶若存、哈晓斯:《皖事拾零》,安徽人民出版社1989年版,第30页。
③ 中国人民政治协商会议安徽省委员会文史资料研究委员会:《旧时黑幕》,安徽人民出版社1987年版,第10—13页。
④ 《蒙城造毒案》,(天津)《大公报》1932年12月11日。
⑤ 《蒙城毒案尚未解决》,(天津)《大公报》1932年12月13日。

府严办。① 省府直接派出官兵,至蒙城严密查拿,终将李铭勋逮捕②。

从上述事例可以看出,帮会势力不仅影响到禁政的推行,而且严重威胁国民党的政权统治。安徽省政府主席刘镇华出身军阀,具有军阀的凶悍性,又握有军队,因而能将朱雁秋逮捕枪杀。揭觉安仅一区区警察局局长,面对杜墨林的势力,虽将其枪杀,却也引来杀身之祸。值得注意的是,这两件事有一个共同特征,即刘镇华与揭觉安均未能经过体制内的司法途径将朱雁秋与杜墨林"明正典刑",而使用的是卫队秘密逮捕、就地枪决等法制之外的极端手段。究其原因,国民党的司法制度对这些帮会大亨根本没有制约作用。这亦是国民政府在基层统治脆弱的表现之一。蒙城制毒案,是按正常司法程序进行的一件案件,由于当事人在当地的势力盘根错节,案件的审理一波三折,最终当事人竟当庭释放。若不是此事涉及国民党中央军队,省府直接介入,恐怕也是不了了之。

四、禁烟与社会管控

辛亥革命后,民众参与政治成为潮流。在此背景下,民众禁烟运动亦趋向高涨。对于取得执政地位的国民党而言,民众运动的意义及作用均开始发生变化。1928年2月,国民党二届四中全会将党纲中民众运动的内容作了调整,使其地位大为降低,并通过了"改组中央党部案",将"民众运动委员会"改名为"民众训练委员会"。③ 此时国民政府主要通过登记、解散、重组、设立党团、经费控制等方式对民众运动及民间组织进行全面整顿和管控。

国民政府对民众禁烟运动的介入途径主要有三个方面。第一,营造历史记忆,树立民族国家的代表形象。1929年6月3日为虎门销烟90周年。为了继承该事件所赋予的民族主义内涵,行政院规定每年6月3日为禁烟纪念日。值得注意的是,"六三纪念日"虽经行政院明定日期,但并未列入正式纪念日之内。当时国民政府的正式纪念日有识字、造林、筑路、卫生、保甲、合作、提倡国货等七项运动,均处于中央党部的有效指导之下。禁烟委员会于

---

① 《蒙城制毒案,主犯土劣已被拿获》,(天津)《大公报》1933年9月25日。
② 《毒贩李铭勋落网》,《申报》1933年9月14日。
③ 荣孟源主编:《中国国民党历次代表大会及中央全会资料》(上),光明日报出版社1985年版,第519页。

1930年2月呈请中央党部,要求于此七项运动外加入禁烟运动一项,将6月3日列为正式纪念日,①但此项建议未获批准。显然,国民政府并不想给禁烟运动以更高的政治地位,中央党部对能否有效指导运动亦缺乏信心。第二,树立领导禁烟运动的合法性权威。国民政府先后成立的禁烟机构有财政部禁烟处、行政院禁烟委员会、军委会禁烟督察处、禁烟总监(军委会委员长兼任)、军委会委员长行营禁烟总会等。这些机构在纵向上拥有从中央到地方的一整套严密、自控型的组织系统。国民政府借此将禁烟作为一项最高决策自上而下地在全国推行。甚至对于民间自设的戒烟所,禁烟委员会亦规定了三千元准备基金的门槛及严格的申请备案程序,且须在市县政府指导监督下办理。② 第三,制定一系列规范,作为民众禁烟运动的标准。如禁烟委员会规定"六三纪念日"的典礼,只有地方政府或省市之禁烟机关才能召集。如前文所述,仪式一律分为11个步骤,对国旗、党旗的悬挂,开会、奏乐的时间等均作了极为细致严格的规定。③ 此外,由于焚毁毒品是禁烟运动中最令人瞩目的一项程序,禁烟委员会于1930年会同内政、卫生、工商三部拟定了焚毁鸦片及麻醉毒品条例草案,并经行政院议决修正通过,使得"这项最能激发民族主义情绪,最易失控的活动在政府所容忍的社会秩序内进行"。④

随着近代社团政治的勃兴,有组织的民众禁烟运动逐渐成为主流。从某种程度上说,国民政府与民众禁烟运动的关系往往表现为其与民间禁烟组织的关系。1924年在上海成立的中华国民拒毒会是民间禁烟组织的成功整合。该会利用其机关刊物《拒毒月刊》调节舆论,逐渐营造出独立于政权系统之外的立言空间,并以"拒毒运动周"作为发动群众的平台。到1930年,拒毒会已经在海内外拥有450个分会,⑤成为全国民众禁烟运动的领导组织。毫无疑问,该会成为国民党取得政权后必须谨慎面对的公共力量。关于民间禁烟运动及禁烟组织,本卷有专章论述,此不赘述,仅简要介绍国民政府与中华国民拒毒会之关系,以此考察国民政府对社会组织的管控情况。国民政府对

---

① 行政院禁烟委员会:《禁烟公报民国十九年汇编》,1931年,第45—46页。
② 行政院禁烟委员会:《禁烟公报民国十九年汇编》,1931年,第38—39页。
③ 行政院禁烟委员会:《禁烟公报民国十九年汇编》,1931年,第32—33页。
④ 《训令第三一九五号令》,《行政院公报》(训令)第184期,1930年9月10日,第8页。
⑤ 黄嘉惠:《最近一年之拒毒运动》,《时事年刊》1931年第1期,第119页。

社会组织的管控为政权建设的一个重要方面。

如前文所述,中华国民拒毒会对南京国民政府的禁毒事业曾抱有极大的期盼。但1927年,南京国民政府成立伊始制订禁烟计划,将负责相关事宜的禁烟处隶属于财政部,财政企图十分明显。因此,在8月份由拒毒会召集各团体参与的禁烟联合会议上,禁烟处处长李基鸿成为被抨击的对象。会议通过宣言,指责政府的禁烟政策是违背三民主义之卖国行为。① 此时,国民政府甫定南京,内部矛盾重重,对社会力量的驾驭更是力不从心,故11月24日,履任才1个月的财政部部长孙科,虽然为筹款之事焦头烂额,但还是电邀拒毒会派代表赴京参加禁烟政策的讨论。拒毒会借此提出将禁烟与财政分离的要求。② 1928年2月,拒毒会又致函新上任的财长宋子文,谓"以党治之政府,而征款及于鸦片,将留万古莫涤之恶名",规劝政府"禁烟事业应认真从禁入手"。③ 3月,拒毒会又两次发动上海各社会团体召开禁烟促成会,国民政府亦派员赴沪参与商谈。④ 6月,适值全国经济会议在京召开,拒毒会向会议提出禁烟方案。⑤ 至此,在舆论压力之下,国民政府终于同意将禁烟工作从财政部脱离,并派出大员薛笃弼及钮永建与拒毒会代表黄嘉惠等商谈双方合作的细节问题。⑥

国民政府与拒毒会的合作是特殊情况下的妥协,故其对拒毒会采取了一种"合作型"的管控方式:第一,将拒毒会的多数领袖皆发展为国民党党员,并以新成立的行政院禁烟委员会作为双方合作的机制。拒毒会成员钟可託及李登辉皆进入委员会的权力核心,钟可託被选为常委,李登辉则任委员会副主席。⑦ 显然,国民政府希望借此将拒毒会纳入体制内,从而对其干预政治生活、参与社会进程的行为加以引导、利用和控制,同时亦获得拒毒会所拥有的道德合法性及民众基础。第二,对拒毒会的各项活动都尽可能地给予方便

---

① 《各界禁烟联合会议召开》,《拒毒月刊》1927年专号,第7页。
② 《政府的禁烟政策》,《拒毒月刊》第16期,1927年12月,第10—33页。
③ 《拒毒会概呈禁烟计划》,《兴华》第25卷第6期,1928年3月,第48—49页。
④ 于恩德:《中国禁烟法令变迁史》,中华书局1934年版,第198页。
⑤ 《拒毒会的禁烟议案》,《财政旬刊》第9期,1928年6月,第101—107页。
⑥ 《五中全会之禁烟提案——拒毒会提出十大纲领》,《申报》1928年7月1日。
⑦ 行政院禁烟委员会:《全国禁烟会议汇编》,1928年,第1—32页。

和支持。各级政府及党部对拒毒会成员加以保护,①并召集当地各公团响应拒毒会所组织发动的"拒毒运动周",②对拒毒会所制之拒毒影片一律免税放映。③ 第三,对拒毒会的经费加以支持。拒毒会的日常经费由退还的庚款基金项下拨付。此外,中央各部委及江苏、浙江、福建、云南等大多数省份皆通令所属各机关按月订购拒毒会的机关刊物《拒毒月刊》。④ 这不但扩大了《拒毒月刊》的影响力,同时亦增加了拒毒会的发行及广告收入。

拒毒会亦尽可能地与政府立场保持一致。在政府主导的禁烟禁毒宣传活动中,拒毒会常派代表到场演说,显示出对政府的拥护和支持。⑤ 在国际场合,拒毒会亦积极地利用其影响力为国民政府的政策进行宣传。如1927年,拒毒会向国联请愿,请国联顾问委员会采用中国政府禁绝鸦片的原则,责成各国政府限期肃清烟毒;⑥1928年拒毒会致函外交部部长黄郛,利用自己的信息优势为政府提供了日内瓦禁烟大会上极为需要的资料;⑦1929年国联副秘书长艾文诺来华,拒毒会设宴欢迎,积极宣传中国的禁烟政策,并拟具了对国联的说帖,请艾文诺转交。该说帖被西方各大报刊转载,国际舆论开始同情中国,支持中国政府的禁烟主张。⑧

值得注意的是,此种合作型的管控方式并未能消解拒毒会社会监督的角色定位。国民政府内在的利益驱动亦使鸦片专卖政策再次抬头,这成为双方合作的潜在危机。而拒毒会上层分子因党化而产生的利益分化则使双方关系愈显复杂。1931年年初,禁烟委员会委员、拒毒会成员伍连德撰文呼吁政府专卖鸦片。⑨ 伍连德是公共卫生专家,又是拒毒会的高层骨干,其公开鼓吹鸦片公卖,使得拒毒会极为被动。拒毒会随即发表宣言,认为鸦片公卖,

---

① 《令民政厅饬属保护拒毒会宣传人员由》,《河北省政府公报》(命令)第123期,1928年12月1日,第1—2页。
② 《民政厅训令第二〇八号》,《浙江民政月刊》(卫生及禁烟)第28期,1930年3月20日,第164页;《令各县长召集各公团举办拒毒运动》,《河北省政府公报》(训令)第395期,1929年8月30日,第5页。
③ 《财政厅训令》,《河北省政府公报》(指令)第476期,1929年11月19日,第7页。
④ 《请各省推销月刊》,《真光杂志》第28卷第11期,1929年5月,第93页。
⑤ 《市党部举行国耻纪念会》,《上海党声》第1卷第26期,1929年6月,第3页。
⑥ 《中华国民拒毒会向国联请愿》,《申报》1927年10月10日。
⑦ 《函中华国民拒毒会一件》,《外交公报》(文书)第2期,1928年6月,第146—148页。
⑧ 《国际舆论与中国的禁烟》,《拒毒月刊》第59期,1932年10月,第66页。
⑨ 《流毒已极之鸦片问题》,《医药评论》第52期,1931年5月,第23—25页。

"乃政治、道德之总破产",指出"伍连德不但违反本会整个之主张,亦违反其个人素来之主张"①。之后,拒毒会浙闽津哈各分会亦通电反对伍连德的主张。② 而此时国民政府却派出李基鸿赴台湾调查鸦片公卖制度,显然鸦片公卖并非空穴来风。2月13日,拒毒会名誉主席唐绍仪召集常务委员会,讨论应急方案,14日发表公函,公开表示对鸦片公卖政策反对到底,并决定19日在上海市商会,举行各界联席会议,妥筹应付良法。在拒毒会的号召下,上海各团体纷纷呈请政府制止鸦片公卖。③ 在舆论压力下,国民政府不得不公开否认鸦片公卖的说法。但随后其与拒毒会关系开始恶化。党政机关不再支持《拒毒月刊》的订阅,1932年后该刊的发行数量明显减少。此外,国民政府将"拒毒运动周"改称为"拒毒宣传周",且各地国民党党部在运动中逐渐取代了拒毒会的主导地位。如1935年1月,国民党北平市党部在北平中山公园举办"拒毒宣传周",主角已经不再是拒毒会。④ 即使在拒毒会最有影响力的上海,国民政府对禁烟运动的控制亦取得了明显的优势。如1936年4月20至26日,上海市党部亦甩开拒毒会,完全主导了"拒毒宣传周"的开展。⑤ 但拒毒会毕竟是有着广泛群众基础及强大舆论力量的民间社团,故国民政府始终希望其能够与政府合作。全面抗战前,国民政府承诺向拒毒会提供资金,但要求其活动只限于拒毒教育及调查日人在中国的毒品犯罪。⑥ 双方的沟通过程虽不得而知,但1937年6月,《拒毒月刊》停止发行,拒毒会最终以解散的方式表达了态度。

近代中国,鸦片泛滥所引发的危机认同使得禁烟具备了民族救亡与政权革新的双重意义,并对现实产生强大的制约性,这是近代中国特有的政治现象。国民政府的禁烟体现着政权扩张的内在需求,但其对于政权建设的意义仍须客观看待。一方面,国民政府确实以禁烟对基层政权进行了一定程度的改造与重构,但中央权力在基层的衰减与异化现象十分明显,且各地的差异

---

① 《拒毒会反对鸦片公卖》,《兴华》第28卷第6期,1931年2月,第13—17页。
② 《拒毒会反对伍连德》,《公教周刊》第96期,1931年4月,第14页。
③ 《中华国民拒毒会反对鸦片公卖史料一组》,《民国档案》2000年第2期。
④ 《市党部主办拒毒宣传周》,《卫生月刊》第1卷第6期,1935年2月,第49—50页。
⑤ 《拒毒宣传周》,《上海党声》第2卷第8期,1936年5月,第15—19页。
⑥ [加]卜正民、若林正:《鸦片政权:中国、英国和日本,1839—1952年》,弘侠译,黄山书社2009年版,第288页。

性亦较大。另一方面,禁烟亦非全面抗战前基层政权变化的孤立因素,甚至非主要因素。国民党各军阀间的混战,蒋介石对红军的"围剿",均不断调整着中央与基层的权力关系。就社会管控方面而言,禁烟是一项影响广泛的社会运动,其活力正在于广大民众的认同和参与。拒毒会固然承担着运动的领导角色,使得国民政府在驾驭社会力量时面临着不小的压力,但拒毒会亦是沟通社会与政府的一个桥梁。此种作用,国民政府本可更好地加以整合和利用,遗憾的是其过于强调领导权,试图自上而下地构建政府对社会的管控渠道,而忽视了民众的诉求及影响,使得与禁烟相关的社会治理缺乏民众基础。但不容忽视的是,国民党对民众禁烟运动及民间禁烟组织的整顿亦有其积极意义。通过"合作型监管"的方式逐步掌握民众禁烟运动的规模及节奏,此举固然抑制了基层社会的利益表达及政治参与,但从社会治理层面而言,通过合法途径介入民众运动,一定程度上亦呈现出现代政府的职能特征。此种治理方式虽未完全成功,但相对于传统中国而言亦是一种历史进步。

第三节　全面抗战前的禁毒外交

1928年,南京国民政府在形式上实现了对中国的统一。为了体现政权的合法性,国民政府在禁烟禁毒问题上表现出严禁立场,但实际上的明禁实纵、寓禁于征所导致的国内烟禁废弛、毒祸泛滥常遭各国诟病。与此同时,日本等列强对华输出鸦片、毒品对国内禁政的破坏,以及主权丧失所造成的遏制外来毒品输入的困境均迫使南京国民政府寄希望于通过多边框架和双边交涉等外交途径来改善不利的禁毒外部环境。

一、对于禁毒外交的认识

(一) 在华外国人对中国禁政的破坏

南京国民政府的禁政客观上造成了国内市场鸦片供应的短缺,而因断禁措施不力,烟民这一庞大的消费群体仍然存在,从而导致鸦片价格不断上涨。在利益驱动之下,国内外鸦片走私十分猖獗,其中就不乏在华外籍人士参与其间。另外,由于鸦片价格腾升,底层烟民因负担不起,转而吸食"价廉物美"

的毒品,如吗啡、海洛因以为替代,而此类毒品主要由国外大量走私入境。

表17-4 1934年全国各海关查获私运鸦片及麻醉品的中外轮船数比较表①

国别	英国	日本	挪威	葡萄牙	其他	中国	合计
轮船数	247	61	11	6	6	154	485
占比/%	50.93	12.57	2.27	1.24	1.24	31.75	100

表17-4为1934年全国各海关查获私运鸦片及麻醉品的中外轮船数量,其中,外籍轮船占了70%左右,这一方面与列强侵占中国内河航运权,主导了中国内河航运有关,另一方面也与列强拥有治外法权,不法分子希图借外轮的特权而为毒品走私谋取庇护有关。走私毒品的不法分子常为外籍人士,这更增添了国民政府处理此类事件的难度,因投鼠忌器,故而常不了了之,或驱逐出境了事。

1930年6月间,江海关连续查获两起轮船私运毒品的案件。在由君士坦丁堡驶往意大利的邮船万尔狄兰那号上查获海洛因20箱,"计重2200基罗"。在另一艘意大利轮船克拉可维正号上则查获了海洛因33箱,"计重3559基罗"。当年的11月,又在德国货船克洛梭号上搜获鸦片达19100磅之多。② 毒品数量之巨,骇人听闻。

除通过轮船进行大宗毒品走私,在华的外籍毒贩还会通过铁路运输进行小规模的走私。对此类情况,国民政府查缉人员同样难以查缉,即或偶尔查获,处理起来也颇为棘手。

在华外籍毒贩走私新闻常见诸报端,尤其是部分外籍(尤以日籍、朝鲜籍为多)毒贩借毒谋利,间或刺探中国情报,以为日本全面侵华张目,对中国的国家安全构成了巨大的危害。

运贩之外,开设店铺售卖毒品亦是在华外人以毒祸华并从中牟利的一种手段,而且此类外人以治外法权为护符,中国军警难以管理,更无法制裁,以

---

① 资料来源:《民国二十三年全国各海关查获私运鸦片及麻醉毒品中外轮船数比较表》,《禁烟纪念特刊》1935年6月3日,马模贞主编:《中国禁毒史资料:1729年—1949年》,天津人民出版社1998年版,第1083页。

② 《中华国民拒毒会要求焚毁查获的日人烟土》,《民国日报》1930年11月23日,马模贞主编:《中国禁毒史资料:1729年—1949年》,天津人民出版社1998年版,第967页。

至明目张胆、公开售卖。如国民政府"两年禁毒、六年禁烟"期间,严厉管控鸦片的售卖吸食,而福州市日本人所开设的烟馆土栈虽经多次交涉,仍招揽吸食、贩运鸦片如故。当地中国禁政人员若要调查,则受不平等条约之制约,必须携同日本使领馆人员共同前往。而日方协助人员"往往任意刁难牵制"。中方检查人员甚至被禁止进入日本人开设之土栈烟馆,只能守候在外,而检查搜索结果悉听日方检查人员之报告,真相如何,概莫能知。"间有甫经破获,而旋闭旋开,甚且有纠众开枪拒捕情事。"①

(二)有识之士对禁毒外交的认识

在主权丧失、列强环伺的情况下,中国的禁政不独是内政问题,在很大程度上受制于国际禁烟禁毒环境,受制于列强对中国禁政的态度和策略。王正廷曾专门撰文阐述中国禁烟与外交有莫大的关系,其表现有三。第一,鸦片(毒品)系由国外输入而来。先是英国因中国禁止鸦片输入而悍然发动鸦片战争,迫使中国签订《南京条约》,开放上海、宁波、福州、厦门、广州五处为通商口岸;继之逼迫中国设立租界、接受关税协定和领事裁判权,自此之后,鸦片贸易合法化,"从此滔滔不绝地输入中国,再无人敢说应该禁止的了"。第二,清末禁烟很大程度上受制于英国国内及国际禁烟环境的变化。"清廷办理他项新政,大半是近于粉饰敷衍的,可是对于禁烟事项,尚肯实力办理,又值其时英国议院中,亦不乏主持公道的人,颇不以英国人强将印土输入中国为然。"所以中英能于1907年签订禁烟办法,又于1911年订立禁烟条约,条约约定:"如中国方面能将土药减种减销,英国政府允将印药出口每年减运一成,自1908年起如是十年,至1917年全行禁绝",从而使轰轰烈烈的清末禁烟颇具成效。第三,美国等国家对中国及国际鸦片问题相当关注,"颇能助我张目"。在美国的倡议下,国际社会数次召开禁烟禁毒会议,"中国对于历届禁烟会议,均派有代表赴会的,几于无议不从,若论热心禁烟,定不算后于人",从而对于中国禁烟禁毒运动的开展有着很大的推动作用。②

王正廷作为专业的外交人士,且长期从事禁烟禁毒的对外交涉,对于外

---

① 《福州厦门日籍民破坏烟禁》,《申报》1929年9月30日。
② 王正廷:《鸦片与外交之关系》,《禁烟之理论与实施》,中国国民党中央执行委员会宣传委员会印,1935年5月,第19—21页,马模贞主编:《中国禁毒史资料:1729年—1949年》,天津人民出版社1998年版,第884页。

交之于禁烟禁毒的关系自然有着较深的认识和理解。至于一般关心毒品问题的知识分子和普通民众而言,其实也看到了中国禁政受制于列强、受制于不平等条约这一尴尬,甚至于屈辱的现实。

马寅初在其所著《关于禁烟问题几个要点》一文中指出"鸦片输入始于英国""当时我国非无人才,如广东林则徐之焚烧鸦片,实为巨大之救国运动。不幸战衅既开,我国败绩,结果香港割据,五口通商,不平等条约于是起始,造成中国之贫弱",因此,中国的禁烟问题"则为外交问题""则为租界问题与政治问题"。①

作为近代中国最大的民间禁毒组织,中华国民拒毒会也清楚地看到了对外交涉对于国内拒毒运动的重要性。"鸦片公卖乃违背国际信义,自英人以鸦片输入我国后,朝野人士,痛心烟祸,极力抗争。禁烟先进唐绍仪,首先发起,订定中英禁烟条约,是后各国又签订海牙禁烟条约,均经我国签字,严厉禁绝国内鸦片。是后,屡次国际大会,我国代表均根据政府及人民公意,提出反对列强在殖民地施行鸦片公卖政策,竭力攻击,要求取消。最近外交部于一月九日发表禁烟宣言,亦明白抗议列强之鸦片公卖。国际禁烟会议,我国代表吴凯声,且遵照该宣言,在大会提出抗争。统查我国前后对外之言动,对于公卖,始终反对,今如取而自行,则国际地位,丧失无余,国家信用,从兹破坏,思念及此,不寒而栗,此鸦片公卖之二不可也。"②中华国民拒毒会希望借助国际禁毒舆论、借助国民政府在禁毒方面的国际责任和义务,倒逼国民政府在国内实施严厉的禁毒政策。

概言之,不论是消极的阻遏,还是积极的推动,中国的禁烟禁毒运动脱离不了国际禁毒环境的影响,脱离不了禁毒对外交涉。

二、国联多边禁毒框架与禁毒交涉与合作

(一) 国联多边禁毒框架

1909 年在上海召开的万国禁烟会是国际社会第一次开展全球性禁毒合

---

① 马寅初:《关于禁烟问题几个要点》,马模贞主编:《中国禁毒史资料:1729 年—1949 年》,天津人民出版社 1998 年版,第 889—890 页。
② 《中华国民拒毒会彻底反对鸦片公卖宣言》,马模贞主编:《中国禁毒史资料:1729 年—1949 年》,天津人民出版社 1998 年版,第 893 页。

作的尝试,会议通过的《国际鸦片会议决议》"标志着多边合作的国际毒品控制理念开始形成"①。1911年年底至1912年年初,在美国、荷兰等国的推动下,12个国家在海牙召开国际会议讨论鸦片问题,并通过了人类历史上第一个国际禁毒协议——《海牙鸦片公约》。该公约第四章意图减少在中国的鸦片走私,②对于改善中国国内国际的禁烟环境极为有益。

一战之后,欧美各国为维护国际安全与增进国家间合作建立了国际联盟。1920年,国联成立了"鸦片及其他危险药品走私顾问委员会"(Advisory Committee on Traffic in Opium and Other Dangerous Drugs)。此后,国联又先后成立了"鸦片管制局"(Opium Control Board)、"常设中央鸦片局"(Permanent Central Opium Board)和"毒品监督局"(Drug Supervisory Body)。

1925年2月11日通过的《关于熟鸦片的制造、国内贸易与使用的协定》(Agreement Concerning the Manufacture of, Internal Trade in and Use of Prepared Opium)规定条约签署国必须通过官卖方式销售鸦片,并在15年内结束鸦片贸易。同年2月19日通过的《日内瓦国际鸦片公约》扩大了毒品控制的种类,并要求条约国每年提交相关麻醉品的生产、消费与库存情况,以通过对合法麻醉品的贸易控制来实现对国际毒品贸易的控制。

1931年7月,国联通过《日内瓦限制麻醉品加工和管制分销公约》(The Geneva Convention for Limiting the Manufacture and Regulating the Distribution of Narcotic Drugs),力图在签约国之间建立一个限制麻醉品生产的体系。同年11月通过的《远东管制吸食鸦片协定》(Agreement for the Control of Opium Smoking in the Far East)关注了远东地区的鸦片问题。

1936年在日内瓦通过的《禁止非法买卖危险药品公约》(The Convention for the Suppression of the Illicit Traffic in Dangerous Drugs),要求对于毒品生产与走私予以法律惩戒。

以上是国联成立之后至全面抗战爆发之前在国联框架下成立的一系列

---

① 林晓萍:《多维视角下的战后美国禁毒政策研究》,上海社会科学院出版社2018年版,第28页。
② 林晓萍:《多维视角下的战后美国禁毒政策研究》,上海社会科学院出版社2018年版,第28页。

禁毒机构和签订的禁毒条约。这些机构及条约为国民政府在国联框架下开展多边禁烟禁毒交涉与合作创造了条件，提供了可能，同时也将中国的禁烟禁毒问题置于国际条约的监督与约束之下，禁毒这一中国的内政问题常常成为国际关注的焦点，国内禁政废弛、毒品泛滥的状况也常为国际社会所诟病。

（二）多边禁毒交涉与合作

1. 取消治外法权与租界

鸦片乃西方列强凭借坚船利炮强行打开中国国门，继之以不平等条约为保障而野蛮输入中国的，解决鸦片问题需从根本上取消列强的不平等条约，恢复中国的主权完整，唯有如此，方有可能实现国内毒品的肃清，否则，无论国内如何禁烟禁毒，国外鸦片及毒品仍如潮水涌入，实难从根本上消除毒祸。

正如国民政府驻国联代表胡世泽所言，中国禁烟禁毒问题难收成效，实因主权受损所至。

第一，中国现有一大部分领域已被外人占领，如在满洲热河等处，毒品情形比较中国内部更见严重，谅为禁烟顾问委员会所深悉。中国人民在该区域内者3000万以上，皆受鸦片及毒品之害，中国无法可施，且该区域内罂粟之种植、毒品之制造，日甚一日，其流入中国之北部仅一转移间耳。据最近几星期前报章记载，该区域内毒氛弥漫，必将波及中国，贻害无穷。

第二，中国领土有一部分所谓租借地者，其行政权操于外人之手。如关东租借地所辖之大连，由日政府管理，禁烟顾问委员会各种文件，可以证明该地制造毒品之多，并以中国及其他国家为推销地。

第三，中国领土内复有所谓租界者，其行政权亦操于外人之手，国际联合会各种文件可以证明。租界内仍有制造毒品之机关，则毒品之输入中国内地，不言而喻。

第四，即在中国领域内，中国政府虽有完全之主权，而有治外法权之外国人，因不受中国司法之管辖，任意贩卖或制造毒品在中国无处罚之权，而其本国政府所科之刑罚，至为滑稽。此种不知羞耻之徒，所获利益可达数千元，而所科之刑仅为罚金50元。设使此等外国人得在中国继续其不法营业，中国政府对于人民所定之制裁,自不能有相当之效果。①

因此,中国的外交官在国联会议上,尤其是有关禁烟禁毒的会议上"总是反复利用鸦片贩运的理由来呼吁废除治外法权体系,取消外国租界,这是20世纪初中国外交官的首要目标之一"。② 在鸦片和其他危险毒品贩运顾问委员会第12次会议(1929年1月)上,中国的外交官直言不讳地指出:"租界的旗帜掩盖着最丑恶的交易,租界有可能成为毒害的策源地。中国的知识界及崇尚自由的人士一直在呼吁,只有彻底取消治外法权,才能从根本上解决鸦片的问题,特别是解决毒品非法交易的问题。"③

2. 揭露日本对华毒祸

日本毒祸中国由来已久。1895年日据台湾后,在台湾实施鸦片专卖制度。1904—1905年日俄战争后,日本控制辽东半岛,成立鸦片专卖机构,有计划地进行毒品贩卖。1931年,日本发动九一八事变,此后一手操纵成立伪满洲国,并在伪满推行鸦片专卖,形成一整套的毒化体系。伴随着日本对华侵略的不断加剧,其对中国的毒品输入也与日俱增。

面对日本的毒化政策及毒品肆无忌惮输入的状况,"多年以来,有人曾向禁烟顾问委员会提出抗议",④寄希望于外交官们在国联框架下、在国际舞台上揭露日本毒祸中国的罪行,赢得国际社会的同情与支持。在这些中国外交官的努力下,日本在中国制造贩卖毒品的罪行也昭然于天下。如国联秘书处负责禁烟的官员罗素指出:"天津日租界,现为世界制造海洛因之中心。区区四方哩之市区,有售吸所一千家以上。制造厂二百家以上,新厂仍如雨后春笋,逐日增加。此种海洛因制造厂,工作完全公开,故天津一隅毒化之害,不

---

① 胡世泽博士在日内瓦无线电台演讲辞(节录)(1934年10月2日),《禁烟纪念特刊》,1935年6月3日,第76—80页,马模贞主编:《中国禁毒史资料:1729年—1949年》,天津人民出版社1998年版,第1065—1066页。

② [法]包利威:《中国鸦片史(全景插图版)》,袁俊生译,中国画报出版社2019年版,第77—78页。

③ 《法国外交部档案:1918—1929年亚洲案卷》,一般事务分卷,第54号卷宗。转自[法]包利威:《中国鸦片史(全景插图版)》,袁俊生译,中国画报出版社2019年版,第77页。

④ 《胡世泽博士在日内瓦无线电台演讲辞(节录)(1934年10月2日)》,《禁烟纪念特刊》,1935年6月3日,第76—80页,马模贞主编:《中国禁毒史资料:1729年—1949年》,天津人民出版社1998年版,第1065—1066页。

仅及于中国人而已,即世界各国,亦受莫大影响。"①国际联盟禁烟顾问委员会代表斯图尔特·富勒(Stuart Fuller)也指出:"冀东区内不可想象之情势,天津暨北平到处是鄙污可耻之状态,河北乡村吸鸦片恶习之蔓延以及上海之现状,均涉及以鸦片毒害别人的政策,无一非日本人所造成。"②"无论何时,只要日本势力所侵之地,随踵而至者,辄为私贩毒品之现象。"③

3. 关注远东殖民地鸦片专卖及麻醉品问题

列强在本国均实现严格的禁烟政策,却出于经济利益而在其远东殖民地实行鸦片专卖政策。"列强在远东之殖民地,除菲律宾外,莫不实行鸦片专卖制,每年吸收华侨大宗税款毫无禁绝诚意。"④远东殖民地鸦片专卖对中国国内的禁烟有着消极的影响,一方面是这些地区的过量鸦片极有可能通过走私渗入中国,另一方面殖民地吸食鸦片者多为华侨,华侨吸食鸦片既会影响中国的国际形象,也会因其与国内有着千丝万缕的联系而影响到国内的禁政成效。此外,远东地区也逐步成为非法麻醉品的生产和消费中心。"(一)麻醉药私贩因欧洲监管办法较严,有将活动中心移至远东之趋势。(二)因远东发生之事件,妨碍中国政府对于禁止制造麻醉药原料产生之尽力。"⑤因此,国民政府在国联框架下多次呼吁列强取消远东殖民地的鸦片专卖政策,并关注远东地区的毒品问题。

1931年相关国家在曼谷召开会议讨论远东地区鸦片使用问题,并通过了《远东管制吸食鸦片协定》,但列强因长期以来形成的鸦片既得利益而不愿对鸦片贸易进行有力的控制,使得该协定绵软无力,缺乏有效手段,远东鸦片问题始终无法得到有效解决。

4. 宣传中国禁毒成效

国民政府时期,派系林立,政令不一,以致禁政废弛,常为国际社会所诟

---

① 禁烟委员会编:《禁烟特刊》,1939年6月,第11页。
② 《1936年国联第21届禁烟会议富勒报告》。
③ 《1936年国联第21届禁烟会议富勒报告》。
④ 《胡世泽在国联报告中国新颁之戒烟法(1934年5月)》,《禁烟纪念特刊》,1935年6月3日,第80—84页,马模贞主编:《中国禁毒史资料:1729年—1949年》,天津人民出版社1998年版,第1056页。
⑤ 《胡世泽在国联报告中国新颁之戒烟法(1934年5月)》,《禁烟纪念特刊》,1935年6月3日,第80—84页,马模贞主编:《中国禁毒史资料:1729年—1949年》,天津人民出版社1998年版,第1056页。

病,阐述中国的禁烟禁毒政策,辩驳他国的指责,也成为国联框架下多边禁毒外交的一项重要内容。

"国联禁烟委员会历届开会,对我国禁烟无效颇有烦言,英代表迭将各种弛禁情形向国联报告,最近复将监委周利生调查鄂省烟况报告译送委员会,所言多系实情,无法掩饰。昨日禁烟委员会讨论我国烟药仍由泽出席,美代表谓我国产烟7倍全球产额,运售吸公然行之10省,实行专卖视为大宗财源。近又有私造麻醉药品情事,仅就上海每月输出制造海洛英化学品而论,非但出品已足供世界全年需要,中国所制之麻醉药品,除供本国非法消耗外,私运出口亦复不少。如此情形,实为世界之害,不但中国本身受祸而已,特吁请中国政府为保护本国人民顾念友邦幸福计,应实行禁令及履行条约义务等语。"①

而面对各国的指责,因其"所言多系实情,无法掩饰",甚至于对于中国的毒品问题,国民政府尚拿不出较之列强更为详细的统计资料,以致中国的外交官颇为难堪,除"务恳政府采取有效办法,并劝告各省当局恪遵法令,严行禁绝",只能陈述中国禁烟禁毒之难处,以求各国同情而勉力应付。

国民政府"两年禁毒、六年禁烟"政策出台后,中国禁毒外交的被动局面稍稍有所改变。通过外交官们不断的宣传和解释,国际社会普遍接受了中国的禁烟禁毒政策,并对其成效予以一定程度的认可。如胡世泽曾将南昌行营所颁各项禁烟法令的英文译本通过国联秘书厅分送各国代表,并在会议期间向各国代表详细解释中国毒品问题日趋恶化的原因,及目前施行的禁烟政策、采取的禁烟办法等。"各国代表发言者对于我国取缔麻醉药之严厉办法,均表满意。"②

5. 远东鸦片调查团

1928年,根据英国的提议,国联设立了一个"远东鸦片问题调查委员会",国内一般称之为远东鸦片调查团,以调查远东的鸦片问题,从而为下

---

① 《国联顾代表、胡代表来电(1934年5月)》,《禁烟纪念特刊》,1935年6月3日,第43—46页,马模贞主编:《中国禁毒史资料:1729年—1949年》,天津人民出版社1998年版,第1055页。
② 《胡世泽在国联报告中国新颁之戒烟法(1934年5月)》,《禁烟纪念特刊》,1935年6月3日,第80—84页,马模贞主编:《中国禁毒史资料:1729年—1949年》,天津人民出版社1998年版,第1056页。

第十七章 全面抗战前国民政府的禁烟运动与政权建设

一届禁烟会议提供调查资料。这一委员会由瑞典、捷克斯洛伐克和比利时外交官组成,其潜藏的目的实际上是为列强在远东地区推行鸦片专卖"背书",因此,对于这一委员会的设立及其职责,国民政府针锋相对地提出了两项建议,即将调查范围扩大至远东以外的所有鸦片生产国,同时在委员会中加入中国代表。但这两项建议均被国联拒绝,从而引起中国的不满及对于国联设立这一委员会的警觉。为此,当时的民间禁毒团体——中华国民拒毒会专门发表宣言,指斥国联此举的不公及其叵测之心。

"最近鸦片顾问委员会又根据英代表之建议,组织远东鸦片调查团,派委员前来我国及远东诸国调查鸦片情形,虽经我国上下一致反对,该团仍积极前来查其用意,无非为寻求我国烟禁废弛之证据,以为干涉我国内政之张本,且为暴露我国劣状于世界,使明年之国际禁烟大会,我国成为众矢之的,于是可以将取缔麻醉药品之议,无期愆期。故其调查之区域,只限远东调查之范围,只限鸦片调查之人选,摒绝我国代表,调查之费用则出诸联盟公款,不平之事,孰有过是?本会关怀国誉,痛恨毒祸,对此调查认为不当。苟国联为诚意图谋肃清世界毒祸起见,当采公允之方法,容纳我国之意见,将限调查区域扩至世界各国,不专限于远东调查之范围,当并及麻醉品,不专对于鸦片,调查团之组织,应有我国代表加入,庶几事得其平。该团于我国反对中仍积极来华,可知其蓄意之不良,举动之非法。本会除将该团不公之点公布世界,并暴露国外毒品输入祸华实况外,深盼全国同胞,一方面督促政府厉行烟禁免为外人借口,一方面反抗外来毒品,暴露彼辈祸华政策,而求全世界之公论。该调查团之来华,更绝对不予承认云。"①

怎奈弱国无外交,虽经中国朝野抗议、抵制,国联远东鸦片调查团最终仍来到中国,对中国的鸦片问题进行了调查。其调查结果及建议也充分体现了在远东实行鸦片专卖的各列强国家的意图,认为可以通过烟民登记、建立吸食许可制度等在远东地区实行鸦片专卖,从而以渐禁的方式逐步实现禁烟。在这一调查结论的基础上,国际禁烟大会于1931年在泰国曼谷召开,国民政府对这次会议予以抵制,没有派代表出席会议,以一种间接的方式否认了远

---

① 《中华国民拒毒会为远东鸦片调查团来华宣言》,马模贞主编:《中国禁毒史资料:1729年—1949年》,天津人民出版社1998年版,第895页。

东鸦片调查团的调查结果。

(三) 双边禁毒交涉

除在国联框架内开展多边禁毒交涉与合作,中国与其他国家,尤其是与列强国家关于禁烟、禁毒问题的交涉显得更加频繁和常态化,因为中国作为鸦片生产和消费大国,以及非常麻醉品的主要输入国,深受毒品走私和非法贸易、吸食之害。在治外法权和租界的庇护之下,在华外国人肆无忌惮地从事毒品交易,而中国政府对之则束手无策。

以中日禁毒交涉为例。日本是近代毒化中国最为猖獗、使中国遭受毒品危害最为深重的国家。在整个国家有计划、有组织的行动下,大量的麻醉品非法输入中国,大量的鸦片烟馆在日租界及其势力范围内开设并招徕中国烟民吸食。此类新闻叠见当时的新闻报刊。

"案查十一月念一日上海各报载称,江海关在德货船克洛梭号搜获大宗鸦片达 19400 磅之多,价值在 100 万元以上,由该船主取出与烟土有关之密函一封,就其函中语句研究,足证私贩该项烟土者系日本人,该国或将提出抗议,此土现存江海关听候处置等语。念二日外报亦有同样之登载。查外来毒品祸害我国已及百年,残杀同胞,破坏生产,影响至巨。最近江海关屡次破获大宗毒品来华,其数量均为从来所未有之巨,其组织之宏大,规划之严密可知。近闻私贩鸦片之日人利用巨金,朋比贪吏,往来京沪,极力运动,希图发还,以遂其纵毒祸华之阴谋。而一般甘心卖国之徒,更利令智昏,极力为日人奔走,以求达发还之目的。查日人私运大批烟土,每借口运往大连制造麻醉毒品为辞,而实则运入上海,不幸被海关发觉,即以是为借口,以求发还。即使实为运往大连,制成麻醉毒品,则受害者岂非仍为我国同胞,掩耳盗铃,虽三尺童子亦知其计。此次违法私运,罪证昭然,而日人尚狡赖,图以金钱及外交以威迫利诱我国当局,其居心之险恶,早为国人所共见。"①

"本埠交界街西头 14 号有高丽人(姓名不详)开设协和医院一所,营业颇形不恶,大有供不应求之势。因于本月十六日前往哈尔滨办药物,及至事办完了,于廿五日搭第三次哈口②客车西归,车抵扎兰屯站时,忽然被车站检查

---

① 《中华国民拒毒会要求焚毁查获的日人烟土》,《民国日报》1930 年 12 月 3 日。
② 原文如此。

第十七章　全面抗战前国民政府的禁烟运动与政权建设

处拘留,并于身上翻出不少海洛英、吗啡等。至于这位老手先锋被看破的原因,则不能不归功于检查人员的细心称职了。原来这位先锋全身军装,活像一个军官,混入军用车上,若不留心与无经验的话,谁也不易看透他是假冒的。然而他终于不能掩住他的狐狸尾巴(相貌上所带高丽人的特征和说话的特别腔调),给细心的检查拘留住了。诚然,因为他有特别护符,不致办他一个什么罪,但至少总给他一个教训,'中国人不尽是痴聋的'。"①

"京讯。福建省自 17 年 10 月设立禁烟委员会以来,办理禁烟颇属认真,雷厉风行,毒气几已肃清。乃有日籍台民,假日本领事为护符,公然开设烟馆土栈,破坏我国烟禁。现据实地调查,福州厦门二埠,台民所设大小烟馆土栈,总数在 400 家左右,营业总额每日在 10 万元以上,购吸者几全属我国之苦力小贩、不惜以血汗所得之金钱,易此戕害身体之毒物。而日籍台人坐收其利,言之殊深痛心,且此辈日籍台民,大都为无业流氓,或经犯案而逃来者,既不顾廉耻,复弁髦法令,旋获旋释,屡犯无忌,故有日间破案,夜间复业,亦有经破获三四次而今仍在开设者。如欲查禁,非常困难,盖欲搜查,非会同日领所派人员不可。日领署人员,每与籍民私通声气,未经搜查,早已闻风收拾净尽。有时为敷衍计,亦不过弋获三无赖籍民,尚须移归领署讯办,中国官厅无法过问,甚或国人月纳牌费若干元,该籍民公然袒庇,有时竟敢开枪拒捕,殴伤员警,屡与日领交涉,迄无办法。现在领[事]裁判权虽已经国府明令取消,此后搜查,自未便再会同日领办理。唯无日领所派人员会同前去搜查,势必发生拒捕情事,军警出于自卫,难保酿成事变,引起严重交涉。于是,日籍台民乃得放纵无忌,变本加厉。"②

当时日本对华毒品渗透与毒害形式是全方位的,上至巨商大贾,下至市井无赖,无不参与其间。而面对日本汹涌而入的毒祸,国民政府唯有交涉一途。

国民政府 1929 年颁布的《厉行禁绝鸦片及其他代用品实施办法》中对于涉外的毒品案件有着较为详细的规定。如违犯禁种相关规定,则"应由各该

---

① 《冒充军官贩毒物不愧侵略先锋》,(天津)《大公报》1931 年 6 月 1 日,马模贞主编:《中国禁毒史资料:1729 年—1949 年》,天津人民出版社 1998 年版,第 983 页。

② 《日人在闽庇烟纵毒》,《民国日报》1930 年 4 月 13 日,马模贞主编:《中国禁毒史资料:1729 年—1949 年》,天津人民出版社 1998 年版,第 952 页—953 页。

地方政府向该管领事交涉，将该外商依法惩办并驱逐出境。如交涉无效，应将搜得证据并一切详情呈报外交部向该国公使交涉"；违犯禁售规定，在各国租界及租借地内销售鸦片与其他代用品及烟具，则"由外交部与各国公使交涉，限期肃清"；如违犯禁吸规定，则"由外交部向各国公使严重交涉，绝对禁止各地租界庇纵吸用鸦片及其他代用品。"①

然而交涉结果仅仅是换来一纸官样文章，"公文来往，积之成帙，而口头交涉，尚不在内"②。甚或在领事裁判权的逼迫之下交由日本驻华领事将涉事人犯领走，这无异于变相的释放。无奈之下，国民政府只得通令各禁政机关，"嗣后遇有查获私运私制麻醉药品案件，务依国际禁烟公约第23条所列各事项，随时详细呈会，以便汇总通知办事处，转达国联秘书厅"。③ 只能寄希望于国联诸国主持公道，事实上这无异于与虎谋皮，实难奏效。

自晚清开始，中国的禁烟禁毒问题就不再是单纯的内政问题，而与国际禁毒形势紧密相连，这一趋势到了南京国民政府时期愈发明显。国民政府主权受损的情况下，难以通过双边交涉有效抗衡对华的毒品输入和毒害，只能寄希望于通过国联的多边框架，借助国际舆论为自己赢得一个良好的国际禁毒环境。怎奈列强在鸦片贸易问题上都有自己的小九九，而中国国内禁政又一言难尽，反而在国际外交舞台上招致列强各国的诸多指责。但来自国际社会的抨击及禁政废弛对中国国际形象的影响反向推动了南京国民政府更加重视鸦片和毒品问题，"两年禁毒、六年禁烟"政策某种程度上就是在这一背景下出台的。

---

① 《厉行禁绝鸦片及其他代用品实施办法》，中国第二历史档案馆藏，马模贞主编：《中国禁毒史资料：1729年—1949年》，天津人民出版社1998年版，第925—926页。
② 《福州厦门日籍民破坏烟禁》，《申报》1929年9月30日。
③ 《禁烟督察处查获朝鲜人携毒案请示如何处理呈（1937年4月21日）》，中国第二历史档案馆藏，马模贞主编：《中国禁毒史资料：1729年—1949年》，天津人民出版社1998年版，第1151—1152页。

第十八章　全面抗战前日本对华毒害政策

在近代中国的历史上,日本通过军事侵略、经济掠夺、外交霸凌、文化输出等,给中华民族造成巨大的损失和伤痛。在这一过程中,毒品是一个重要的载体和手段。在全面抗战爆发前,日本通过毒品将其势力渗入中国的各个角落,为其侵华"开路""铺桥"。通过对华有组织的毒品输入,日本从中国掠夺了巨额的财富,同时也戕害了民众的身心健康、消磨了大众的抵抗意志,为其侵华行动创造条件、大开通道;与此同时,日本的侵华行动又为其对华毒害政策的实施提供保障和便利,在刺刀的保护下,日本对华毒品贸易畅行无阻、大行其道。

第一节　日本对华早期毒品走私

日本对华早期走私毒品,依其来源不同,以一战为界,大致可以分为两个阶段:一战之前,日本主要扮演的是欧洲毒品向中国走私的中转角色;一战期间,因欧洲各国忙于战事,日本的毒品来源受阻,此后,日本自制毒品获得成功,遂开始在日本本土生产毒品并对华走私输出。

一、数额巨大的毒品走私

英国通过炮舰外交,为对华鸦片贸易合法化打开了大门,但进入20世纪,因资本主义经济的发展和对华自由贸易的需要,加之鸦片贸易的非道德性,英国国内逐渐兴起一股反对对华鸦片贸易的舆论,此时尚在清政府主政下的中国遂因势掀起了一场禁烟运动,即清末禁烟运动,在这一背景下,英国对华的鸦片输出逐步减少。此时,因明治维新刚刚走上强国之路的日本则顺势取代英国成为对华输入毒品的主要国家。

20世纪初,英、德等国生产出毒性更烈的吗啡、海洛因、可卡因等鸦片代用品,因英国已和中国签订了禁烟协议,英国商人不能直接将毒品输往中国,日本也迫于美国的压力,于1908年9月同意禁止吗啡输华。但因为当时"1磅吗啡在日本价值700日元上下,在中国内地出售则可以卖到2倍或3倍的好价钱"①,在利益的驱动下,日本一些非法商人和所谓的"旅行者"不甘寂寞,他们和欧美特别是英国的毒品制造商相勾结,利用"公开出口"或"秘密贩运"的方式,将大量的烈性毒品转运到中国。

一战爆发,欧洲各国忙于战争,日本无法从欧洲顺畅地进口吗啡,且因生产减少价格上涨,日本为继续垄断和控制中国市场,不得不自行研制吗啡。1915年,日本人石川静逸成功研制出海洛因,同年,在台湾的星制药公司获得政府许可,取得制造吗啡的专利。在日本政府的支持下,1915年至1918年,台湾星制药公司从政府处理的粗制吗啡1.92万磅中,提取精制吗啡1万磅,投入大陆走私渠道,从中获利280万日元②。贩毒所获的巨额利润使该公司短期内即发展为规模宏大的制药公司,星制药公司在鸦片加工中获得巨大的利润引起了日本其他制药公司的觊觎。第一次世界大战后,以星制药公司为首的四大制药公司(三共制药、大日本制药等)获准每年从印度、波斯、西伯利亚和朝鲜半岛进口47万磅鸦片③,用于制造吗啡输入大陆。

据日本大藏省、内务省现存资料统计,1916年至1920年的5年间,日本由国外进口及本土制造的麻醉品分别如表18-1和表18-2所示。

---

① 上海市档案馆等编:《清末民初的禁烟运动和万国禁烟会》,上海科学技术文献出版社1996年版,第367页。
② [日]山田豪一:《论本世纪一十年代日本对中国鸦片和吗啡走私机构的形成》,《山西大学学报》1985年第4期。
③ [日]山田豪一:《论本世纪一十年代日本对中国鸦片和吗啡走私机构的形成》,《山西大学学报》1985年第4期。

表 18-1 1916—1920 年日本进口麻醉品数量　　　　　单位：封度

年份	吗啡	可卡因	海洛因	可待因
1916 年	34768	4347	45	59
1917 年	37346	5001	—	95
1918 年	10311	2873	480	133
1919 年	25770	2773	5218	979
1920 年	28450	6900	5536	1337

表 18-2 1916—1920 年日本本土制造麻醉品数量　　　　单位：封度

年份	吗啡	可卡因	海洛因	可待因
1916 年	600	—	—	20
1917 年	1190	150	150	100
1918 年	2134	2294	1676	74
1919 年	3695	1839	894	215
1920 年	7708	9099	10729	133

据日本内务省推算，当时日本国内每年医药用麻醉品数量如表 18-3。

表 18-3 日本国内医药用麻醉品数量　　　　　　　　单位：封度

种类	吗啡	可卡因	海洛因	可待因
数量	2000	4000	2000	2500

从以上统计数据可以看出，日本进口与本土制造的麻醉品数量是其国内医药用年需求量的 10 多倍，那么，其余的麻醉品用于何处了呢？据大藏省的统计，1916 年至 1920 年这 5 年间日本通过正式手续出口的麻醉品数量如表 18-4。①

---

① 藤原鉄太郎：《鴉片制度調查報告》(1923 年 2 月)，岡田芳政等編：《続·現代史資料(12)阿片問題》，みすず書房 1986 年版，第 63 頁。

表 18-4　1916—1920 年日本通过正式手续出口的麻醉品数量　　单位：封度

年份	吗啡	可卡因	海洛因	可待因
1916 年	674	86	18	342
1917 年	35	55	18	47
1918 年	111	156	89	323
1919 年	30	257	4	43
1920 年	17	39	10	14

可见，在剩余的麻醉品中，除有极少部分通过正式途径再次出口至其他地区，有相当数量的麻醉品不知所终。当时一位日本药品商就麻醉品输入中国的问题接受日本一家杂志的记者采访时，直言不讳地道出了其中的奥秘，这位药品商说，因日本没有明令禁止从外国输入吗啡，毒品贩子想买多少就可以自由地买到多少，那么，根本就别指望吗啡走私活动能够停止。毫无疑问，多余的"大部分走私出口了""从日本向中国走私出口吗啡等毒品是毋庸置疑的"。①

此外，日本商人还从印度进口鸦片。据报道，曾授课于金陵大学的美国人马克林博士，在华 30 年目睹了日本人私运大宗烟土。他说，在印度的加尔各答城中，日商买印度烟土最多，此鸦片运至日本神户，然后由神户埠运至济南府后至山东各处，再由日人管理的铁路运至上海及长江沿岸。据悉，每次运 2000 箱，每箱值 2 万元，合计 4000 万元。日本政府每箱抽税 5000 元，共抽 1000 万元。运土各埠的关税概由日本人管理，各埠皆有军人把持，禁止外人干涉。②

二、日本对华走私毒品的主要口岸

日本对华走私输入毒品的主要口岸包括大连、天津、青岛、上海、厦门等地，因上述地区或近日本本土，或邻朝鲜半岛，或与日据台湾隔海相望，走私毒品异常便捷。另外，根据 1915 年中日有关条约规定，日本在青岛入境的货物，无论是何种货物，凡持有政府许可证的，均不接受海关检查。因此，日本

---

① 江口圭一：《日中アヘン戦争》，岩波書店 1988 年版，第 37 页。
② （长沙）《大公报》1919 年 10 月 3 日。

不法商贩经常在鸦片箱的外面贴上"军用品"的封条,公然运到青岛等中国港口。根据海关报告,1917 年自青岛输入的日本鸦片达 45 担。专家认为"其确数则当五十倍之"①。且不说"五十倍之"是否属实,但它表明,日本偷运到中国的毒品数量远远超过海关报告的数量,而且数量巨大。山东、安徽、江苏等地使用从青岛输入的日本毒品。在早期,从大连以洋药的名义输入鸦片是不被禁止的。1913 年,大连进口吗啡 6.25 吨。1917 年,英国和印度的鸦片停止进入中国,而运入大连的日本租借地的吗啡有 2 吨之巨。②

三、对日本毒品走私活动的揭露与谴责

日本对华走私毒品的恶劣行径遭到了中国民间团体以及国际社会的有力揭露和强烈谴责。1918 年 12 月 19 日由英国人在中国发行的《字林西报》(North China Daily News)刊文对日本政府予以指责,指出吗啡贸易作为日本对外贸易中最有利的部分,每年为日本带来数千万日元的收入。日本是禁止向中国输入吗啡公约的签字国之一,却在日本政府的公认及奖励下对华输入吗啡……日本还从印度买来鸦片然后输入中国获得巨额利润。③

万国拒土总会因中国境内烟土吗啡等物多系从大连、青岛两埠由日本运送入口,特致函驻京日本公使请予查禁。④ 根据万国拒土会报告,1922 年 6 月到 12 月间,天津、上海两海关查获私运麻醉性毒药 24 次,共约 28400 盎司,内除英船运入一次外,余均系日船所带,见表 18-5⑤:

表 18-5　天津、上海海关查获私运毒品(1922 年 6—12 月)

种类	数量	产地	轮船国籍
海洛因	500 盎司	日本大阪	日籍
海洛因	50 盎司	日本东京	日籍

---

① 《日人之吗啡鸦片两贸易》,《东方杂志》16 卷 1 号,1919 年,第 202 页。
② 《日人之吗啡鸦片两贸易》,《东方杂志》16 卷 1 号,1919 年,第 202 页。
③ JACAR(歷史資料)Ref. B030414142000 政府提出法案関係阿片等取引禁遏方二関置振二付閣議請求件(外務省外交史料館)。
④ (长沙)《大公报》1920 年 10 月 28 日。
⑤ 资源来源:《申报》1923 年 3 月 17 日。

(续表)

种类	数量	产地	轮船国籍
海洛因	50 盎司	日本大阪	日籍
海洛因	234 盎司	日本大阪	日籍
高根	12000 安浦	德国	日籍
吗啡	39120 安浦	德国	日籍
海洛因	246 盎司	日本大阪	日籍
高根	96 盎司	日本	日籍
海洛因	148 盎司	日本东京	日籍
海洛因	346 盎司	日本大阪	日籍
海洛因	96 盎司	日本大阪	日籍
吗啡	34 盎司	不详	日籍
高根	50 盎司	日本	日籍
吗啡	3584 盎司	瑞士	日籍
高根	143 盎司	日本	日籍
吗啡	800 盎司	德国	日籍
高根	28 盎司	不详	日籍
高根	50 盎司	日本	日籍
海洛因	3450 盎司	英国伦敦	日籍
海洛因	150 盎司	不详	日籍
海洛因	325 盎司	日本大阪	日籍
海洛因	25 盎司	德国	日籍
吗啡	400 盎司	德国	英籍
海洛因	17900 盎司	德国	日籍

中国海关及其他查禁机构也屡破日本对华走私毒品案。如：

1928年，"大连物产交流"董事主席及其他日本人被发现私运海洛因、吗啡与鸦片至中国数个城市，涉及款额达138万日元，该公司的资本额400万日元，系以大连为总部，并牵涉到东京与大连的官方机构与官员。

1929年9月，日轮芝罘号航往上海载有走私的鸦片毒品，中国海关在其引擎室查获300两鸦片。

1929年11月,日本人饭田治利用辽宁邮局自德国汉堡寄运海洛因邮包120件,每包500两;日商日清公司凤阳号轮私载大批烟土3万两左右,靠泊上海浦东张家湾码头,被中国查获。

1930年1月,山东青岛的日本商行自瑞士与德国输入海洛因,装成101个小包,以挂号邮包寄来,为当局查获。

1931年6月,在从欧洲驶抵上海的日本邮船会社的多本号轮上,查获海洛因179磅。

面对来自中国和国际社会的揭露与指责,1934年9月8日,日内瓦国际会议日本事务局代理局长横山正幸向外相广田弘毅发出《取缔从大连向中国走私毒品书》。横山正幸说:"综合最近从天津、芝罘(今山东烟台)、青岛等地发来的有关日本人走私毒品的报告,可看出没收来的毒品大都有从大连走私而来之嫌。'关东州'尤其是大连地区已给人以走私毒品发源地之印象,恳请严厉取缔该地区违禁药品之交易。"横山还说,日本历来对在华日人毒品走私犯的处罚颇有失之过轻之嫌。近竟有二三人犯仅仅被处以20日元罚款的例子。如此判决,与其说是惩罚罪犯,毋宁说是在奖励走私。日内瓦国际鸦片会议常设鸦片中央委员会的日本委员在其所著《国际鸦片问题的原委》(1935)中说:"因为日本国内海洛因、可卡因的中毒者甚少,必然使人产生疑窦。大量生产与少量消费自然会使人怀疑有毒品非法出口的问题。"关于吗啡,1932—1933年"关东州"平均每百万人的消费量为27—44公斤,与可卡因一样,都高居世界榜首。[①]

横山正幸的这封文件实际上承认了日本对华大规模走私输入毒品的事实,从毒品走私中获得巨大利益的日本当局却厚颜无耻地将其对华走私毒品的罪责诿过于中国。关东厅在其1936年出版的《关东局施政30年史》一书中说:"当局尊重《国际鸦片条约》,希望通过一定的管理方法,使鸦片问题得到妥善解决,同时也希望合理而顺利地管理正当的消费。但是,由于本地区与世界上最大的毒品消费国——中国的许多地区接壤,彼此间的交通往来频繁,每年有数十万流民来访,因此取缔一事困难重重。从目前情况看,尚难达

---

① 江口圭一:《日中アヘン戦争》,岩波书店1988年版,第38页。

到预期之目的。"①按照该书的逻辑,日本公然对华走私毒品,原因在于中国本就是世界上最大的毒品消费国,在这一背景下,因"毒品难以取缔",结果就是日本大规模地对华走私毒品。

第二节 日本在华毒品制贩基地的建立

随着日本在华势力范围的逐步扩大和稳固,尤其是日俄战争后,日本以"租借地""租界"等形式逐步取得了在中国大陆的落脚点,其对华毒害活动也渐渐地由境外走私转变为在华建立基地就地制毒、贩毒。日本在华建立的制贩毒基地就像一个个毒瘤揳入中国的躯体,不断地将毒液输向中国各地,侵蚀和摧残着中华民族的躯体,使她一步步地衰弱下去。

一、日本在"旅大"租借地的制贩毒活动

1904年,日俄战争爆发,日军攻占了中国的辽东半岛。1905年日俄签订《朴茨茅斯条约》,日本获得旅顺口、大连湾的租借权,并随之设置了"关东总督府"②进行管辖。1906年开始修筑的南满铁道使日本取得了铁路沿线和车站周围地区的行政权,统治范围有所扩大。1906年11月16日,日本专门设立了南满洲铁道株式会社,简称"满铁"。这是一家特殊的日本公司,其总部在东京,是日本经营中国东北地区的核心。此后,"满铁"又获取了东北地区安奉铁路、抚顺铁路、牛庄铁路等铁路的路权,其所控制的铁路一直延伸至中朝边境,与朝鲜半岛的铁路实现连接。以大连为支点,以"满铁"控制的铁路为纽带,日本逐渐把中国东北地区"打造"成其在华的一个重要的制贩毒基地。

(一)鸦片贩卖

1. 官方的鸦片专卖

日本当局最初对鸦片的输入、制造、购买等活动实施个人特许制度。

---

① 江口圭一:《日中アヘン战争》,岩波书店1988年版,第31—32页。
② 1906年改称"关东都督府"。

1906 年华人潘国忠最先取得特许专卖权,1907 年又改为特许日人石本鑕太郎专办。石本鑕太郎从印度、伊朗以及中国香港和台湾地区购入大量鸦片,通过巨额差价牟得暴利,见表 18-6。

表 18-6　1912—1917 年"关东州"鸦片输入与零售价格汇总[①]

年份	输入价格 (日元/10 匁)	零售价格 (日元/10 匁)	倍　率
1912	0.961	2.846	2.9
1913	0.803	3.063	3.9
1914	0.683	4.834	7.1
1915	0.815	5.689	7.0
1916	1.080	5.322	4.9
1917	1.459	6.907	4.7

此后,石本鑕太郎将其鸦片销售市场逐步拓展至整个东北地区,1917 年,"关东州"的市场份额仅占 10%,见表 18-7。

表 18-7　1912—1917 年鸦片售卖数量比较[②]

年份	"关东州"内 售卖量/贯	"关东州"外 售卖量/贯	"关东州"内外售卖占比/%	
			州内	州外
1912	969 贯 548	2621 贯 371	27	73
1913	358 贯 904	3901 贯 918	9	91
1914	297 贯 624	3954 贯 147	7	93
1915	376 贯 246	3804 贯 265	9	91
1916	673 贯 784	4941 贯 083	12	88
1917	842 贯 505	7582 贯 545	10	90

石本鑕太郎凭借其从贩卖鸦片中获得的不义之财迅速成为"关东州"首富,(见表 18-8、18-9)后又凭借资本的力量于 1915 年当上了大连市的市长。

---

① 资料来源:山田豪一:《"满洲国"的阿片专卖》,汲古书院 2002 年版,第 15 页。
② 资料来源:山田豪一:《"满洲国"的阿片专卖》,汲古书院 2002 年版,第 15 页。

表 18-8　1912—1914 年石本鎮太郎的鸦片总局利益概算表①

年份	"关东州"内外贩卖总额 a(特许料收入×10)	零售所价格 b（日元/10 匁）	"关东州"内外贩卖数量 c a/b(贯)	输入价格 d(日元/10 匁)	输入总额 e c×d（日元）	鸦片总局粗利益（日元）a-e-特许料纳入额
1912	1028710	2.846	3614 贯 582 匁	0.961	347361	578478
1913	1328300	3.063	4330 贯 069 匁	0.803	347705	845965
1914	2048550	4.834	4237 贯 795 匁	0.683	289441	1554254

表 18-9　1906—1914 年"关东都督府"鸦片收入表②

年份	1906	1907	1908	1909	1910	1911	1912	1913	1914
收入/日元	7620	31241	73768	84484	86390	89307	102871	132630	204855

1914 年 12 月，日本当局又将特许权给了大连宏济善堂。宏济善堂名为慈善救济团体，设立于 1908 年，为中国商人组织，实际上为日本人所主持。宏济善堂下设戒烟部和慈善部，戒烟部名为"戒烟"实为"卖烟"，专门负责鸦片的输入与贩卖，受大连民政署的直接指挥与监督。在宏济善堂的经办之下，鸦片特许收入大幅增加，1915 年达到 2288856 日元，1917 年增至 5444894 日元，见表 18-10。

表 18-10　"关东都督府"③1915—1928 年的鸦片专卖收支情况表④

年份	特许费收入/日元	鸦片输入量/贯	向民间销售量/贯	纯利益金/日元
1915	2288856	9086	9099	2368942
1916	2593541	10665	7533	2991571
1917	5444894	8303	9138	5551938

---

① 资料来源：山田豪一：《"满洲国"的阿片专卖》，汲古书院 2002 年版，第 15 页。
② 表中数字由《关东局税务统计书》《关东局统计要鉴》《关东局统计三十年志》综合列出，转引自东北沦陷十四年史编纂委员会：《东北沦陷史研究》1999 年第 3 期，第 22 页。
③ 1919 年 4 月被拆分为关东厅和关东军司令部。
④ 资料来源：山田豪一：《"满洲国"的阿片专卖》，汲古书院 2002 年版，第 11 页。

(续表)

年份	特许费收入/日元	鸦片输入量/贯	向民间销售量/贯	纯利益金/日元
1918	4984395	13706	6803	7727707
1919	2235637	5864	4171	1944314
1920	3737616	7814	12332	898597
1921	1535318	1084	5140	647776
1922	1271896	968	4132	954686
1923	1118865	4239	4180	948864
1924	1285442	8116	6655	1192228
1925	1610779	9775	9209	1619579
1926	1634596	6619	8808	1227850
1927	1445250	12600	10780	1408105
1928	473438	3875	3421	557719

然而,关东厅敛取的巨额财富却是以中国人民深陷毒品泥潭为代价的。1921年,关东厅统治区域内领有执照的烟民为5600多人,1922年有3万多人,而实际吸食鸦片的人数为领有执照的6倍,可见在日本鸦片特许专卖之下,中国人民所受毒祸之惨重。

高额的利润诱使日本政府官员和政客纷纷涉足其间。1919年,大连民政署署长中野有光到任后,推荐拓殖局局长古贺廉造为宏济善堂戒烟部理事,共谋以贱价鸦片走私输往中国赚钱。此事曝光后,引起日本政界和舆论界的关注,此即所谓"关东州鸦片事件"。此事经"关东州"法院审讯,1923年8月古贺被判有罪。日本国会内的反对党趁机群起责难,国民党议员小桥氏在议会声称:关东境内,关于鸦片贸易之不规则活动,宜应注意。关东有某公司,享有鸦片专卖权,名为华人所办,实则归日本人所管。查其簿记,自1919年8月至1920年3月止,日本人幕后净得日币286500元。① 其所以能获此大利者,与日人和关东当局有密切关系之故。有人更认为鸦片走私所得的资金,系内阁总理原敬和执政党政友会政治资金的来源,原敬内阁的声誉因此

---

① (长沙)《大公报》1921年2月23日。

大受影响。英国人这时也大量搜集日本人有关制贩毒的简报,在国际媒体上大力传播,以洗刷过去英人在华贩毒的污名。因此,在1921年11月的华盛顿会议中,中国代表施肇基曾以日租"关东州"已沦为对华鸦片走私的贩毒中心为理由,认为日本已违反了租借条约,要求收回大连、旅顺。① 在这种情况下,1924年,关东厅制定了鸦片令,采取了鸦片渐禁政策。1928年在大连设立的关东厅专卖局垄断了鸦片的输入与贩卖。

2. 民间的鸦片私售

日本控制旅大地区之后,以其为中心大肆向中国,尤其是东北地区拓展其毒品市场,在东北地区遍布以私自贩售鸦片为业的日本人和朝鲜人。他们从中国人手中租赁房屋,将房屋改建成烟馆或吗啡店后再高价转租给中国人,以"日本人开设"的名义逃避缉查。据相关资料记载,当时在张家湾居住的45名日本人中,从事毒品经营的有11个人。② 而在哈尔滨双城县地区,25户日本人中居然有13户以贩售毒品为业,而其他表面上从事正当行业的,也有不少是在粮栈、牛骨商、木炭店、棉花店、皮革店、钟表修理部、理发店的掩护和伪装下秘密从事毒品经营活动,如担任当地日本居留民会会长的坡部玖三就在药店的名义下从事贩卖鸦片的勾当。③

这些在东北地区私售毒品的日本人虽屡经中国官方抓获,但在日本政府的庇护下逍遥法外,其私售情形愈加猖獗。

1923年7月,一群日本人在榆树县以售卖粮食为名私贩吗啡,在遭地方警察拘捕时胆敢持枪拒捕,后在日本领事馆的干涉下,此事最终不了了之。④

1927年,日本驻长春领事馆无视中国主权,在张家湾非法设立专门保护日本人贩售鸦片的管理机构,致使该地日本人售卖鸦片的商铺林立,并导致

---

① 大井静雄:《阿片事件の真相》,冈田芳政等编:《続・现代史資料(12)阿片問題》,みすず書房1986年版,第211—233页。
② 《吉林全省警务处稿》(第六册),《1918年8月14日至9月21日双城县知事为日侨下村英逸与国人付荣霖因私卖吗啡刀互刺伤请交涉出境的呈文及吉林全省警务处的指令》,吉林省档案馆,156-06-0208。
③ 《吉林全省警务处稿》(第六册),《1924年8月20日德惠报送日人租给华人房开设烟馆吗啡铺的详文及吉林公署吉林全省警务处的指令》,吉林省档案馆,156-06-0046。
④ 《榆树县为拿获贩卖吗啡之日人呈及吉林省长公署指令训令(1923年7月6日—8月)》,吉林省档案馆藏;马棋贞主编:《中国禁毒史资料:1729年—1949年》,天津人民出版社1998年版,第747页。

整个长春地区鸦片私售活动的泛滥。

1930年8月,吉林省敦化县警察在一家由朝鲜人经营的医院里进行常规检查,结果搜出大量违禁物品,有吗啡、手枪、假护照、假枪照等,敦化县警察将这些违禁物品和相关人员带回警局查办,却受到了日本总领事馆的干涉和阻挠,声称中国无权裁夺日本人的相关事宜,最终,日本总领事派外交科长到县警局强行带走涉案人员和缴获的吗啡、手枪。①

(二)毒品制造

日本人自行研制吗啡、海洛因约10年以后,大阪道修町的制药厂率先在中国大陆就地生产海洛因,许多技术人员和工人从日本来到中国。为便于销售毒品,日本富山县的药商也加入了赴华的行列。山内三郎于1929年来到青岛,被聘为制造海洛因的技师。1933年他迁居大连,翌年,山内三郎被刚刚成立的"南满洲制药株式会社"聘用,表面上制造医用乙醚,实际上制造海洛因。山内三郎在其《毒品与战争——中日战争中的秘密武器》一书中称:他们使用热河产的鸦片制造海洛因,制药厂设在满洲和华北有日军驻扎的地方,在日军的保护下,日毒品商人可说是高枕无忧。在中国制造海洛因,对于日本制药者来说有一大益处,就是器具简单,不需要宽阔的厂房。制造海洛因,除主要原料鸦片外,辅料无水醋酸、乙醚等也是应有尽有。因此,就是在小门小户的车间,一天也能生产5—10公斤。技术上也很简单,虽说开始时需要有专门人员进行悉心的指导,但是生手只要实习四五回,也就成了制造海洛因的高手了。②

二、天津日租界——日本向全球走私毒品的中心

由于国民政府外交主权的部分丧失,租界及在华外侨拥有超越中国法律的特权,如租界当局拒不配合,则中国政府的禁毒工作在租界内根本无法推行。1935年,国民政府以军事手段推行六年禁政时,租界方面则以军委会所颁各项禁烟法令未经正当立法程序为理由,拒绝承认其效力,所以,许多毒贩

---

① 《敦化县政府为鲜民贩卖吗啡请交涉呈(1930年9月)》,吉林省档案馆藏,马模贞主编:《中国禁毒史资料:1729年—1949年》,天津人民出版社1998年版,第962页。
② 冈田芳政等编:《続・現代史資料(12)阿片問題》,みすず書房1986年版,第xliii页。

为躲避法律惩罚,以租界为避难所,租界当局也往往视而不见,于是,"制毒以此为窟穴,赚毒以此为总汇,销毒以此为闾尾"。①

在天津的日本侨民有5000余人,其中70%从事吗啡等违禁品的批发业务。从中药铺到饭馆、杂货店,鲜有不经营违禁品的,而且都是做大宗的现货交易,小量零售的很少。日租界中日本商户的"繁荣"实是出于吗啡交易。经营吗啡与经营鸦片一样,可以带来巨大的收益。因此,想在此地大赚一笔的日本人很快就做出了走私吗啡的计划。从天津日租界某高级饭馆雇有158名艺妓一例就可以看出日本人的富有,②这些财富都是贩卖吗啡得来的。

据美国作家麦文(Marcus Mervine)在华的观察,在1935年至1936年前后,日本控制下的"多数制毒工厂已由热河、满洲及关东租借地移至天津及唐山一带,再以天津为中心,私运至远东各地,并遍及全世界。故今日之天津日租界,几全为制毒工厂"。③ 在1936年的国联第21届禁烟会议上,与会各国代表对日租界纵毒的行径进行强烈抨击,国联禁烟会议就此做出决议,要求日本政府采取切实措施,制止其臣民贩毒。为搪塞国际舆论的指责,日本政府故作姿态,特派官员到天津租界"肃毒",不料却揭开了租界军警毒贩狼狈为奸的黑幕。如杜门青帮"白面大王"陈坤元在天津日租界的康昌洋行被搜查时,发现一个账本,记载着贿送日租界军、警、特、宪的"特别费",仅有名有姓的记载,每月便有4万余元。④"肃毒"之后的几个月中,天津日租界制毒贩毒略有收敛,但全面抗战爆发后,日租界的制毒贩毒活动再次猖獗。

在1938年国联第23届禁烟会议上,美国代表富勒指出,天津日租界中仅一家贩毒机构在15个月内便向美国偷运纯海洛因655公斤,足够1万瘾民一年的消耗,而类似的贩毒机构在天津日租界为数极多。租界内有烟馆70家,另有100多家贩卖鸦片的商店。

天津日租界为毒品贸易的大本营,好比神经中枢,其神经末梢遍布远东各地,并与欧美的贩毒团伙有直接关系。事实上,天津已成为全世界海洛因的渊薮,日租界已为制毒工厂、烟馆及洋行所充塞,甚至高等住宅区以及日本

---

① 国民政府军事委员会禁烟总会编:《二十四年度禁烟年报》,1936年,第10页。
② 江口圭一:《日中アヘン戦争》,岩波书店1988年版,第39页。
③ 内政部编:《禁烟概要》,中国第二历史档案馆藏。
④ 蒋秋明、朱庆葆:《中国禁毒历程》,天津教育出版社1996年版,第447页。

或中国学校附近亦有此类制毒贩毒的场所。

租界内有一定规模的贩毒组织不下15家,另有200家以上假托从事合法经营的所谓药房、店铺、歌楼、旅馆、茶社。这里完全是一个私贩吗啡的天堂。所有大公司及多数重要的工厂无不高张日本的旗号,以享受治外法权的特权。最大的贩毒组织陈姓公司,主要业务为输出毒品至美洲各国。该公司海洛因制造厂设于唐山,据称乃世界上最大的海洛因厂。另有一家宋姓公司亦以毒品输出为主,其工厂在日租界内。每包海洛因在天津仅值350元(价格除另自注明者外皆以当时天津流通货币为准),在上海值460元,在旧金山则值500美元。日本官厅对于天津日租界此项如火如荼的贸易置若罔闻,但不许经由日本输出毒品至美国,运输毒品至美国必须经过上海,所以美国新闻报纸往往称"自上海"或"自中国"运到毒品一批,在美国某埠为巡缉队所缉获,罕见"自日本"运到毒品被缉获的消息,被玷辱名誉的非日本而是中国,但真正的毒品来源则是在天津日租界。

毒品交易中运输费一项开支很大,大批日本人及外国人被雇为毒品运送人,因他们可以避免中国警方的搜查拘捕。多数美国人及英国人经常携带毒品往来于天津、上海、广州及其他城市之间。每次皆于订货时付款一半,其余钱款在交货时付清,通常多用手提包运送。因中国政府所颁布的禁毒治罪条例规定,凡运售及吸食毒品者概处死刑,所以私运的报酬相当高,私运者自天津运送毒品至上海,每包可得报酬35元。一人一次可以带两手提包,每手提包可装毒品20包,每趟收获约计1400元。上海接头处所,一般是在指定的大旅馆里,双方见面后,各自拿出半截钞票作为接头暗号。

在天津日租界公开出售的毒品最普通者有十种,此外尚有大批日本专卖药品及试剂,均含有吗啡、高根、鸦片成分。在日租界街市之大制毒工厂及趸卖行皆无招牌,也没有其他标志,从外面看宛如住宅寓所。但一般毒品零售小店及烟馆则备有"某某洋行"招牌,日本及中国各地常有成千上万合法商店,以此为注册商号,而在天津日租界此"洋行"二字即含有邪恶之义,几为毒品商人所专用。

大公司或较大商号并不直接销售毒品给陌生人,但零售小店或小贩则很重视招徕生意。一位侨居天津的美国人写道:"作者曾屡次入小洋行购买鸦片、海洛因、高根及其他毒品,并曾陪同参观之访员至此类邪恶之街市购买毒品。经售之商人出售毒品时并不提出质问,亦无意保守秘密,一切完全公开。作者每于夏季晚间遨游此类海洛因弥漫之街市,常有奔走招徕生意者达六人之多,追随左右。天津之警察及卫生队于冬季严寒之日,每晨均须自道上移去大批吸食毒品者之尸体。靠近新建的日本领事馆警察局后方,华界与日租界接壤的东马路,就是一处有名的魔窟。"①

天津美国大学妇女协会曾对天津日租界的毒品情况曾进行调查,及至深入其境,充分明了此中令人难以置信的事实后,竟不敢将调查报告全部发表。

三、汉口日租界——日本在中国腹地的毒化中心

战前日本人在华中一带的制毒贩毒活动,系以汉口日租界为大本营。1935年5月,汉口市公安局派员查悉日租界内制毒场所及毒贩机关,这种场所和机关星罗棋布,不胜枚举。计有贩卖红丸场所6处,由8个华人主持;鸦片营业所2处,为华人所开设。凡此皆由日领署予以保护,有的制毒机关虽由华人出面,然均有日本人股份在内,日警更按月领取酬金,从中包庇。此外,有吗啡制造厂4处、吗啡分销厂5处、出售吗啡店户20处。各厂吗啡,除来自汉口日租界,其余概自上海日商永福洋行运至汉口,再由汉口日商永进洋行转卖各分销厂。各厂制造吗啡时,保护严密,一般于夜间一两点开始工作。其销售方法极为神秘,无论买卖,均不直接交换,而由引线将银、货用纸包妥,各掷一处,暗中传递。各分销厂买进时,按批发价计算,吗啡每两32—34元,每包19两6钱,计值620—658.75元;零售时,其价格则每两60元左右。红丸每包24两,售52—54元。

汉口日租界当局,包庇制毒,事实俱在,而汉口日租界当局对于汉口地方官厅关于中外禁烟合作问题之质询竟伪称:"麻醉药品及注射器具之制造,除依照有关法令所规定外,一概禁止""麻醉药品之出售,除医生、牙医、兽医、化学师、登记药剂师或合法外国侨民,而持有日本领事当局发给之采购证者,以及登记药商得售与外,其余一概禁止""日总领事署内警察当局,为管理麻醉药品之合法机关,受日总领事署之指挥"。②

---

① 《天津日租界与毒品贸易》,《禁烟汇刊》1937年第1期。
② 内政部编:《二十六年度禁烟年报》,第10页。

1936年2月,禁烟总监蒋介石据汉口市府报告后,即令饬该市政府、武汉警备司令部、禁烟督察处等通力合作,妥筹办法,严密查缉。3月,各机关召开联席会议,详密讨论,决定对日租界进行联合侦缉,方案如下:

1. 对本市特别地带相当距离处,无形中作一包围之封锁,联合各机关严密监视之。

2. 积极查禁原料之输入:查私货之输入汉口,向分水陆两路,此后各缉私关卡须会同水上公安局及船舶检查所,对一切轮船、民船、划子、木筏等,注意检查;陆上须令原驻之稽查部队及火车检查所,加紧查缉,并悬赏招人告密,同时由督察处通知各路局,对运输方面须切实负责,并通知特货公会,不得售货于特区。

3. 消极侦缉毒品之销售:此后须派探(便衣探至少4人)、购线(至少10人),散布于特区地带,专事跟踪贩毒者之行动,至离"特别地带"相当地段时,由线报探,由探报岗警,施行检查逮捕之。线之与探,探之与警,均用暗号通知,其暗号得随时随地更易,由督察处负责规定,通知公安局办理。

4. 规定两星期由警备司令部召集联合会议一次,不另设机关,如各机关查获毒品,当立送禁烟督察处,并分报警备司令部备查。

自上述联合侦缉办法施行后,成绩卓著,侦获案件数倍于往昔。1937年8月,汉口租界被中国政府接收,汉口市公安局在新小路4号、11号、13号,中街94号、96号、100号、138号、140号,同安里14号、16号,重阳里60号,福川里4号、6号、12号,康玩里3号、5号,农和街89号等著名毒品制造场所,抄获许多制毒机器及吗啡、海洛因等毒品。① 各毒品制造场内部除设有地窖外,或于天花板上设置密室,或于壁室内私置暗房,一切布置,均极严密。警员在查抄时,曾将查抄详细情形摄制照片存案,送达国联。此外,军事委员会政治部、中国电影制片厂还将查抄经过制作成影片,由内政部禁烟委员会常务委员甘乃光配以英文解说,送交中国驻国联禁烟委员会第23届会议代表胡世泽,由其在会议期间宣传放映。胡世泽获此影片后,于禁烟委员会闭会后,胡世泽在中国图书馆举办茶会并放映该影片,到会各国代表及各界人士约200人,大多数国联禁烟委员会成员均观看了此片。此举有效地揭露了

---

① 内政部编:《二十六年度禁烟年报》,第11页。

四、日本在冀东的制贩毒活动

日本人在冀东的毒品走私活动,从 1933 年春开始猖獗起来。九一八事变后,由于国民政府与东北军实行不抵抗政策,日军次年便占领了东北三省,之后又得陇望蜀,于 1933 年春侵占热河,自此,榆关至古北口一线的长城各口为日本人控制。5 月底,国民政府与日本签订《塘沽协定》,冀东 22 县被划为非武装区域。自此,华北门户洞开,为大规模毒品走私提供了条件。唐山在事变前,原有商办长途汽车开往其他各县市镇,因来往客商多,营业尚好。自战事发生后,则无形歇业。后因各地先后失陷,各载重汽车亦随军西退。待协定签订后,战区各县收复,各汽车行之车辆少有发还,唐山市各种货物滞销,百货跌价。旅唐日韩侨民见此有机可乘,纷纷组起长途汽车行,载运客货,直达各县。因在战区,故无人干涉,沿途无人敢加检查,日本人更进一步,"公开包运吗啡、鸦片、海洛因等违禁品,彼日车行等,竟定有包运市价,保险无差,因之各县地痞无赖又得而便于包运一切,本少利厚,双称便利。所有本市二百余家日韩洋行,无一不代购车票,其意即暗示外县购买违禁毒品等,可负责包运到指定目的地"。[①] 1934 年,中日双方签订《北平沈阳通车协定》,并于 7 月 1 日起恢复通车,毒品走私更为便利。毒品走私重心先在山东沿线,据调查,该年从大连运出的毒品等私货,每月价值 200 万元,其中 64% 在山东沿海上岸,16% 在河北沿海登陆,其余 20% 偷运到江苏。[②] 此后,胶州海关在山东沿海加强缉私,走私奸商于是将地点逐渐由山东沿海移至比较安全的河北非武装区域的沿岸。同时,山海关至关内一带的陆路走私也日渐活跃,日韩浪人多由北宁路运送鸦片到天津。

此时日韩浪人参与毒品走私虽已发生,并时有武力抗拒,但日军尚未干预中国海关缉私,中国海关尚能行使职权,时常缉获大批毒品,走私者尚不能不有所顾忌。1935 年 5 月 17 日,海关关员在角楼湾附近发现一名中国人在长城上将一包一包的银圆掷给城墙外的同伙,这名中国人在逃脱追捕时跳墙

---

① 1934 年唐山通讯。
② 蔡致通:《我国走私问题之检讨》,《中行月刊》第 12 卷第 5、6 期。

受重伤,后来日本人坚持称其是"满洲国"人。一周以后,又有两个日本人预备将银圆从长城上移到罗城,海关关员前去查缉,其中一私贩跳墙亦受重伤。角楼湾事件和罗城事件发生后,日方向海关提出强硬要求,不但要求赔偿每人5000元,还禁止海关关员在长城上巡查,否则取缔山海关的海关。① 山海关在日方暴力威胁之下被迫完全接受,退出从榆关到古北口一线各关。自此,日方公开包庇走私行为,中国海关的缉私工作受到极大窒碍,日韩浪人的走私活动遂明目张胆地进行。

1935年年底,在日本的操纵下,殷汝耕成立了"冀东防共自治政府",作为伪满与华北的中继地带。同时,日本人也大规模地开展走私活动,走私者将人造丝、砂糖、火酒、毛织品、卷烟、酒精等物品和各类毒品自伪满运至冀东境内,而火油、火酒等是制造海洛因的必要原料。1934年山内三郎的南满洲制造株式会社所制造的海洛因也大量走私进入冀东,然后转入华北各地。山内三郎曾说,这个冀东地区,成了从满洲和"关东州"向中国其他地区输送海洛因的基地。冀东政权的首府是通州,毒品就是在日军特务机关的默许下在其首府郊外公开制造的。以海洛因为主的各种毒品,从冀东滚滚流向华北五省区。全满洲、"关东州"都因冀东地区的景气而活跃起来。日本青年中未足征兵年龄者,鲜有不染指海洛因制造或贩运的。因此,这些青年也获得了与他们身份不符的丰厚收入。天津的花街柳巷,夜夜可见到他们游荡的身影。大连的妓馆舞厅内,百金买笑的青年也大有人在。山内三郎还说:"日本的海洛因业者是从日军或是宪兵那里取得'安导券'的。对他们来说,这张'安导券'不啻是一个要什么就有什么的聚宝盆,因为中国官府畏'安导券'如虎,有了它的保护,那就绝对安全了。海洛因买卖的收益如何送到军方手中?一般是以购买飞机的名义捐给军方巨款,以慰问的名义请军人直接到海洛因馆中办事。"据山内三郎介绍,海洛因的制造、一手批发、二手批发,均由日本人负责,三级批发到零售则由朝鲜人进行。②

为增加其"机密费"的收入,关东军与天津驻屯军也直接参与贩毒,如关东军第二课参谋田中隆吉中佐于1935年6月在满铁经济调查会的一次恳谈

---

① 时昭瀛、夏国盛:《华北走私问题》,《走私问题》,(上海)中国问题研究会1936年版,第42—43页。

② 江口圭一:《日中アヘン戦争》,岩波书店1988年版,第51—52页。

会中透露,关东军除计划走私砂糖、人造纤维等货,还要"购入鸦片,供应平、津地方"。田中隆吉的部下、内蒙古特务机关辅佐官松井忠雄大尉则认为,他们所扶植的"内蒙自治政府"的经济自立,可借鸦片的生产而完成,而鸦片栽培所需的技术,伪满洲国鸦片专卖局有经验,所需的劳力,可以在绥远东部招引平、津的下层劳工。1933年日军完全占领热河后,走私贩运鸦片的工作由浪人阪田诚盛负责,而阪田诚盛气焰之盛,甚至可以逼迫亲日的冀东傀儡、滦榆区专员陶尚铭辞职。1935年,日本人、朝鲜人在冀东的毒品走私活动更为猖獗,只昌黎县一地即有贩毒馆213处,其中日本人经营者166处,朝鲜人经营者47处,均称"洋行"。唐山也到处是"洋行",共467家,均为鸦片烟馆和海洛因馆。中国调查人员曹成功在对冀东的调查报告中,也显示在滦东、临榆、秦皇岛、迁安等县,各有日、朝侨民商户数十至数百家不等,皆以贩卖鸦片为业。美国驻华武官史迪威(Joseph W. Stilwell)形容整个冀东非军事区已变成了一大鸦片烟场。英国现代史家汤因比(Arnold J. Toynbee)则形容"河北省已变为世界最广泛的非法海洛因毒品生产地了"。美国教士在1935年4月9日的《字林西报》报道云:"(冀东中立区内)各式各样的土匪互相勾结、公然竞逐揽办嚣张的鸦片与吗啡的贩卖,甚至在街道上,每天都是那些被欺骗的由于快速增加吸毒恶习的破碎人的可厌景象,在门口半死样地躺着,或者衣衫褴褛,像游魂一样,到处游荡。"

1936年2月,"冀东防共自治政府"指定一切进口货物须于昌黎、留守营、北戴河、秦皇岛、南大寺等五地登陆,并妄征"查验费",其税率相当于中国进口税率的1/4,①自3月起施行,变走私贸易为"合法"贸易,日本人从此公开称华北走私为"特殊贸易"。

3月,随着渤海解冻,从大连出发的私货辐辏于冀东沿岸,中国海关形同虚设,毒品走私如入无人之境。5月2日,上海《字林西报》登载了两篇天津特约通讯,把冀东走私的盛况活现在人们面前。记者写道:"我到天津时,有两件事足以证明河北沿海岸走私范围之大,已到令人难以置信的程度。我问一位从北戴河回天津的商人关于走私的情形,他回答说:'我并没有看见走

---

① 姚贤镐:《一九三四至三七年日本对华北的走私政策》,《社会科学杂志》第10卷第1期,1948年6月。

私,只看见卅八只大小不一、种类不齐的船舶,停在海湾,卸货到许多舢板上,海滩忙碌的情形,不亚于进口最多时的天津紫竹林,你不能讲那是走私,那简直是自由贸易。那里不仅成了自由港,还是现代的自由海岸。'第二件事也是同样的离奇。我问一位从事走私交易的苏联人,究竟他所运进的货有无相当的限制。他回答说:'毫无限制,除了一只笨重的象,我可以运进任何你所要的东西。'"

长城一带本是华北走私最活跃的地方,海关退出长城即等于放弃了缉私的根据地,同时,海关为避免其他不测事件的发生,决定自动卸除官员佩戴的自卫枪械,以防给日军以借口,果不其然,几天后秦皇岛海关接到驻秦皇岛日本关东军司令部的通知,声称因特殊政治情形,海关关员以后不得携带枪械。

走私犯自此在日方军事长官的怂恿之下,更加胆大妄为,他们确信,即使打伤海关关员,中国司法当局也无可奈何。当时以走私为业的日本人和朝鲜人在山海关有400人,在秦皇岛有200人。在山海关一带,无日不见上百苦力在日、朝浪人的保护之下搬运私货。此等浪人均持有木棒、石块和手枪等物,海关关员稍加干涉,即遭殴击,因而身受重伤者屡见不鲜。海关屡次请求日军事当局设法停止这种不合法的贸易,可这无异于与虎谋皮。而日本领事馆警队则公开宣称,在中国境内走私不干日本法律,无从禁止。日方不仅不协助中国警方查缉走私,反而节外生枝,逐步加紧对中国海关施压。9月9日,日本宪兵司令部通告秦皇岛海关税务司,要求其在芦台至秦皇岛海面巡逻的缉私船只需卸除机关枪。虽经税务司极力解释,但均属白费口舌。为避免发生正面冲突,海关不得不又一次退让。孰料日方得寸进尺,步步紧逼,几天后,再次提出通告,谓缉私船即使已经解除武装,也不得在"战区"3英里内巡逻,此事虽经中国外交部提出抗议,但毫无结果。9月以后,海关缉私船退出冀东沿岸。

按中国《海关稽查条例》,在中国领海12海里以内,海关关员可以命令任何船只停驶以待检查。日本海军当局竟公然不承认中国有此项权力,并称如中国海关对日本船只稍加干涉,日方将"视为海盗行为,即以应付海盗方法应付之"。从此海上无所谓检查存在,海路上走私畅行无阻。大批的沙船或汽船,甚至载重5000吨的大轮也公然在芦台及秦皇岛沿岸运私。

五、日本在青岛实施的鸦片专卖

趁着第一次世界大战的机会，日本从 1914 至 1922 年一直对青岛进行军事占领。在此期间，日本利用胶济铁路将青岛发展成为其在华的又一个制贩毒基地。

日本的青岛军政署于 1916 年在青岛施行了鸦片专卖制度，将鸦片专卖业务委托给刘子山经营，设扶桑官膏局为鸦片专卖机构，日军政署派了两个日本顾问驻局，刘子山交纳了 20 万元保证金后，设 7 个分局，批发、零售鸦片。日本当局与他约定盈利七三折账，日七刘三。原料除中国大陆产品外，还从中国台湾地区、印度输入，装载鸦片的火车由日军武装押运。大小车都插上扶桑官膏局的小旗，一辆接一辆，络绎不绝。根据海关进口清册记载，年进口熟膏即有 6300 余斤。另外尚有金丹、白丸及其他毒品陆续运入内地。[①]从胶澳商埠到济南，水陆畅通之处，以及铁路两旁的小城市里，吸食鸦片、海洛因的比比皆是。"沿胶济铁路日商甚多，足迹所至，毒品随之。凡市招某某洋房、某某药房，皆为其策源地，且售卖者与运送者，均有护符，虽知之而莫敢如何。"[②]

刘子山一天卖烟土 300 箱，一箱可赚 300 元，一年赚 3000 余万元，每月供日本军费约 20 万元。刘子山因此被称为"鸦片大王"。

虽然迫于舆论压力，1918 年日方有禁烟之议，但当年仍进口熟膏 5500 斤。1920 年胶澳表面上已经开始禁烟，原有烟馆陆续歇业，但烟户仍领照吸食。1921 年进口鸦片仍有 3720 斤，领照吸户 3100 人，无照吸户没有确数。1922 年 4 月，中国即将接收胶澳之际，日军司令宣告取消鸦片专卖，刘子山的扶桑官膏局才停止营业。

六、日本在福州、厦门的制贩毒活动

1895 年甲午战争之后，日本对台湾进行殖民统治。福建与台湾一水之隔，被日本视为其势力范围，出于各种目的，大批台民纷纷渡海到闽。基于地

---

① 胡镇中、宋德慧：《德日侵略者贩毒纪实》，《青岛文史资料》（第 5 辑），第 50—52 页。
② 《民国成立后之禁令》，中国第二历史档案馆藏，档案号四一(2)24。

理上的原因,渡海者主要集中在厦门市。1915年在厦门的台民还只有500多人,1922年就增到5000多人,10年后的1932年激增至9500多人,到1937年7月全面抗战前夕,则增加到10000多人。①

厦门是日本在华南走私毒品的中心。日据时期的这些台民在厦门加入"台湾公会"后,可在其开设的商店门口悬挂会员徽章,厦门警察见此便不敢取缔其非法营业,这一徽章俗称"护符"。在日本领事的唆使下,台民的贩毒行径达到无法无天的程度。据日本领事馆的估计,在厦门居住的约900户台民中,从事贩毒业者达470户,依赖贩毒生活的台民达2000余人,占在厦门的台民的1/3。②

1912—1913年,此类台民即结成"廿八宿""武德会""十八大哥"等具有黑社会性质的秘密组织,如"十八大哥"的林滚名义上开设着义丰洋行、福星旅店和舞厅等业,实则经营赌场、烟馆和走私贩卖军火。二十世纪二三十年代,日本常常利用其在福建所享有的治外法权,鼓励与利用台民在厦门与福州等大城市做种种作奸犯科之事,日本人自台湾向厦门贩运毒品的活动也时有发生。早在1923年8月,他们将台湾公卖局新营厂所产的可卡因自基隆运贩至厦门,甚至远销到了山东。

1928年10月24日,福建省政府下令设立禁烟委员会,厉行禁绝鸦片。当天,厦门市公安局的郑威、薛实莹和思明县警卫队的陈明亮及两名巡警,前往局口街传令各烟馆缴销烟证,行至160号苏篇烟馆时,突然有百余名台湾人出而围攻殴打员警,郑威等均被击伤。厦门市公安局局长林焕章偕同厦门交涉署交涉员刘光谦,将肇事者林天来、李辉等两名案犯送交日本驻厦门领事馆依法严办,而数月之后,日本领事馆也无具体答复,日侨此后愈加肆无忌惮。③就这样,禁烟委员会成立的第一天就碰到了钉子。

日据时期的台民以日本领事为护符,公然开设烟馆、土栈,破坏禁政,购吸者几乎全是当地的苦力小贩,他们不惜以血汗钱,换此毒害身体之物,而台

---

① 《厦门的日籍浪人》,福建省档案馆、厦门市档案馆编:《闽台关系档案资料》,鹭江出版社1992年版,第36页。
② 井上庚二郎:《厦门に於ける台湾籍民問題》,《台湾近现代史研究》1980年第3号。
③ 姚自强:《厦门的鸦片流毒》,《近代中国烟毒写真》(上卷),河北人民出版社1997年版,第453页。

民则坐收其利。此类台民,毫无廉耻,屡犯无忌,有日间破案,夜间复业的,也有经破获三四次而仍在开设的。不要说取缔,就是要去搜查,也必须和日本领事馆所派的人员一起行动,"日领所派人员往往任意刁难牵制,我方所有员警,均被拒绝入内,只能在土栈烟馆门外守立,事实如何,均听该馆员报告,至于真相则无从而知"。① 有的日本领事还与台民私通声气,未经搜查,烟犯早已逃之夭夭。为逃避中国禁令,日本领事竟令台湾公会也组织一个禁烟委员会,采取所谓"自禁"政策。这样一来,对台民的贩毒行为,中国禁烟专员就不能越界过问,因此,福建禁烟委员会虽破获许多台民烟案,屡屡与日领交涉,公文来往,积之成堆,但均为治外法权所限,未能奏效。台民见中国官方奈何不了自己,更加放纵无忌,变本加厉。据实地调查,福州、厦门二埠,台民所设大小烟馆土栈,总数近400家,营业总额每日在10万元以上。②

20世纪20年代末,在福建的台民屡屡违抗中国政府的禁烟禁毒法令,甚至是暴力对抗。对此,日本驻福州市领事田村辩称:"关于烟禁一事,亦为日法令及根据该法令之敝馆馆令所严禁,当参照贵国官宪,厉行禁烟法规积极进行,并于诸般之事件,互相协力,以求实效。"厦门市日本领事则信口胡言:"对于敝国臣民鸦片关系者之禁烟,处分现存货品及转业诸事,1929年4月底前办理,在此期间内并绝对禁外埠之入口。如有发现新开此业者,由本领事自行处罚,使其克日闭歇。届期如尚有现未售,或烟具未处分者,亦由敝署没收烧弃。"③因禁烟要政,中外公认,禁烟委员会主席张之江咨请外交部:"在领事裁判权未经收回之前,亦难任其放纵籍民破坏烟禁,妨碍取缔。且烟馆尤为藏匿奸匪之地,影响公安,所以更大。……俟国际禁烟大会开议时,应向日本公使切实交涉,责成驻闽领事严惩取缔,以彰公道。"④

日本烟商除了受日本领事保护,无视中国禁令,进行非法经营,还与国民政府官员互相勾结,致使禁令不通,烟毒难以禁止。号称"鸦片大王"的叶清和与台民陈长福、曾厚坤等就是例子。叶清和早年随其父从事鸦片走私,后投靠上海大流氓头子杜月笙,和大流氓华清泉、汪少丞等合伙开设和源行,从

---

① 《禁烟公报》第12期,1930年1月,第44页。
② 《民国日报》1930年4月13日。
③ 《禁烟公报》1930年第12期,第45页。
④ 《福州厦门日籍民破坏烟禁》,《申报》1929年9月30日。

波斯大量进口鸦片。1933 年叶清和返厦后,先是与陈长福、曾厚坤等合伙开设经营鸦片的五丰公司,从香港走私进口波斯烟土,后来又和国民政府派遣到福建"围剿"红军的东路军司令蒋鼎文拉上关系,依为后台,与陈长福、林滚等合伙开设专营鸦片的鹭通公司,以后增资改组易名为裕闽公司。① 裕闽公司向禁烟督察处厦门事务所承包闽南的鸦片专营权,条件为每月纳税 7 万元。鹭通公司和后来的裕闽公司从汉口运来鸦片,每次有 1000 箱左右,每箱重 500 公斤。叶清和还和许多军政要员勾结,为贩毒活动打开通路,如聘请海军厦门要港司令林国赓之兄林向欣为顾问,要港司令部副官长叶沧洲、公安分局局长王宗世等人为咨议等。②

综上,凡日本人在华攫取一处实控区域,当地的制贩毒活动就会立刻变得猖獗起来,演变为其在华毒害活动的中心。日本在中国的东北、华北、华中、华东、华南各个区域都建立了其控制下的制贩毒基地,并以此为中心向周边地区运输、贩卖毒品。日本以大连为中心,通过"满铁"控制的铁路,使毒品流入东三省及相邻各省;以青岛为中心,通过胶济铁路等铁路线,使毒品流入华东的山东省、安徽省、江苏省;日本控制下的台湾生产的毒品则通过海运流入厦门、福州,并扩散至福建其他地方及广东省北部等华南地区。以大连、青岛及台湾为基地,日本对华毒害活动几乎蔓延至中国东北、华东全部省份,及华南的大部和内蒙古地区、东部沿海地区。

七、领事裁判权与日本在华制贩毒基地的建立

日本之所以能在中国建立制贩毒基地,将其毒害活动蔓延至中国各地,除了其背后所依仗的武力,与其在华攫取的一系列外交特权,尤其是领事裁判权对其侨民不法行为的庇护具有极大的关系。

就毒品而言,外国侨民在中国制贩毒品,按照 1934 年国联第 18 届禁烟会议制定的办法,中国政府只能将其驱逐出境。由于中国对涉毒外籍人无管辖权,中国各级政府害怕招致国际纠纷,对外侨贩售毒品,往往不敢严加缉

---

① 姚自强:《厦门的鸦片流毒》,《近代中国烟毒写真》(上卷),河北人民出版社 1997 年版,第 454 页。
② 姚自强:《厦门的鸦片流毒》,《近代中国烟毒写真》(上卷),河北人民出版社 1997 年版,第 454 页。

拿。所以,外侨在华从事毒品经营也就无所顾忌。1935年,国民党陆军军官学校学生丛立中利用假期去威海卫考察新生活运动,在威海卫发现朝鲜浪人"公然沿街叫卖白面,依户劝售""下乡劝售白面,天晚则寄宿于就近之公安分局或派出所,翌日依然出卖白面如故"。丛立中将所见的情景郑重其事地写成报告寄交禁烟总监蒋介石。1937年起,不少中国毒贩为了安全起见也高价雇用外国浪人运送毒品,外国侨民运送毒品相当安全,除非有十分确凿的密报,否则,码头、车站、海关的缉查人员均不敢轻易搜查。即使查出,也只能通知该国领事处理。

1935年中国各海关缉获走私烟毒的轮船共835艘,其中外国轮船达605艘。① 在这605艘外国轮船中,英国最多,为402艘,日本次之,为158艘,其余为法国、挪威、美国、荷兰、德国和葡萄牙船只。查抄外国船只,只能逮捕涉嫌的华籍人犯,如果是外国军舰,中方查缉人员往往被拒绝登船,只能由其自行检查。

由于无法行使权力,查缉外籍侨民和外籍轮船贩运毒品非常困难,查获有贩毒行为的外侨,送交该国领事中,多以罚款开释,偶有判处徒刑的,刑期不过两三个月。总之,"治外法权一日不能取消,毒品贩卖即一日不能终止"②,这是20世纪30年代侨居天津的美国人麦文目睹了英、美、日、法等外国人,尤其是日本人在华"踊跃"从事毒品贸易的现实之后得出的结论。

1937年全面抗战前夕,在武汉发生一件惊动了军委会委员长兼禁烟总监蒋介石的日人贩毒案,此案一波三折,是日本利用领事裁判权庇护毒犯的典型案例。

1937年4月13日正午12时,武汉市公安局查缉股据密报说,博爱医院藏有许多吗啡。查缉股股长汪子奎立即率员驰往市特一区一元路110号博爱医院,并同当地警察第11分局岗警祁学才在医院门口秘密守候。不一会儿,只见一女子由医院匆匆出门,形色仓皇,他们当即上前将其抓捕,在她身上搜出吗啡五袋。汪子奎一面将女犯送局关押,一面迅速带领警员冲入医院,搜查女犯住所。在女犯住所看见一男性,经讯问,说是女犯丈夫,叫韩承

---

① 军事委员会禁烟总会编:《二十四年度禁烟年报》,1936年,第27页。1934年海关缉获外轮走私烟毒的情况见国民党中央执委会宣传部编:《禁烟宣传汇刊》,"附表"。
② 《天津日租界与毒品贸易》,《禁烟汇刊》1937年第1期。

日。又于楼上抽屉内查获吗啡半袋、海洛因若干两、戥子一把、筛子一个、橡皮带八个,警员将所获赃物,开列收据,让韩承日在上面签字画押,然后收缴作为物证。回局之后,马上提审女犯,据供称"金丽云,年29岁,朝鲜人,在汉口开设博爱医院。丈夫韩承日,亦系朝鲜人。这几包吗啡是汉口租界一个姓崔的,名字不知道,12日下午四五点钟,姓崔的去法租界的一个旅馆等武昌的一个客户,因为客户没有来,今上午9点多钟,我丈夫叫我将这五袋吗啡仍旧送给姓崔的,刚到医院门口,就被查缉员查到"。因为此案关系到外籍人氏携带毒品,除海洛因、戥子、橡皮带等件暂存查缉处保管外,公安局立即将金丽云送武汉市政府,照章办理。

武汉市市长吴国桢4月14日下午2时以电话请日本驻汉领事派员前来引渡人犯,并说"查年来朝鲜人在汉贩运毒品迭经破获有案,不仅破坏中国禁政,亦损害中日睦宜,本市长殊以为憾。本案犯金丽云之夫韩承日,据供称系指使之人,且所设医院内亦查获毒品,显属共同伙犯,虽未拘获,自应一并处分,该博爱医院设在本市境内既有贩毒行为,应由本府予以行政处分,拟勒令撤销营业,以示惩罚"。日总领事接电话后,马上派警察署刑事野田荣作带走了案犯。日领事馆总领事三浦义秋突然于5月6日致函武汉市政府:"查贵国官员擅入帝国臣民家宅,显属不法,本总领事断难默视,致如何救正,为贵国方面当然之义务。被害人韩承日为日本帝国臣民,博爱医院又为敝国日人所经营之病院,无论有何项事情,似此贵国官员不得本领事之同意,即擅行搜查家宅,本总领事断难承认。应请贵市长对于此次从事搜查家宅之官员要严加戒饬。"三浦义秋还在函中夹带一份"被害人"物品损失清单,要求归还:18开金表1个,黑钻石戒指1个,金钻石戒指1个,钻石白金戒指1个,韩夫妇相片1张,友人结婚相片1张,大洋银货16个。

对于日领事的骄横无理,5月27日,武汉禁烟督察处处长黄为材、副处长俞风韶严正指出:"现有韩承日亲笔签名、加指印,自认无丝毫骚扰,亦无损失银钱等物之证明书一纸,报请核办在案。事隔月余,忽然提诉,其为诬诋,更无疑义,而况伊所谓友人者即系指二十五年(1936年)8月23日在本市泰康里51号缉解市府有案可稽之冒充中国国籍私贩毒品犯金道善,当其被查获时,该韩承日曾为求宥,至此次检查时,又发现金道善相片在其室内,并无所谓文件。当时,因韩金二人均系外籍毒犯,又自恃领事裁判权为护符,故敢公然贩毒,今既同时发现该犯等之相片,乃当从捡取伊等之相片二张,以资确证。该犯韩承日彼时亦并无异议,故肯签具证明书,何须事后借此捏开失单,而该失单内又为何不将一并抄查之海洛因及其掩护物一概开具在内？于此可见,韩与金平时来往之密切,显系借医院为掩护,实行贩毒,其破坏我国禁令及国际条约,危害我民众。"①

武汉市第 11 分局局长王之敏按照指示,派外事局职员洪国桢前往博爱医院多次,都未能见到院主韩承日。终于见到后,勒令其停业,韩强硬地言称:"驻汉口领馆谕令我照常营业,领事已经有言在先,说未经本领事同意以前,不得接受任何取缔。如中国政府再有干预情事,可径向本署交涉办理。"为避免发生重大冲突,洪国桢不好强制执行,只好返局。后来多次传唤韩承日到局,韩承日抗不遵令,且故意藐视我方警告,正常营业。②

日本领事似乎并不想就此罢休,25 日再致武汉市市长吴国桢:"贵方对该人等,不但不加以保护,反将该医院登记取消,停止其营业等,查在贵国居住者,无论何人,贵国官宪均应妥为保护,仍系当然之事,至停止敝日人之营业与否,系属本领事之权限,不受贵方干涉,应祈注意,勿生误会,附此声明。"

武汉市市长吴国桢回函日领事:"韩承日夫妇系假业医院为名,而贩卖毒物是实,在中国境内违反禁政,自不能让其继续经营,理应勒令停业。"函中吴国桢对日领事的说辞表示了强烈的不满:"外侨在我国境内营业,可得我国保护,系指正当营业而言,若其营业违反法令,则自应取缔,且如医师医院等在任何国家均须得其当地政府之许可给证,然后营业。该韩人前来本府遵章登记,领取医院执照,现该院违背规章,贩卖毒品,自应取缔,此在贵国当亦如此办理,固无其他处理途径也。贩毒之罪,依照我国禁毒治罪法,应处死刑,自不能认为细微过失给予宽宥,本市政府仅取消其医院登记,勒令停业,乃系行政上当然之处置,贵领反有异议,是诚不解。关于检查韩承日开设之医院,因地属中国行政范围,且检查与裁判不同,原无通知之必要,而揆诸当时情形,所有人犯物证稍纵即或消灭,自不得不紧急处置,然经缉获毒犯立即依照惯

---

① 《军委会委员长兼禁烟总监关于处理缉获朝鲜籍人金丽云、任顺景携带毒品问题与禁烟督察处来往文书》,中国第二历史档案馆藏,档案号四—(2)/76。
② 《军委会委员长兼禁烟总监关于处理缉获朝鲜籍人金丽云、任顺景携带毒品问题与禁烟督察处来往文书》,中国第二历史档案馆藏,档案号四—(2)/76。

例引渡,是当时不便通知,必为贵领事所能谅解也。故按查为行政手续上之一种措施,于理于法,地方当局并无事先与其他方面商洽之必要,至搜查时若逮捕有贵国犯罪之侨民,比即照令引渡,则系依照领事裁判权之规定,本府办理博爱医院一案,即系如此,实无侵害任何条约上规定之权益。"

5月31日,三浦义秋再函市政府:"此案显系侵害帝国臣民所享有之治外法权,贵国官员决无可以滥行侵犯帝国臣民住居之理,且此案亦非必须紧急处置事件,当然应事先通告本处,请其协助,讵至事后,竟未接到何种通告,实为极非友谊的行为,本官深为遗憾,再帝国臣民之营业,均经所在地之帝国领事馆之许可,不受贵方之干涉……本人既服所定罚则,悔悟前非,自应照常得贵国官宪保护……此后如此案之不法且非友谊的行为,望勿重演。兹特唤起贵方严重之注意。"①

因此案关系中日外交,引起湖北省政府的高度重视。湖北省政府主席黄绍竑6月26日呈文国民政府军事委员会委员长兼禁烟总监蒋介石:"关于博爱医院案,日领事称:领事裁判权系于裁判权之外,包含直到裁判为止之司法警察为警察行为,据中日通商行船条约第24条后段亦载有帝国臣民在贵国有居住不可侵犯之特权。其实中日通商行船条约业已期满,早经外交部于民国十七年通告废止,即依该废约第六条、第二十条、第二十一条、第二十二条有关领事裁判权之规定,领事裁判权之性质,仅及于裁判与惩罚,而于嫌疑人之检查,犯罪物之搜索,以及罪犯之逮捕,并无规定,显见裁判前之司法权及警察权,中国仍然保留。日领来函所引之24条仍系规定双方互相引渡逃犯之义务,不能作为住居不可侵犯之依据,且住居不可侵犯,亦当以不犯罪为前提。"黄绍竑在呈文中表示:这一年来缉获日本人或朝鲜人贩毒案件甚多,每一事件,必起许多交涉。激切则易肇严重之局面,敷衍又恐开不良之先例,过去几经折冲,幸未陨越,然没有一定原则进行交涉,终感困惑。关于本案有疑难之点敬陈如下:

1. 1896年及1903年根据《马关条约》订立之中日通商行船正约续约,业经我国于民国十七年通告废止。该约废止之后,日本依据该约所取得之权利

---

① 《军委会委员长兼禁烟总监关于处理缉获朝鲜籍人金丽云、任顺景携带毒品问题与禁烟督察处来往文书》,中国第二历史档案馆藏,档案号四一(2)/76。

自应同时取消,但事实上又不然,以后交涉是否仍以该废约为事实上之依据,抑或中央另有新订办法补救?

2. 外侨在通商口岸经营工商业,非租界区域,是否受我国地方政府管理,关于医药等营业有无特殊管理之规定,其有假借正当营业而做贩毒营生,我国地方政府以行政处分勒令停业,与领事裁判权有无冲突?设领事袒护侨民,不受此项处分,我又不便强制执行,致启事端,不知有无其他途径可以解决?

3. 外侨在我辖境之内居住或营业,设有犯罪嫌疑,如贩卖毒品之类,我方如需搜查,是否必先通知外领?

4. 日本业经退出国联,但据报载,日本仍有代表出席国联禁烟委员会,日本对于该会决议及国际禁烟公约是否仍有遵守之义务?

蒋介石也觉得事关大局,7月5日批示,函请外交部,直接与日本驻华大使提出交涉。① 不久,全面抗战爆发,中国收回汉口日租界,日侨退出汉口,此案随之不了了之。

第三节　日本在东北地区实施的毒害政策

一、鸦片专卖制度的酝酿

1931年九一八事变后,日本侵占东北,次年,扶持清末代皇帝溥仪成立"满洲国"。为了扶持伪满政权,维持日本在东北的统治,日本侵略当局迅速地将眼光盯上了鸦片贸易。时任关东军参谋的石原莞尔在1931年的10月1日提交了一份名为《"满蒙"统治方策案》的计划书及预算方案(见表18-11),方案中提到了1000万元的鸦片税作为"满蒙"统治当局的经费来源。

---

① 《军委会委员长兼禁烟总监关于处理缉获朝鲜籍人金丽云、任顺景携带毒品问题与禁烟督察处来往文书》,中国第二历史档案馆藏,档案号四一(2)/76。

表 18-11 石原莞尔所拟"满蒙"统治当局预算方案① 单位:元

岁入	岁出
铁道及官业收入 30000000	总督府 3000000
关税 20000000	军费(师团 4,守备队 12)45000000
盐税 20000000	奉天省 8000000
阿片税 10000000	吉林省 7000000
计 80000000	黑龙江省 5000000
	热河省 4000000
	计 72000000

1932 年 3 月成立的伪满政权所发行的 3000 万日元的"国家公债"②也是以鸦片贸易收入作为"国家公债"担保之一的。

此后,关东军开始正式着手研究关于伪满洲国的鸦片政策。伪总务厅长官驹井德三、伪总务厅次长阪谷希一、关东军参谋长小矶国昭、副参谋长冈村宁次、第三课长原田熊吉、伪财政部总务司司长星野直树等人进行了多次谋划。③ 他们认为要实行鸦片专卖,日本人必须全权控制,但谁作为专卖的日方负责人较合适呢？1932 年 2 月初,星野直树和"主计处长"松田、"特别会计科长"毛利、"一股会计科长"古海等再次商讨由谁来主持鸦片专卖制度,一致认为伪满洲没有合适的人选,决定从日本招请难波经一(当时为神户税务署署长)来负责筹划此事。2 月下旬,难波经一到长春上任,为摸清中国各地鸦片的产销实情,难波经一秘密去了天津等地,并顺便收买了几十万两鸦片。经过数月的调查研究,难波经一认为,中国的鸦片市场广大,仅仅依靠从外地进口是不够的,必须就地取材,在中国开辟一个鸦片生产基地,这个鸦片生产基地就是热河,那里土壤气候等自然条件非常适合鸦片的生长,产出的鸦片质量也高。这年秋天,为了给鸦片政策的出台制造舆论,驹井德三在报纸上发表文章说:"鸦片是'满洲国'人民所喜欢的东西,政府为适应人民的需要,

---

① 资料来源:石原莞尔:《"满蒙"统治方策》(昭和六年十月一日)。
② 满洲"中央"银行调查部:《"满洲国"金融关系法规集》,1938 年版,第 347 页。
③ 《日本在伪满的鸦片专卖政策》,古海忠之笔供,1954 年 5 月 9 日,另参见《日本在伪满的鸦片毒害》,金名世证词,1954 年 4 月 17 日。

将来由政府专卖,推许人民领鸦片栽培证,许可栽种,领鸦片吸食证,公开吸烟。"①他还荒谬地说:"鸦片正常性的流通是促成健康与医疗技术发展的一种课程。"②以图通过这种方式给东北人民"洗脑"。

为了在东北推行鸦片专卖政策,日本大藏省组建了一支由通晓鸦片专卖人员组成的派遣团,派遣团于1932年7月在星野直树的带领下来到伪满,并立即仿效台湾和关东厅着手制定鸦片专卖制度。9月7日,伪满国务会议通过了《暂行鸦片收买法》《暂行鸦片收买法施行规则》两份文件。《暂行鸦片收买法》规定,在该法实施的50天内,伪满境内持有鸦片之人须将鸦片交至县市政府或政府指定的取得鸦片收购特许权的人员处。《暂行鸦片收买法施行规则》则对鸦片收买人取得特许资格的条件及其职责做出了规定。③ 以《暂行鸦片收买法》《暂行鸦片收买法施行规则》的通过和公布为标志,伪满地区以渐禁的名义开启了鸦片专卖的大门。

9月16日,伪满公布了《鸦片专卖筹备委员会官制》。鸦片专卖筹备委员会由会长、副会长及委员组成。其中,会长1名,由伪满财政部总长(日本人)担任,负责监督"鸦片专卖筹备委员会",调查审议关于筹备鸦片专卖的有关事项;副会长2名,分别由伪满民政部次长及财政部次长担任;委员若干人,由相关机构进行推荐。鸦片专卖筹备委员会的成立,表明鸦片专卖制度正式启动。

鸦片专卖筹备委员会成立后,制定了鸦片《专卖公署官制》,规定伪财政部总长掌管有关专卖事务;专卖公署设于长春,设署长1名(姜恩之)、副署长1名(难波)、属官47名、事务官11名、技士9名,同时在各地设置专卖支署,由专卖公署直接领导。④

11月3日,伪满在长春和沈阳等城市分别成立了鸦片专卖公署、支署。18日,根据伪满洲财政部的政令,又设立了5个支署以及11个分署(见表

---

① 日本帝国主义侵华档案资料选编:《东北经济掠夺》,中华书局1991年版,第815页。
② 仓桥正直:《阿片帝国·日本》,共荣书房2008年版,第106页。
③ 国家禁毒委员会编:《中国禁毒史资料》,《财政部明定〈暂行鸦片收买法施行规则〉令》(1932年9月17日),天津人民出版社1998年版,第720页。
④ 参见《专卖公署官制》,伪满专卖公署编:《鸦片法及其附属法令集》,1933年,第19页,大连图书馆藏档案。

18-12、表 18-13。)此后,各地的鸦片专卖机构逐步增至 20 多处。①

表 18-12　伪满鸦片专卖支署②

名称	位置	
	省名	地名
奉天专卖支署	奉天省	奉天市
吉林专卖支署	吉林省	吉林市
滨江专卖支署	吉林省	哈尔滨市
龙江专卖支署	黑龙江省	龙江县城
承德专卖支署	热河省	承德县城

表 18-13　伪满鸦片专卖分署③

名称		位置	
		省名	地名
奉天专卖支署	朝阳分署	奉天省	朝阳县城
	营口分署	奉天省	营口县城
	锦县分署	奉天省	锦县县城
	彰武分署	奉天省	彰武县城
	辽源分署	奉天省	辽源县城
	丹东分署	奉天省	丹东县城
吉林专卖支署	敦化分署	吉林省	敦化县城
承德专卖支署	平泉分署	热河省	平原县城
	凌源分署	热河省	凌源县城
	朝阳分署	热河省	朝阳县城
	赤峰分署	热河省	赤峰分署

---

① 王宏斌:《鸦片——日本侵华毒品政策五十年(1895—1945)》,河北人民出版社 2005 年版,第 43 页。
② 资料来源:邓一民:《日本鸦片侵华资料集》,冀出内刊第 1085 号,2002 年 8 月第 721—722 页。
③ 资料来源:邓一民:《日本鸦片侵华资料集》,冀出内刊第 1085 号,2002 年 8 月第 721—722 页。

1932年11月30日,伪满公布了《鸦片法》和《鸦片法实施令》。① 同年12月20日伪满又公布了《鸦片缉私法》及《查获私土奖励规则》。《鸦片法》规定:已成年而有鸦片瘾的年满25岁的烟民,由政府认可后可以吸食;鸦片的种植必须得到政府的认可;鸦片制造由政府统一进行;鸦片买卖也必须由政府指定认可等。违背上述规定者,处7年以下徒刑或7000元以下的罚金。以《鸦片法》及其一系列配套法规的颁布为标志,日伪在东北正式实施鸦片专卖制度。

二、鸦片专卖制度的实施

在鸦片专卖实施初期,尽管伪满采取了种种措施,但实际效果并不明显,截至1933年1月末,伪满政府仅收买了28930两鸦片。② 究其原因:一是当时日本尚未占领中国盛产鸦片的地区(如热河等)。二是在伪满统治区内私自贩售鸦片的以日本人或朝鲜人为主,如沈阳城内750家秘密开设的烟馆中,日本人及朝鲜人拥有的烟馆占了一半;哈尔滨1000多个烟馆,大多是朝鲜人所设。③ 因治外法权,《鸦片专卖法》对其无约束力。

针对上述第一个问题,日本当局很快于1933年2月发动侵略热河的军事行动,并占领了热河。5月15日,伪热河公署开始办公,其下设立了热河临时禁烟指导局,由禁烟指导局负责热河境内的罂粟种植与鸦片制售,从而控制了这一重要的罂粟种植区,为伪满的鸦片专卖提供了重要的货源保障。

针对第二个问题,伪满外交部总长谢介石于1933年1月10日致函日本驻伪满全权大使和关东军长官(关东军司令官兼)武藤信义,"此次颁布鸦片法及附属法令,将于本月11日开始实施,居住在哈尔滨、齐齐哈尔、吉林各地的贵国人(日本内地人及朝鲜人与卑国人相勾结),企图进行秘密贩卖鸦片或开设地下烟馆,多数人不能改恶从善。'我国'在'满铁'沿线城市开始实行专卖制度,故将对其采取严格取缔。上述许多从事不法交易者将鸦片偷运至'满铁'附属地藏匿起来,使好不容易建立起来的制度名存实亡。……为清除

---

① 伪满专卖公署编:《鸦片法及其附属法令集》,1932年,第27—28页。
② 山田豪一:《"满州国"的阿片专卖》,汲古书院2002年12月版,第310页。
③ 山田豪一:《"满州国"的阿片专卖》,汲古书院2002年12月版,第310页。

这些不法从业人员,望阁下火速报告贵国政府,采取进一步措施厉行取缔"①。之后,武藤信义向领事馆警察和关东厅附属地警察下达了对日本、朝鲜不法交易者严厉取缔的训令。

(一) 种植

伪满统治的前中期,其罂粟的栽培地主要为三个区域,即"东满"、"北满"的三江地区和热河。与朝鲜接壤的"东满"地区主要是日俄战争以后移民至此的朝鲜人种植罂粟,所产烟土称为"东土";1934 年,关东军镇压北满三江地区的抗日义勇军之后,日本政府将日本国内的武装移民团派遣到此地;热河在被日军侵占之后,也成了伪满重要的罂粟种植区,所产烟土被称为"西土"。

在日伪政权的威逼利诱之下,东北地区遍地罂粟,见表 18-14。1934 年 2 月 24 日,英国伦敦《星期六晚报》曾刊载美国驻中国记者斯诺亲自在东北各地旅行观察之后所做的一份报道:"数千农民已不种大豆,而改种罂粟,因日本人的鼓励劝告之故。在满洲坐火车旅行,田野中多不见农作物,映入眼帘的常是数千顷之广的罂粟田野。"②

表 18-14　1933—1937 年伪满罂粟种植与鸦片产量

年份	热河地区/顷	北满、东满/顷	合计/顷	收纳量/两
1933	5800	3610	9410	4,763,335
1934	4930	5661	10591	9,184,654
1935	3500	3300	6800	10,557,297
1936	6500	2300	8800	14,316,587
1937	7500	2800	10300	9,099,893

以下以热河为例,看看伪满是如何在鸦片专卖的名义下强迫诱使东北民众种植罂粟的。

热河作为伪满控制地区最大、最重要的罂粟种植地,在侵占热河的日军

---

① 山田豪一:《"满州国"的阿片专卖》,汲古书院 2002 年 12 月版,第 310 页。《关于鸦片取缔方法件》(附件)外交部总长驻满日本大使,大同二年(1935)一月十日书简,伪满洲国治安部("满洲国"治安关系法规集成)(翻印版)所收,第 1805 页。

② 李淑娟:《日伪的鸦片毒化政策对东北农村社会的影响》,《抗日战争研究》2005 年第 1 期。

尚未行动之前,伪满鸦片专卖总署就组成了"承德鸦片工作班",筹划热河种植罂粟事宜。1933年2月21日,"承德鸦片工作班"全体成员随关东军由锦州向热河进发。伪满财政部税务司司长源田松三和总务厅主计处的古海忠之随军来到前线,用飞机在热河上空抛撒鼓励种植罂粟的传单,传单上写着:"政府已决定在热河省大力栽培鸦片,所收获的鸦片全部卖给'国家',违者处罚。"[①] 3月6日,"承德鸦片工作班"随同关东军侵占热河省会承德后,3月8日开始接收整理原热河禁烟指导局残留的有关热河种植鸦片的一切材料。与此同时,他们成立了"鸦片专卖总署承德办事处",把原热河禁烟指导局改为"热河临时禁烟善后管理局"。日军占领热河后,伪满政府立即决定将热河作为主要的鸦片产地,实行鸦片种植与贩卖许可制,全部鸦片由官方收买。从此,热河成为伪满统治时期乃至整个抗战时期最主要的鸦片种植地。为便于管理和出于维持治安的需要,3月中旬,伪满政府决定除热河外其他地区禁止种植鸦片。虽然规定其他地区不允许种植鸦片,但也没有什么严格的限制。因种植鸦片季节即将到来,日本当局一面紧急制定《热河种烟简章》,一面印制种烟布告和传单发送省内各县的所有村庄,进行张贴和宣传。5月15日,伪热河省公署成立,"热河临时禁烟善后管理局"又改为"热河临时禁烟指导局",各县设分局,伪县长兼分局长,伪县警务局长兼副局长,各县公署和警务局的职员都是分局的职员。各伪警务局分派机构及各行政村,都相应设立鸦片机构并充实有关人员。

1933年,热河鸦片种植面积指定为30万亩,此后,为扩大生产,委员会还将种植范围扩大到吉林、奉天、兴安西等省。1934年,"专卖署"指定各地种烟的亩数:热河省46万亩、兴安西省4万亩、奉天省(4特区在内)8.06万亩、吉林省(18特区在内)49.11万亩,共107.17亩。一开始热河农民对罂粟种植并不积极,实际种植亩数不到规划数目的1/5,即不过20万亩。这一年以上种烟区域所产的鸦片量如下:热河省5750000两、兴安西省500000两、奉天省577000两、吉林省3530000两,合计10357000两,上缴鸦片大多混掺了豆麦淀粉(占10%—15%)。

---

① 中央档案馆、中国第二历史档案馆、吉林省社会科学院编:《日本帝国主义侵华档案资料选编:东北经济掠夺》,中华书局1991年版,第812页。

1936年,日伪当局为了诱使农民种植鸦片,将改良后的罂粟种子装入特制的皮袋内发售,并在热河省部分县公布告农民书,以奖励办法引诱农民多种鸦片,其中规定:"一、凡按指定面积种植罂粟者,免除土地税;二、凡种植罂粟面积超过5亩者,除免交土地税外,还免除服兵役;三、凡种植罂粟面积超过20亩者,可获得县政府奖励,并享有第一、二款规定的特权;四、凡种植罂粟面积超过50亩者,可当村或县的头面人物,并成为社会职务的候选人,同时将得到第一、二、三款规定的奖励。"①在日伪当局的引诱之下,热河省当年罂粟种植面积达65万亩,总收获量达1000余万两。② 据伪热河省公署警务科1937年公布的统计资料:在承德、滦平、丰宁、隆化、赤峰、围场、乌丹、新惠、建平、凌源、凌南、建昌、平泉、宁城、青龙、兴隆等22个县旗,1935年指定种植鸦片3098顷,1936年达6000顷,到1937年又增到7000顷,三年间全省种植鸦片面积增加一倍还多。日伪在热河种植鸦片曾有个庞大计划,要在热河全省种到1万顷,还要占用更多的耕地,实行轮作,以提高鸦片的收获量。当时热河全省总农户为631300户,被强令种植鸦片的就有398800户,占总农户63.2%;围场县有44280户,平均每户种2.52亩。③ 农户在日伪压榨下受尽了折磨,一再发誓不再种烟,可是到了翌年,日伪照样强迫种植更多的鸦片,年复一年,鸦片种植面积恶性膨胀。1936年,仅凌源、凌南两县种的鸦片,比1926年增长16倍。1937年,日伪在热河北部种植的鸦片发展到7500顷,还都按亩征收"禁烟特别税",先是5.05元,后增至13元。④ 这样,日本人占据热河的短短几年,罂粟之花便开得漫山遍野。

至1937年全面抗战爆发前,伪满控制的东北地区(热河在内)16个省中有12省种烟,面积达177000英亩,产土2796000磅,大半运往河北、天津,专供制造海洛因之用。热河产土较前一年增加3倍,兴安西省增加1倍。另外,伪满所报许可种烟面积与实际种烟面积往往相差甚远,此点曾为伪满当局所公认,即以1937年私种烟亩而论,已达52560英亩之多。

---

① 滕利贵:《伪满经济统治》,吉林教育出版社1992年版,第230页。
② 滕利贵:《伪满经济统治》,吉林教育出版社1992年版,第230页。
③ 田果如:《日伪在热河制造的烟害》,《近代中国烟毒写真》(上卷),河北人民出版社1997年版,第167页。
④ [日]汲川三男:《赤峰事情》,转引自《近代中国烟毒写真》(上卷),河北人民出版社1997年版,第222页。

(二) 收购

为了垄断鸦片收购，伪满在长春设有鸦片专卖总署和专卖工厂，在承德设专卖署和专卖工厂，在朝阳、赤峰、平泉、凌源等地设专卖分署。各县则设立烟政科，下分烟政、收纳、禁烟等股及缉私组织。

伪满专卖署收购鸦片不是由官方直接收购，而是采用了收买人制度。伪满《暂行鸦片收买法》《暂行鸦片收买法施行规则》等规定，鸦片收买人应由资产殷实、有确实收买能力者担当。鸦片收买人应将每旬收买鸦片的数量及价格等收买状况呈报伪县长、旗长或市长，伪县长、旗长或市长接到报告时应迅即转呈伪财政部总长。所收买之鸦片应送交伪财政部总长所指定处所，这指定处所即大满号和大东号两个大烟土庄。大满号也叫鸦片纳入组合，简称鸦片组合，专事收购加工保管储运西部地区的鸦片。大东号则搜集东部地区生产的鸦片。大东公司组织异常庞大，总公司设在长春，以日本人五十岚少将为总理，古北口、榆关、天津、上海等处均设有分公司。

"专卖署"首先将产烟区分成若干区，然后在每个地区指定若干总收买人，总收买人再指挥手下的许多收买人直接收买农民的鸦片。总收买人仍是由专卖署指定的，买进来的鸦片主要是缴纳给承德专卖支所。鸦片的收买价格按预算初期规定每两1.5元，中期每两8元，而鸦片卖出价格初期是每两3元，中期每两是15元。

凡种烟户，播种之后向伪政府申报登记，并在大烟地里插上写着种户姓名、亩数的木牌，等待勘查。等到罂粟长出二三寸时，县烟政科就分别派大批官吏、军警、保安队等，由各村公所吏员协同到烟地逐块勘查，除核实亩数外，还要看烟苗长势估算产量，一般每亩定为三四十两烟土，好地八九十两。这个产量也是包干交售的数量，一次核实，无大的自然灾害就不再变动，至于税金，收缴鸦片时在烟价中扣除，勘查完了，就发给种户一张注明姓名、亩数和应交鸦片数量的卡片，这就是所谓的许可证。各村都设有大满号，种烟户向大满号交售烟土，分质论价。种鸦片多的大村还派出专人收购。

鸦片的具体收购价以1935年赤峰县为例，当年伪赤峰县政府定的收购价分五等八级，先扣水分，然后鉴定质量评分。评为95分以上者为特等，每两1.5元。一、二、三等又分级，其中一等一级90分以上，每两1.4元，二级85分以上，每两1.3元；二等一级80分以上，每两1.2元，二级75分以上，每两 1.05 元；三等一级 70 分以上，每两 9 角，二级 65 分以上，每两 7 角；四等 60 分以上，只发 4 角；不足 60 分为等外。一般种烟户多是等钱用，随割随交，交鸦片时要带上卡片，经过磅鉴定并扣除水分确定等级之后，这才计算出所交成品数，填写在卡片里，注明已交数和尚欠数，直到交足为止。每年到了交售末期，县烟政科又一次组织人力，编成包括警察在内的混合组，下乡催缴。到村里，逐户查验卡片，限定时日交足尾欠，过期不交强制交纳。在交鸦片时，日伪人员用低价收买或压低等级等手段，对种烟户百般敲诈勒索。种烟户交纳鸦片时，先得交足公约书上规定的"责任量"，还要交"超额量""报国量"。在种烟户交无可交的情况下，伪禁总局和烟务科又派出大批"缴土工作班"和伪矫正局的"特高队"，如狼似虎般督促种烟户还要多交。许多种烟户因交不足各种"量"而被吊打罚款或处徒刑，为此含冤而死者时有所闻。

在日伪的诱使、逼迫下，鸦片收购量不断增加。1936 年，仅热河种烟户向日伪鸦片纳入组合交纳的鸦片即达到 795.598 万两。同年，日伪卖给热河全省城市烟民鸦片 2.275 万两，卖给承德、滦平、丰宁等县农村烟民的鸦片 32.52 万两。余下的 760 多万两，其中绝大部分运往日本，由日本卖给东南亚各国，成为向东南亚侵略的资本。

（三）制造

鸦片的制造，由"禁烟总署"工厂和分厂负责。工厂的生产设备能力以年产烟膏 600 万两、麻药 2000 公斤为目标，年年加以整顿、扩充。分厂主要用于总厂的应急补充，有长春、哈尔滨、绥化三个分厂。东北四省境内的制毒机关，系由伪满鸦片专卖局统制，计有制毒厂两处，一设沈阳，一设承德（专制粗吗啡，运往平津一带，供提炼海洛因之用），另有化验所一处，设哈尔滨。沈阳制毒厂设于 1935 年，厂址在市大东区，专门制造大烟、白面、吗啡等毒品，每日制造吗啡及海洛因共 75 公斤至 100 公斤。该工厂在厂长之下设庶务科、计划科、化验科等。工厂有三台机器，还有大小铜锅四五十个，分规格、煎熬制造、包装、麻药四个车间。工厂共有 500 多工人，女工占 70%。原料来源于热河、东边道、朝鲜等地，都是用火车运到沈阳车站，经过国际运输公司用汽车运至工厂。运来烟土制成烟膏后按各地专卖署的需要量，委托国际运输公司送到各个专卖署，再转给鸦片零卖所。该工厂日产烟膏大约 1 万两。沈阳吗啡、海洛因等毒品制造厂，规模宏大，承销者共有九家，以日本人冈村及古贺两家资本最雄厚,冈村销华南,古贺销华北。

(四)输入

鸦片专卖时期,伪满境内的鸦片需求主要依赖本地生产。此外,每年还从土耳其、伊朗、朝鲜等地有计划地进口大量鸦片及其他毒品。在日本当局的直接控制之下,朝鲜一直是向东北输出鸦片的重要供应地。据国联禁烟会议上美国代表富勒的报告,随着伪满鸦片专卖制度的确立,日本在朝鲜的殖民当局立即调整鸦片生产政策,大幅度提高罂粟种植面积,以适应伪满境内日益扩大的鸦片需求。富勒还说,因伪满境内烟土大部分由朝鲜供给,且朝鲜当局竟公开予以庇护,美国政府曾就此问题向日本政府查问。日政府诡称:关于限制朝鲜境内产土的政策,没有改变,产土数量,不会超过境内消耗量,也不再增加种烟面积。但1937年2月间,朝鲜当局公然承认,近年来,每年约有生土41000磅输入伪满,并为求贸易更发达计,拟不惜给予补助,以资奖励。可见朝鲜烟土之陆续输入伪满境内,将有增无减。1932年朝鲜种烟面积为1068公顷,次年即扩大到2240公顷。与此相应,1933年由朝鲜直接输入伪满烟土的数量为1899公斤,1934年为6808公斤,1935年为3752公斤,1936年为11238公斤。① 1937年2月1日,朝鲜总督府专卖局局长对报社发表谈话,公开承认:"……本人拟于2月或3月间,前往满洲,订立增进此项贸易之合同。"②2月20日,朝鲜总督府专卖局正式公布一项推广种植鸦片的三年计划,其中规定要"组设鸦片制造同业公会,由政府予以津贴,关于罂粟种植、粗鸦片制造与运销以及经理种烟农户之放款等事宜,由专卖局负责指导之"③。除朝鲜以外,土耳其、波斯每年也向伪满出口鸦片,据出席国联第23届禁烟会议的美国代表富勒估计,1935年,伪满从土耳其进口价值504475元的烟土,从伊朗进口价值360000元的烟土;1936年,又从土耳其进口价值829156元的烟土,从伊朗进口价值484497元的烟土。④

(五)售卖和收入

为售卖鸦片,至1934年,伪满财政部设立的专卖支署增到10处,分署也

---

① 《国联第23届禁烟会议美代表富勒演说词》,《禁烟纪念特刊》,1939年。
② 《国联第23届禁烟会议美代表富勒演说词》,《禁烟纪念特刊》,1939年。
③ 《国联第23届禁烟会议美代表富勒演说词》,《禁烟纪念特刊》,1939年。
④ 《国联第23届禁烟会议美代表富勒演说词》,《禁烟纪念特刊》,1939年。

相应增多。

整个伪满控制的地区被分成几个区域,每个区域均有总销售人。总销售人把鸦片批发给本区域各个零卖所,由零卖所进行零售。总销售人由专卖署指定,提交一定数额的保证金之后方可营业。零卖所的开设,由专卖支署根据申请加以批准。总销售人和零卖所被指定或者批准后,就成为确确实实的特权者,马上就能大发横财。伪财政部指定各"省"鸦片批发人,由各"省长"指定鸦片零卖人,零卖人的营业地点取名为鸦片零卖所。"各省"第一批指定的鸦片零卖人共计1400多名。"各省"零卖人指定后,零卖所就开始营业,张灯供客,吸食鸦片公开化了。零卖所需要的鸦片从鸦片批发处领取,自己熬成烟膏,供吸烟者吸用,并把烟灰缴还专卖署。

除零卖所外,私人凡领有销售证者,亦可购买。销售证有效期半年,任何人都可领取,手续极其便利,警察所、小卖所、专卖署随时可缴费领得。有此证后,任凭何地皆可自由吸食,军警不得干涉,无此证者,则以私吸论罚。

国联负责禁烟事务的主任罗素(Thomas Russell)在1936年的报告中指出:日伪在东北实行鸦片专卖时期,"满洲热河全境,其中181城市,查悉领有执照之烟馆达3840家,毒馆达8400家"。① 两者相加,这时伪满境内共有公开的烟馆12240家。如果再将未领执照和秘密开设的(包括乡村)一起算在内,那么伪满境内烟毒馆数量之多,就无法统计了。至1937年前,仅奉天全省已有烟馆2000多家,吉林有烟馆千余家,长春有2000余家,哈尔滨市有2000余家。黑龙江的鸦片售卖对象中,朝鲜人占3/10,中国人竟占7/10。

伪满在鸦片专卖时期,规定每家烟馆每月须交纳牌照费折合英镑为15镑,而伪满境内共有领照的烟毒馆12240家,这样,单就牌照费一项,日伪当局每年就可以获得220多万镑的净收入。② 另据伪满政府官方公布的统计,专卖时期,鸦片专卖利润每年都成倍增长,1933年是700万元,到1937年就增加到5000多万元,而实际数字还要远远高于这个官方统计。据当时任专卖总署署长的卢元善供称,1937年的鸦片实际专卖利润约有9232万元。③

日人宫川曾发表文章,详载专卖署自成立以来五年的营业状况:1933—

---

① 《远东毒化情形》,《禁烟纪念特刊》,1939年。
② 《远东毒化情形》,《禁烟纪念特刊》,1939年。
③ 滕利贵:《伪满经济统治》,吉林教育出版社1992年版,第234页。

1937年度,购入数量41000000两,售出35000000两,购价为86912458元(伪币),售价为134631662元(伪币),共盈利47719204元(伪币)。①

三、毒害情形

九一八事变以后,日本人在其控制的东北地区有计划、有组织地推行鸦片专卖政策,东北的每一个城市,无论市面大小,无论人烟多寡,无论地方贫富,都有经营售卖毒品的场所。经营、售卖毒品之人,或为日本人,或为朝鲜人,也有良知泯灭的中国人。以沈阳市内而言,仅中央大街、兴新城大街,就有烟馆四五百家,较商店数目,有过之而无不及。如松茂、三益、水盛各洋行,及钟楼南水清照相馆,俱为日本人经营,皆于三四月间先后设立大烟馆。各日报分社及各小商行,也同时相继附设烟铺,开灯供客。② 在长春,烟土、海洛因、高根等类毒物,应有尽有,明买明卖,俨然市井交易,日本人明中按货抽税,暗里随时榨取。只头道沟一区,有名的大烟土庄,不下200家,其他专供吸客过瘾之烟馆,亦有百家之多。每一烟土庄,门口悬一金字牌匾,上书"某某公司""零整批售"等字样,不知者疑为京广杂货也。在头道沟一带,所谓"某某公司"字样,处处皆是,且每一公司,所存黑货,"有如山积"。"日本在长春设立各种机关之开销,皆仰给此项税款,可知其梗概矣。""自3月间伪满'定都'于长春后,清室余孽,蚁附而来,烟馆为应酬此群素嗜阿芙蓉之鬼类,亦增加不少生意。每一烟馆开幕,更特辟'官座',即贺客盈门,爆竹连天,更有新交故友贺联相赠,如'灯光不是文光偏能射斗,文将并非武将亦善用枪''全凭气味留知己,半惜烟霞访故人''一呼一吸精神爽,半吞半吐气味长',上下款式公然直书官衔,唯恐他人不识。"③

东北全境据言有鸦片小卖所数万家,而由朝鲜人设立的私烟馆、吗啡店,比小卖所还多出四五倍。这些小卖所多设于通衢要地,楼堂馆所辉煌富丽,入夜后彩灯灿烂,彻夜不息,鸦片烟气,里许之外仍可闻到。吸食男女,络绎不绝,人气之盛丝毫不亚于那些百货店和娱乐场所。"为广招徕起见,各雇用无耻女子,充任招待,门前挂以布旗,大书'本号有美丽女士招待,味美异常'

---

① 内政部禁烟委员会编印:《禁烟纪念特刊》,1939年,第8页。
② 金松雪:《伪国鸦片公开之政策》,《东北月刊》1944年第2卷,第1期。
③ 金松雪:《伪国鸦片公开之政策》,《东北月刊》1944年第2卷,第1期。

'本馆女招待，精通日语'等花言巧语。实际其中即贩卖鸦片毒物为谋其生活，即所谓花烟馆是也。"①

在日本的毒害政策下，东北地区沾染毒瘾者不可胜数。"记者有一内侄，年甫十七，犹在中学肄业，聪慧英俊，人咸目为未来之栋才，不知何时，竟染有鸦片嗜好，并由吸鸦片而识一女招待，由女招待而患花柳病，顷已一息奄奄，病无人形矣。其他类此事者极多。"②

据伪满"官方"公布的统计，1931年东北瘾民只有30000多人。鸦片专卖后，瘾民数量逐年递增，1933年5月第一次登记的瘾民有56804人，1934年登记瘾民为115447人，1935年为217060人，1936年为491965人，1937年则多达811005人。③ 毫无疑问，这一时期鸦片瘾民的实际数量要远远高于伪满官方登记的瘾民数量。

1935年，东北各大城市因鸦片中毒而死的将近6000人。1936年10月间沈阳"某破货市场之附近，沿一臭气熏人之沟流，有50家以上之茅棚，为下等娼妓所居住，彼等于操皮肉生涯之外，且公开售卖麻醉药品。该处之景况，令人恶心。最足以暴露此间因果之关系者，乃在毒窟兼娼寮之后方有赤裸之尸体7具，躺于一垃圾堆上，其所着之破衣烂裤，显系同伴脱去。虽经红十字会不断将尸体移去，仍层出不穷云"④。1937年1月沈阳市因用吗啡、海洛因、鸦片等麻醉药品中毒死亡人数，经沈阳警察局公共卫生科查明：城区警察局6人，东郊警察局9人，北郊警察局3人，南市警察局77人，北市警察局70人，铁路西区警察局6人，总计171人，其中女性8人。⑤ 另外，"1937至1945年，日本帝国主义以毒品杀人，如果把抚顺炭矿管辖内的大山坑、东乡坑、老虎台等矿井及街镇包括在内，每天被毒害致死的人数，仍按最低数5人计算，每年吸毒死者即1800人，8年则为14000余人"。⑥

---

① 金松雪：《伪国鸦片公开之政策》，《东北月刊》1944年第2卷第1期。
② 《日本在东北之鸦片政策》，《拒毒月刊》1934年第72期，第12页。
③ 中央档案馆、中国第二历史档案馆、吉林社会科学院编：《日本帝国主义侵华档案资料选编：东北经济掠夺》，中华书局1991年版，第825页。
④ 《盛京日报》1937年2月18日。
⑤ 《盛京日报》1937年2月18日。
⑥ 《文史精华》编辑部编：《近代中国烟毒写真》（上卷），河北人民出版社1997年版，第232—233页。

"故东北民众殆无脱却桎梏之日,不死于日人虐杀之下,亦死于毒化政策中。"①日本占据东北,"所需要者为东北四省地盘,所不需者为东北现有之三千万民众,对此三千万民众,自难投之遐荒,驱之境外,然最低限度,则使人口密度,逐渐减少,已婚者无生殖能力,未婚者无结婚能力,老弱者转入沟壑,其髫年稚齿者,则由根本改造教育,俾其同化于日人,成年后忘却祖国,不知有汉。使东北四省地盘,短期间不完全为日本垦殖耕作之所,亦必无复国反抗之健儿,实现此项政策,一言蔽之,毒化东北四省,灭绝人种而已"。②

四、鸦片"断禁"

日本侵略者在东北实行毒害政策,遭到了中国政府和国际社会的强烈谴责,中国政府曾对日本当局提出抗议,并多次呼吁国际社会出面制止日本侵略者的这种丑恶行径。1934年国联鸦片顾问委员会召开会议时,美国代表富勒发言,认为伪满热河麻醉品事态的发展,美国观之,不胜惊讶,日本用种种方法在中国东北鼓励种植罂粟,甚至用飞机在满洲热河散发传单,劝农民多种罂粟,其用心险恶。

东北人民因吸食毒品而日趋衰颓,致使当地日本报纸亦不禁起而抗议。1937年1月间,伪满在其"中央政府"所在地长春举行"各省省长"会议。《盛京日报》的日本编辑萄池氏于会议期间曾于报端公开议评政府的鸦片政策,文称:1.特许零售鸦片的制度未能遏止吸食鸦片恶习的蔓延;2.大批青年已染有吸食烟毒的嗜好;3.政府任人民为麻醉药品所荼毒,与提倡增进公共卫生之旨相违背;4.鸦片暨毒品,足以玷辱"满洲国"之名誉。1月24日《盛京日报》在伪满洲国"省长"会议第二日纪事中登载:鸦片之流行,可使"满洲国"灭亡,莫不抱同一之见解,并表示希望政府对于现行鸦片政策,零售烟馆之祸害,防止青年吸食烟毒及扩充公立医院等项,重加考虑。1937年1月27日《盛京日报》题为《售烟与保健》的社评说道:

鸦片之危险,尽人皆知。吸食鸦片之足以亡国灭种,已成老生

---

① 《日本在东北之鸦片政策》,《拒毒月刊》1934年第72期,第12页。
② 《日本在东北之鸦片政策》,《拒毒月刊》1934年第72期,第12页。

常谈。"满洲国"建立后,政府旋即采取特许设立烟馆之制度,期能逐渐禁止吸食,盖恐烟民瘾深,一时不易戒绝也。同时在各地设立戒烟医院,使烟民得以入院戒除烟瘾,而恢复其健康。

自零售鸦片制度施行以来,吾人屡次著论以示警告之意。此项制度,行之数载,不仅原有烟民无一戒绝者,且有大批青年,诱染成瘾,实非始料所及,故在省长会议,有主张对于旧有政策重加考虑者,盖为保持人民健康计也。

近年来政府对于人民之健康,颇为注意,并已设法使之增进。然采取特许设立烟馆之制度,准许人民在此种烟馆内,任意吸食鸦片,较诸平常不合卫生之习惯,尤足以影响其健康。致满洲境内因吸食鸦片以及海洛因暨吗啡致死者,日有所闻。

各省省长与吾人所见相同,现行鸦片政策,有重加考虑之必要。人民必须普遍臻于健康之域,然后国家暨种族,始能健全发展。现行之怪异之保健方式,实为一大污点。况一方面讨论公共卫生,一方面放任人民为鸦片所荼毒,在逻辑上显系矛盾。人民继续吸食鸦片,如同糖果,虽有戒烟医院及公共卫生机关,亦属枉然,诚为可耻之现象也。

1937年年初,国联专门派一个小组来中国调查毒品问题,调查发现:由国民政府领导的禁烟禁毒运动取得了很大成效,而在日本侵占的东北地区毒品却日益泛滥,东北各地"现之情况,几难令人置信,统治者不仅不设法防止滥用麻醉药品之恶习,实际上反任其增长,以便从中牟利,诚为举世仅见之现象也"。[①] 据此国联向日本政府提出了严重警告。在随后召开的国联第22届禁烟会议上,美国等国代表一致强烈谴责日本对东北的鸦片毒害政策。

在国际舆论的强大压力之下,日本当局不得不做出一些姿态。1938年,伪满政府人员王允卿、谷次亨、雍善耆等力主厉行禁政,终因日方反对未能如愿。后几经磋商,日方答应定期30年断禁,伪满人员力争后,日方允为10年。1937年,由伪总务厅厅长官星野直树和伪总务厅主计处处长古海忠之

---

① 朱庆葆、蒋科明、张士杰:《鸦片与近代中国》,江苏教育出版社1995年版,第424页。

等策划,将鸦片专卖政策转为所谓"十年断禁政策",并成立禁烟促进委员会以推进这一断禁政策。星野直树任禁烟委员会委员长,古海忠之任干事,他们与伪总务厅次长谷次亨等人到各地宣传禁烟新方针,吹嘘"十年断禁鸦片"是吸取其他国家的禁烟经验,根据"满洲国"的"国情"而采取的禁烟渐禁主义,说什么"察'满洲国'之现状,若将现在所有之瘾者悉数置之度外,实施断禁主义,与实情多有不合",故以采取"渐禁主义,渐减方针""倘能运用得宜,将不出 50 年举所有之瘾者悉数扑灭,且可以防遏新瘾者之发生"。1937 年 10 月,伪政府正式公布了《断禁鸦片方案要纲》,声称要"兴起国民禁烟运动",采取"禁烟三期设施项目",从 1938 年起,在十年内根绝鸦片吸食。为此,《断禁鸦片方案要纲》规定:加强禁烟普及教育;强化吸食许可制,对瘾民重新登记,未经登记者绝对不许吸食;取消鸦片零卖所,改设管烟所,由官方直接经营;逐年限制鸦片种植面积,并由政府直接收购;制订瘾民治疗计划,配置治疗设施;等等。①《断禁鸦片方案要纲》还同时决定,有关鸦片的一切事务由伪满财政部移交给主管保健卫生的官厅——伪满民生部。1939 年 7 月设了"禁烟总局",归"民生部"直辖,任命袁庆濂为禁烟总局局长,日本人梅本为副局长。以往专卖公署所管的种烟、收烟、卖烟的业务,完全移归禁烟总局,取消了之前设立的大满号、大东号等鸦片收购机构以及鸦片收买人制度。各市县旗公署都设置了禁烟科或禁烟股,改鸦片零卖所为管烟所,由各市县旗直接经营管理。十年断禁鸦片的禁烟三期设施项目的内容是:

第一期:1. 专卖机关的设置及充实;2. 统治生产,收购;3. 制定鸦片的试制和鸦片烟膏的规格;4. 烟民登记;5. 禁烟设施;6. 成立戒烟所和禁烟医院;7. 设立供给鸦片机关;8. 取缔走私,按《鸦片法》《鸦片施行令》《鸦片缉私法》《查获私土奖励法》等,指定专卖署官员、警察官员及税务官员等缉私之。

第二期:1. 废止私人经营鸦片,政府贩卖机关经营之;2. 烟民认可登记;3. 扩充治疗烟民设施;4. 充实第一期设施事项。

第三期:1. 禁止使用鸦片烟灰;2. 废止私卖人,对鸦片分配供给等一切事宜,全归官营管理之;3. 充实第一期及第二期设施。

---

① 中央档案馆、中国第二历史档案馆、吉林社会科学院编:《日本帝国主义侵华档案资料选编:东北经济掠夺》,中华书局 1991 年版,第 832—834 页。

总观日伪这三期禁烟实施项目，基本内容是取缔私人经营鸦片，进一步明确日伪经营鸦片的垄断权力，所谓禁烟不过是走走形式，完全是借禁烟之名，行对种烟、收烟、卖烟的直接经营管理之实。为掩人耳目，日伪还在各地普遍建立了戒烟所和厚生院，作为治疗鸦片瘾者的机构。

禁烟总局根据上述要纲编成1938年度的总预算。其金额与专卖署时代无大差别，大约是7000万元。在支出方面因加入了戒烟所和厚生院的新设费，拨给一般会计的鸦片利润就减少了。1939年度预算大体上和上年度相同，支出方面除了戒烟所和厚生院的扩充费，没有增加其他项支出。同时，在收入方面也没有因鸦片种植面积减少而导致收买量的减少。

鸦片断禁政策是否真的起到了断禁作用？

种植方面，根据规定，伪满政府专门指定种植地，把种烟地区集零为整，其中确定热河省与兴安西省部分地区为鸦片种植地，其他各省一律禁种。并规定栽培面积每年递减的原则，到第八个年度以后就不栽种，到第十个年度鸦片瘾者完全戒除。鸦片十年断禁政策开始实行的头一年，即1938年，热河省的鸦片栽培面积，经伪满政府指定为36万亩，兴安西省指定为9万亩，共45万亩，年收获量可达600万两。伪热河省公署接到伪中央的指令以后，经省会议决定，把36万亩的数字分配给各县旗，除指定西部国境线的兴隆、滦平、丰定三县暂不栽种外，其他各县、旗都必须栽种，并规定按土地的等级定出烟的多少，上等地每亩缴烟15两，中等地每亩缴烟12两，下等地则每亩缴烟8两。凡是种烟的人，在种前必须先行缴纳鸦片栽培特税，每亩缴5元，强迫农民栽种鸦片。这一年，"经济部"临时指定价格，特等每两8元，一等每两6元，二等每两4元，三等每两2元，因种烟、收烟统归省政府管，伪满政府强化了热河省的行政部门，伪省公署内添置了烟政科，归伪满民生厅主管。种烟的各县、旗设立了烟政股，专管种烟、收烟的业务。另外，凡是栽种鸦片的县、旗，均成立鸦片生产组合，办理鸦片生产和集体缴烟的事项。对鸦片的生产与收购，实行县旗管理下的组合制，即把种烟户组织起来，成立鸦片生产组合，每个组合都由一名日本人任组长，实行指导与监督。收购时，由组合集体交纳。此外，各街村还成立了纳烟会，协助鸦片收购事务。这年，由于受天气影响，鸦片收购不理想，热河省仅收购了350多万两，兴安西省只收购30万两。第二年,热河省收购500万两,兴安西省收购50多万两,①鸦片收购量逐年上升。

由表18-15可知,在实施断禁的1937年,当年仍种植1万多顷。可见,所谓断禁政策实施后,鸦片种植并没有真正得到禁止。

表18-15　1933—1937年伪满罂粟栽培面积统计表②　　面积单位:顷

年份		热河	兴安西	滨江	牡丹江	三江	间岛	安东	锦州
1933年	区域	全省	全省	1县	2县	9县			2县
	面积	5800		860	520	2230			
1934年	区域	全省	全省	禁种	5县	8县		3县	2县
	面积	3930	400		4861	4861		800	630
1935年	区域	全省	1县1旗	1县1旗	3县	6县			
	面积	3100	100		500	1350			
1936年	区域	全省	1县1旗	1县1旗	1县	5县	禁种	禁种	禁种
	面积	6000	500		300	2000			
1937年	区域	全省	1县1旗	1县1旗	1县	5县	禁种	禁种	禁种
	面积	7000	500		300	2500			

注:当时1顷等于0.614公顷,1公顷等于15市亩。

吸食方面,根据规定,烟民须重新登记领取吸食证后才可吸食,除老弱病残的烟民准许在家中吸食外,其余领证烟民必须到管烟所吸食。管烟所是在撤销私营零卖制以后由官方直接设立经营的,目的是消除中间环节,增加政府收入。正因为如此,管烟所的数量不是逐年减少,而是逐年增加。据伪政府官方公布的统计,1938年伪满境内共有管烟所1430个,1939年增加到1612个,1940年增加到1686个。③ 就烟民登记数量看,经过重新登记,1938年官方公布的烟民数为700235人,比上一年略有减少。至1941年,每年由官方公布的烟民数逐年减少,似乎禁吸取得了一定成效,但实际情况并非如

---

① 滕利贵:《伪满经济统治》,吉林教育出版社1992年版,第237页。
② 资料来源:中央档案馆、中国第二历史档案馆、吉林社会科学院编:《日本帝国主义侵华档案资料选编:东北经济掠夺》,中华书局1991年版,第849—850页。
③ 中央档案馆、中国第二历史档案馆、吉林社会科学院编:《日本帝国主义侵华档案资料选编:东北经济掠夺》,中华书局1991年版,第825—826页。

此。以 1938 年为例,据当时负责鸦片事宜的伪满官员供称,当年实际登记鸦片烟民为 999999 人,吗啡瘾者 44000 人,两者相加,总数超过 100 万人。① 可见伪政府官方对外公布的瘾民数字严重不实。1938 年仅辽宁东丰县就有 14 个鸦片零卖所,由 6 个警察署为鸦片吸食者发放吸烟证,吸食者按月到鸦片零卖所凭证购烟。1938 年东丰县警察署管内零卖所及发放吸烟证的情况统计如表 18-16。②

表 18-16　1938 年东丰县警察署所管零卖所发放吸烟证统计表

警察署	鸦片零卖所	吸食人数
城乡警察署	会仙楼零卖所	220
城乡警察署	洪兴零卖所	228
城乡警察署	腾云阁零卖所	200
城乡警察署	同升天零卖所	197
城乡警察署	吉祥阁零卖所	239
城乡警察署	惠临零卖所	218
城乡警察署	登仙阁零卖所	220
太阳警察署	同仁零卖所	216
四平街警察署	奎英零卖所	208
猴石警察署	聚英楼零卖所	236
猴石警察署	春和零卖所	218
猴石警察署	同兴零卖所	214
黄泥河警察署	纯义零卖所	222
沙河镇警察署	兴隆零卖所	214
合计	14	3050

东丰县吗啡疗养所 1935 年 11 月成立,收容吗啡瘾者 201 人,鸦片瘾者 1090 人。三年后吸鸦片的人数增长两倍。1938 年东丰县成立戒烟所,同年

---

① 中央档案馆、中国第二历史档案馆、吉林社会科学院编:《日本帝国主义侵华档案资料选编:东北经济掠夺》,中华书局 1991 年版,第 817—825 页。
② 武起:《东丰烟毒及禁烟事略》,《文史精华》编辑部编:《近代中国烟毒写真》(上卷),河北人民出版社 1997 年版,第 270 页。

县公署成立烟政管理所,有主任林川义正(日本人),吏员桥本久藏(日本人)、单国衡等6人。1943年成立大烟组合时,大部分人员是烟政管理所的,烟政管理所下辖鸦片零卖所13处,每零卖所每日售卖鸦片价值50余元。①

要实施断禁,就要矫治瘾者,要矫治瘾者,就要成立戒烟医院。为使外界能够看出日本是在确确实实地施行禁烟,日伪当局还成立了所谓戒除毒瘾的机构——康生院,计划在每市、县(旗)各设一所。1941年,伪满控制区域内共开设了189所,定员收容12370人。至1941年末,康生院及矫治人员统计见表18-17。经康生院戒除毒瘾的这些毒品瘾者出院之后仍然吸食毒品如故。②

表18-17　伪满洲国设置康生院及矫治人员统计表(至1941年末)③

省(市)	康生院数	可收容数	矫治数	省(市)	康生院数	可收容数	矫治数
"新京"	1	300	377	通化	9	440	557
吉林	19	1800	2927	安东	7	550	589
龙江	19	980	1995	奉天	21	1970	4210
北安	16	1390	1815	四平	11		
黑河	8	100	141	锦州	14	860	1906
三江	10	560	1382	热河	10	740	307
东安	2	80	182	兴安西	1	50	
牡丹江	5	360	659	兴安南	5	130	43
滨江	19	1520	1504	兴安东	2	110	124
间岛	5	250	455	江安北	5	180	141

---

① 武起:《东丰烟毒及禁烟事略》,《文史精华》编辑部编:《近代中国烟毒写真》(上卷),河北人民出版社1997年版,第271页。
② 江口圭一:《日中アヘン戦争》,岩波書店1988年版,第160页。
③ 资料来源:中央档案馆、中国第二历史档案馆、吉林社会科学院编《日本帝国主义侵华档案资料选编:东北经济掠夺》,中华书局1991年版,第851页。

第四节　日据台湾地区的毒祸

一、渐禁政策

（一）渐禁政策的酝酿

台湾人吸食鸦片的陋习，最初始自 17 世纪，经荷兰人从爪哇传入。在 1865 年至 1874 年的十年间，台湾年平均鸦片输入量为 96200 公斤，1881 年则高达 294000 公斤，1894 年 235000 公斤。台湾彰化、嘉义等地陆续出现栽种罂粟的现象，为刘铭传所禁绝。巡抚唐景崧亦曾作诗宣传戒烟。"同治九年(1870 年)曾自广东传入扶鸾祷圣降笔会，欲借迷信禁绝吸食烟毒之害，然并未有全面成功之效。"① 光绪初年，民间刊印鸦片歌谣俚语，寓意烟害。但无论是官方还是民间这种自发地、非持续性地、非体系化的禁烟举动都难以根本遏制、扭转鸦片蔓延的势头。

甲午一役，清廷战败，被迫派遣李鸿章赴日谈判。据日方报道，在谈判之际伊藤博文即向李鸿章明言，"台湾之地，一旦归为帝国所有，鸦片烟之禁制，必能奏效"。② 1895 年 6 月 2 日，李鸿章之子李经方和日方的桦山资纪在基隆港外的横滨丸轮船上完成交割手续，300 多万台胞自此落入日本人手中。6 月 17 日，第一任台湾总督桦山资纪在台北举行所谓"始政"仪式，开始了日本对台湾历时半个世纪的殖民统治。

如何对待台湾的鸦片问题，日本国内出现了激烈的争论，大体分为严禁派、渐禁派和非禁派。严禁派以政界、律师和卫生人员为代表，他们认为，鸦片烟对人体危害严重，吸食鸦片是养成惰民的重要原因，其子孙身心亦不得健康，日本于开国之初，已颁布禁制，"令帝国臣民得保全其健康，谓系今日我帝国能雄居于宇内之一因，亦不为过言，此种禁制至少曾防止彼等昧于商利

---

① 程大学、许锡专编译：《日据初期之鸦片政策》（第一册），台湾省文献委员会印行，1978 年，第 7 页。
② 程大学、许锡专编译：《日据初期之鸦片政策》（第一册），台湾省文献委员会印行，1978 年，第 15 页。

拟蹂躏我国民健康之图有效，显然此亦即我帝国在远东为唯一势力之所以然"。严禁论者还强调，"清国令其国民陷劣败之原因，故不仅在于鸦片之吸食，唯国法无力加以禁止"，①此习癖"若蔓延至日本内地，届时将唯恐其弊害终将不可自拔"，②因此主张将吸食鸦片的汉人驱逐出台。

非禁派认为鸦片烟并非仅试一次即能上瘾，起初反觉不愉快，所以自动放弃者不乏其人。许多土民年长者言称，我等已染此习癖，若遽加禁止，将失去生存乐趣，长久度此残生，不如快死。因此严禁台湾土民吸食鸦片，"将遇民情之极力反对，不仅有碍对帝国之心服口服，并将导致土寇之风起"，如此，"则需经常派驻两师团以上兵力，并牺牲数千之生命，甚至以兵力威压仍未能达其目的，为推行鸦片制度，竟需众多之兵力与巨额经费，并需牺牲生命，连年危害岛民之和平，则自扩领土谋殖民之观点上言，殊非得益之说"。③

因当时舆论多倾向严禁派，第一任总督桦山资纪上任后，即严禁吸食鸦片，并明文规定于《台湾居民刑罚令》中。但因据台之初殖民统治者遇到的最大的问题是镇压各地抵抗活动，因而负责执行鸦片政策的民政局认为对于鸦片问题只先行调查研究，难以采行严禁举措。1895年12月民政局局长水野返回东京向中央政府表达反对严禁的观点，时任日本首相兼台湾事务局总裁的伊藤博文因在与李鸿章谈判之时已放出大话，听闻水野的陈述之后颇感为难，要求台湾事务局各委员就此问题再加考虑。水野随后访问了卫生局局长后藤新平并陈述自己的观点，后藤表示同意，并进一步指出，禁鸦片之难，难于禁烟酒，"而且取缔不易，并有违人道，毋须由政府制造专卖，将其收入以改善台湾各种设施为宜"。后藤新平在1895年9月担任内务省卫生局局长后，命台湾总督府的民政局职员鹰崎与渡边调查台湾鸦片问题，并以其调查为依据，拟成《关于台湾岛鸦片制度之意见》，提交内务大臣野村清。在意见书中后藤新平反对非禁论，也并不主张严禁。后藤随即抛出自己的观点，认为：据说鸦片进口税年逾80万，可见其需要量之大，唯将其归为政府专卖，加课此

---

① 程大学、许锡专编译：《日据初期之鸦片政策》（第一册），台湾省文献委员会印行，1978年，第14页。
② 程大学、许锡专编译：《日据初期之鸦片政策》（第一册），台湾省文献委员会印行，1978年，第16页。
③ 程大学、许锡专编译：《日据初期之鸦片政策》（第一册），台湾省文献委员会印行，1978年，第14页。

进口税额三倍之价,再特许药铺,售与吸食者,则其需用者必因之逐渐减少,且国库将增加160万元之收入,加上原来之进口税80万合计240万元。进而他"依生存竞争原理、以毒攻毒之法则"提出"渐禁论"观点:"鸦片可仿国内现行专卖制度,统归政府专卖,并可纳入卫生警察施行体制。鸦片的买卖,可于台湾岛设置鸦片特许药铺,除药用鸦片之外,不准买卖。对鸦片中瘾者,由政府特许,向药铺购买。"①

野村清对于此一"颇具财政观点"的渐禁政策深为赞同,于是,12月14日将意见书送给伊藤博文。1896年2月,伊藤博文提交内阁会议讨论通过,至此,所谓的渐禁之策成为日本在台的主导性禁烟政策。

渐禁政策表面上强调出于人道上的考虑,免得吸食者一时受不了禁烟之苦,实际上却是觊觎240万元甚至更多的专卖收入。日据台后,军事费用及各项开支浩繁,主要仰赖日本政府的补贴,鸦片专卖之后,其收入即可成为财政上的挹注。1896年3月23日,在台湾总督府的请求下,后藤新平进一步提出与实施鸦片渐禁政策相关的机构、财政、警务等施行细则,并在细则最后附言部分预言渐禁政策可在30—50年见效。1896年6月,后藤新平以台湾总督府卫生顾问的身份到台实地考察,后向总督府提出报告,强调"若强欲严禁,由此采行镇压等行动,恐须调遣两个师团以上的兵力,而且将损失其半数以上"。在鸦片专卖具体措施尚未出台之前,1896年9月8日,总督府民政局以民总第350号急件向各地方官长发布《关于鸦片取缔之通牒》,②规定凡私自输入鸦片,或由住民对日本人贩卖、提供鸦片烟及鸦片吸食器具者,皆属犯罪,严加惩处,但特别强调台湾住民之间吸食贩卖鸦片烟及鸦片吸食器具者,暂不过问。这标志着日本殖民统治台湾期间的鸦片政策开始由严禁向渐禁转变。

后藤新平于1898年3月由"内务行政长官"调任"台湾总督府民政局局长"③,从台湾鸦片渐禁政策的倡导者、设计者成为这一政策的主导者、实施者。

(二)渐禁政策的实施

1897年1月,台湾总督府根据尚在日本内务省卫生局局长任上的后藤

---

① 程大学、许锡专编译:《日据初期之鸦片政策》(第一册),台湾省文献委员会印行,1978年,第15—16页。
② 程大学、许锡专编译:《日据初期之鸦片政策》(第一册),台湾省文献委员会印行,1978年,第43页。
③ 当年6月"民政局局长"职务名称变更为"民政长官"。

新平的建议,采取鸦片渐禁政策,发布《台湾鸦片令》,正式在台实施鸦片专卖制度,规定只准许专卖局进口、制造鸦片,严禁无特许证者销售或持有鸦片,吸食鸦片要经过特许。台湾鸦片专卖制度实施之后,至1937年全面抗战之前,先后出台了一系列法律、法规,见表18-18。

表18-18 日本颁布的台湾地区鸦片专卖制度相关法律法规

时间	1897年	1898年	1899年	1904年	1923年	1930年
名称	1.《鸦片令》 2.《鸦片令举办章程》 3.《鸦片牌照税征收注事项》 4.《鸦片令施行手续》 5.《鸦片烟具范围》 6.《禁止外国人吸食鸦片》 7.《鸦片取缔规则》	1.《鸦片令施行规则》 2.《鸦片监视规则》 3.《外国鸦片制度》 4.《修正鸦片特许牌照》	1.《输入鸦片之申告》 2.《鸦片烟膏输送戒护办法》	1.《支那①人鸦片吸食特许法》 2.《鸦片瘾者购买通账》	《鸦片犯罪申告者赏予方法》	《修正鸦片令》

这些法律法规对鸦片的制造、来源、售卖、吸食等方面均做出了细致的规定,构建了一套严密的鸦片专卖体系。

1. 制造

台湾总督府于1896年3月在台北设一制药所,一面调查有关鸦片的吸食与贩卖事项,一面从事鸦片烟膏的制造。因工场规模过小,所制烟膏供不应求,先后于1898年6月、1905年7月分别扩充设备,改用机械操作。烟膏制成之后,由专卖局、地方政府、特约批发者、零卖商人逐级发卖,最后由零卖商人卖给鸦片吸食者。台湾总督府于1896年4月聘任后藤新平为总督府卫生顾问。同年6月,后藤新平随新任总督桂太郎至台湾,经考察,推荐加藤尚志担任台湾总督府制药所所长,加藤尚志成为台湾鸦片专卖制度的实际操

---

① "支那"是当时日本对中国的蔑称,本书为存真而选择直接翻译或直接引用,请读者加以鉴别。下同。

盘手。

烟膏视其品质分为三个等级。最初,一等烟膏消费量占 2%,二等烟膏占 13%,三等烟膏占 85%。后来,二、三等的消费量逐渐减少,至 1907 年,一等占 71%,三等占 29%,二等因无需要,停止制售。至 1926 年,一等烟膏消费量达到 99.6%,三等只有 0.4%。自 1927 年 8 月起,三等烟膏亦停止制售,主要是因为一般贫苦的瘾者逐渐戒除,继续吸食的都是一些经济较为宽裕的人。

历年鸦片的销售数量可由专卖局的烟膏制造量得之,见表 18-19。

表 18-19　历年鸦片烟膏制造数量表① 单位:公斤

年份	一等烟膏	二等烟膏	三等烟膏	合计
1896	823	2214	1813	4850
1897	8288	21245	117889	147422
1898	1516	30847	150596	182959
1899	1108	57647	160074	218829
1900	20802	47286	141751	209839
1901	19533	14224	97449	131206
1902	33027	3879	71291	108197
1903	49511	257	102695	152463
1904	61320		85563	146883
1905	75108		92482	167590
1906	101853		61030	162883
1907	108436		28700	137136
1908	100929		29046	129975
1909	99789		50326	150115
1910	66498		17606	84104
1911	82392		16608	99000
1912	96071		21596	117667

---

① 资料来源:《台湾省五十一年来统计提要》,周宪文:《台湾经济史》,台湾开明书店 1980 年版,第 595 页。

(续表)

年份	一等烟膏	二等烟膏	三等烟膏	合计
1913	88841		16523	105364
1914	84299		16388	100687
1915	81605		6567	88172
1916	101685		5799	107484
1917	88175		4096	92274
1918	83435		1633	85068
1919	72560			72560
1920	58826			58826
1921	47141		837	47978
1922	48740			48740
1923	52653			52653
1924	39847			39847
1925	43005			43005
1926	36710			36710
1927	35686			35686
1928	34244			34244
1929	32999			32999
1930	40056			40056
1931	26916			26916
1932	23256			23256
1933	25243			25243
1934	17386			17386
1935	18123			18123
1936	17345			17345
1937	16272			16272
1938	15303			15303
1939	14139			14139
1940	13600			13600

(续表)

年份	一等烟膏	二等烟膏	三等烟膏	合计
1941	12942			12942
1942	7610			7610
1943	5310			5310

制药所将鸦片美其名曰福（一等）、禄（二等）、寿（三等），以符合中国人的传统心态，诡辩说是为适合土人习惯，但赋予鸦片这样吉祥如意的名称以诱人吸食，与禁绝鸦片的精神相矛盾。可是，发明者后藤新平却因此获得了政府的勋章。1902年，第四任总督儿玉源太郎根据后藤的鸦片"政绩"，报请日本中央政府叙勋，同年12月，后藤获得勋二等旭日奖章，令人啼笑皆非的是，他获得勋章的理由，并不是他所主张的渐禁政策的成功，而是鸦片专卖收入对台湾财政的贡献。① 儿玉源太郎为了叙勋事亲自从台湾到东京，当时赏勋局的书记官横田香苗承办此事，极为纳闷：鸦片是毒药，人所共知，如今据以授勋，令人费解。后来儿玉源亲自出马，做出了以下的狡辩：自从总督府设立了制药所，使鸦片这项毒药如今已变成良药——福、禄、寿。横田一听，更加糊涂了：吸食鸦片不是逐渐败坏体质吗？如今竟有此项发明，竟有利于身体？儿玉源声称，制药所的鸦片烟膏，吸食之后，就不再生病，所谓良药，道理于此。如此，横田只好加以采信。后藤获得此一勋章后，喜不自胜，据身边人后来回忆说，"经常把玩，爱不释手"。② 从此，后藤更加致力于"鸦片事业"。

在鸦片专卖制度下，烟膏的制造由专卖局掌管，是官营独占。专卖制度不但促成官营的企业垄断，且靠指定委托的方法给予民间资本家以独占的地位，开创并促进了日本国家资本与日本私人企业的结合。

星制药株式会社创办于台湾，创办人是星一，此公司本来只制造常备药，因和后藤的关系，乃开始从总督府制药所的烟膏当中提取粗制的吗啡。1914年第一次世界大战爆发后，日本从德国输入吗啡的来源断绝，星一尝试以粗制吗啡为原料试制盐酸吗啡并获成功。从1915年开始，台湾总督府将粗制吗啡独家供应给星制药公司，该公司的业务"蒸蒸日上"，遂执日本制药界牛

---

① 廖庆洲：《日本过台湾》，上砚出版社1993年版，第145页。
② 廖庆洲：《日本过台湾》，上砚出版社1993年版，第146页。

耳。由于总督府的粗制吗啡被制药厂视为摇钱树,其他制药厂也欲分一杯羹,于是从1917年开始,大日本制药、三共等其他制药公司分别向内务省卫生局申请,以取得台湾总督府的粗制吗啡。内务省以星制药公司为吗啡国产化的研制投入了大量的成本,势难开放分享为由予以拒绝,由此引发台湾总督府与星制药之间有不正当利益关系的传言。在帝国会议上更成为政治争论的题材,其矛头直指后藤新平。此时的后藤新平已历"满铁"总裁、外务大臣、东京市市长等职。1923年,山本权兵卫内阁成立,后藤新平任内务大臣兼帝都复兴院总裁,可说青云直上,直逼首相宝座,想不到在这关键时刻,外界却盛传过去后藤新平的政治资金是以鸦片为来源,星制药则是其背后的财源。1924年,后藤新平的政敌,同时也是三菱财阀的创始人岩崎弥太郎的女婿——加藤高明组阁,任命伊泽多喜男出任台湾总督。伊泽多喜男上任后命令专卖局中止对星制药供应粗制吗啡,并控告星制药秘密销售鸦片获取暴利,违反"台湾鸦片令",由此引发"台湾鸦片事件",并进入司法程序。经1926年三审判决星制药无罪,后藤新平与星制药逃过一劫,但日本毒害台湾的鸦片政策并未因此改变。

2. 输入

台湾用于专卖的鸦片或制药厂生产吗啡的原料主要依靠三井物产株式会社从外部输入。台湾从岛外进口鸦片,一方面是因为岛内的气候、土质等并不适宜种植罂粟,鸦片产量很低。1897—1918年日本曾在台湾进行小面积的罂粟栽植试验,结果并不理想。另一方面,台湾作为一个岛屿,因其四面环海,一旦在岛内完全禁种罂粟,就避免了自产鸦片的内部走私,而从岛外走私鸦片进入岛内的风险和成本极高,即便成功走私进入岛内,其价格也不具有竞争优势,从而可以有效地保证政府对专卖鸦片的价格控制。从这一角度讲,日本有能力通过禁止岛内种植罂粟、断绝岛外的鸦片走私输入以控制专卖鸦片的价格,就有能力禁绝台湾岛内的鸦片,因为鸦片供应的源头被切断,鸦片的吸食自然就会被遏制,但是日本殖民统治当局出于殖民统治的利益需要,选择了通过鸦片专卖的方式毒害岛内民众为己谋利。

1912年以前,台湾主要通过由香港转运的方式输入鸦片,此后多直接购自原产地,如土耳其、印度、波斯等处。除从其他国家进口,日本也曾考虑在本土种植罂粟作为台湾鸦片的来源。1905年6月,台湾民政长官后藤新平行文内务次官山县伊三郎称台岛四季高温,风雨虫害相当严重,极不适合罂粟的栽种,为供给鸦片吸食者制造鸦片的烟膏原料,只有依靠日本本土的种植。10月,山县伊三郎按照后藤的意见,在大阪府的三岛郡福井村等三个村、京都府葛野郡桂村进行为期两年的试种,1905年产量为4096斤,1906年产量为4024斤,因生产成本较高而进口鸦片价格较低遂停种。1913年至1920年间又恢复种植,见表18-20。

表18-20 1913—1920年日本本土自种鸦片产量① 单位:斤

年份	1913	1914	1915	1917	1918	1919	1920	合计
产量	48	890	3280	1615	650	7165	4300	17948

20世纪30年代之后,因日本忙于对华军事侵略,无暇顾及岛内的罂粟种植,日本殖民统治当局除了继续从伊朗、土耳其等国输入鸦片,逐渐将目光投向朝鲜。1937年日本发动全面侵华战争后,为了购买军需物资和设备,外汇支出急剧增加。1937年1月,日本实施进口外汇管理令。1939年以后外汇管理进一步强化,台湾不得不减少输入伊朗和土耳其的鸦片,来自朝鲜的鸦片大量增加。1939年台湾输入的鸦片有80%来自朝鲜,1940年之后则全部来自朝鲜,见表18-21和表18-22。

表18-21 1932—1941年台湾鸦片输入情况表②

年份	数量/公斤	价格/元	来源占比/%		
			伊朗	土耳其	朝鲜
1932	20941	651096	82	9	9
1933	16175	505530	80		20
1934	7258	238850	100		
1935	3276	86492	45	55	
1936	3641	100127	100		
1937					

---

① 资料来源:冈田芳政等编:《続・現代史資料(12)阿片問題》,みすず書房1986年版,第4頁。
② 《日本帝国統計年鑑》,仓桥正直:《日本の阿片、モルヒネ政策》(4),第6頁。

(续表)

年份	数量/公斤	价格/元	来源占比/% 伊朗	来源占比/% 土耳其	来源占比/% 朝鲜
1938					
1939	12621	555492	20		80
1940	7315	536610			100
1941	11473	975567			100

表 18-22　1942—1945 年朝鲜鸦片生产及输出状况表①

年份	罂粟种植面积/亩	种植农民数	生鸦片产量/公斤	生鸦片输出量/公斤			
1942	16799	65117	25970.852	52.880	16838.772	11031.529	8139.475
1943	18914	79360	39433.020		17418.142	8377.091	4777.452
1944	19220	82640	37810.728	35.215	12000.000		
1945							224.292

3. 售卖

台湾的鸦片售卖由地方厅负责,专卖局根据各地方厅的申报,将鸦片交付给地方厅的包卖烟膏人。包卖烟膏人每次按定价以不少于一箱的供应量将鸦片卖予零售商,零售商则按照官方制定的零售价售给吸食特许人。包卖人只准将烟膏售卖给官方授权的零售商,不得私设烟馆,并须造流水册簿,登记每日发售的烟膏种类、数量、价格等备查。另外,欲制卖烟具者应具禀于地方官厅,请领特许承卖烟具牌,每年应完税 6 元。

包卖人和零售商作为一种公职,需由官厅指定具有一定资产和信用的台湾人担任。从事鸦片经营的人员需接受警方的监督。1898 年颁布的《鸦片监视规则》规定,警察部办务署及支团设置若干监视员,以警部或巡查部部长充任。鸦片监视员除执行鸦片相关管理规定外,还有一项特殊任务,即搜集普通民众对于现行鸦片政策的态度,及鸦片特许经营者、吸食者对鸦片烟膏

---

① 资料来源:江口圭一编著:《資料・日中戦争期阿片政策》,岩波書店 1985 年版,第 18 页。

的评价。① 此外,他们的职责还包括调查:1. 持有特许买吸烟膏牌照者的眷属是否有私自吸食者;2. 是否有因罹疾病,为愈痛而当药用私自吸食者;3. 是否有为交际上的应酬而私自吸食者;4. 娼妓是否有供来客私吸者;5. 停靠于境内的船舶上是否有私吸者;6. 是否有鸦片商人夹带鸦片烟膏或烟具进入日本本土者;7. 是否有大陆来岛人员夹带鸦片或私自吸食的。

4. 吸食

1897年4月台湾鸦片令实施之后,至1900年9月,台湾总督府对岛内民众吸食鸦片的情况进行了调查统计。1902年,根据调查统计结果编制《阿片瘾者名簿》,并规定凡经登记之人,仍许继续吸食,但严禁新吸。年龄在20岁以上的瘾者,不分男女均可申领牌照。此后又规定,未满20岁经医师诊定确有鸦片瘾者,也可发给特许牌照,准予吸食。日本殖民统治当局还特别强调,对于女性鸦片瘾者应特别予以方便,均应颁给特许牌照,不得有漏。经日本殖民统治当局特许的鸦片吸食人数可参见表18-23。

表18-23　1897—1942年部分年份台湾特许吸食人数②

年份	人数	总人口占比/%	年份	人数	总人口占比/%
1897	50597	1.9	1916	68776	2.0
1898	95449	3.7	1918	58715	1.6
1900	165752	6.1	1919	54365	1.5
1902	143492	5.0	1920	49013	1.4
1904	137952	4.7	1921	45832	1.3
1906	122177	4.0	1922	42923	1.1
1908	120875	4.0	1923	40165	1.1
1910	99982	3.2	1924	37285	1.0
1912	88355	2.7	1925	34359	6.9
1914	78179	2.3	1926	31982	0.8

---

① 程大学、许锡专编译:《日据初期之鸦片政策》(第二册),台湾省文献委员会印行,1978年,第47页。

② 《台湾总督府专事业第四十二年报》,周宪文:《台湾经济史》,台湾开明书店1980年版第594页。

(续表)

年份	人数	总人口占比/%	年份	人数	总人口占比/%
1927	29536	0.7	1935	14787	0.3
1928	27378	0.6	1936	13407	0.3
1929	25022	0.6	1937	12063	0.2
1930	23468	0.5	1938	10384	0.2
1931	21510	0.5	1939	9693	0.18
1932	19723	0.4	1940	8665	0.16
1933	17991	0.4	1941	7785	0.14
1934	16343	0.3	1942	2108	0.11

1897年到1900年9月，台湾总督府在第一次鸦片瘾者调查之后，又分别于1904年、1908年开展"精查"，允许补行登记。根据调查结果，鸦片瘾者"逐渐减少"：1900年，吸食特许者为165752人，占总人口6.1%；1904年，吸食特许者为137952人，占总人口4.7%；1908年，吸食特许者为120875人，占总人口4.0%。如此看来，渐禁政策确是取得了成效，但这种调查，仅是一种表面文章，是留给台湾人看的，是蒙蔽国际社会的，其真意乃是"为网罗更多的鸦片瘾者"。因1904年日俄战争爆发，日本国内军费开支庞大，停止了对台湾的财政补助，台湾总督府只好另辟蹊径。由于当时存在大量的密吸、密造、密贩现象，台湾总督府千方百计地予以取缔，并放宽"渐禁"的条件，这样一来，"鸦片行政事实已有显著进步，而十月底为止，已罗致114400名鸦片吸食特许人，已将达初推测目标130000人。此自应归功于施行上得其宜所致"。①

在1908年调查之后，日本人宣称瘾者已大大减少，渐禁政策已取得极大成功，便在国际上大造舆论，宣扬其所谓鸦片治绩，以混淆视听。在1909年2月1日的万国禁烟会上，日本代表向大会提交了有关台湾在渐禁政策下吸食鸦片人数"逐渐减少"的报告，并以此振振有词夸耀其在台的所谓鸦片治绩，不但各国代表被他们的言论所蒙蔽，就是中国代表唐国安在发表演说时也称："日本是我们最近的近邻，与我们唇齿相依，他们已经成功地击退了几

---

① 程大学、许锡专编译：《日据初期之鸦片政策》（第二册），台湾省文献委员会印行，1978年，第177页。

乎使人们陷于灭顶之灾的浪潮,他们甚至在鸦片烟恶习根深蒂固的台湾成功地对鸦片贩运进行了管制。"后来,日本人声称,至1924年台湾未满30岁的吸食者已无一人。对此,南京国民政府大加赞赏,"更研究台湾有关鸦片制度,民国二十年(1931年),派遣代表到台湾考察,计划实行渐禁政策之下的专卖制"。①

1924年11月,在日内瓦召开的国际鸦片会议上,台湾总督府代表贺来佐贺太郎向各国代表提交了一份英文本的《日本帝国的鸦片政策》报告书。报告书较为详细地介绍了日本本国的鸦片制度和中国台湾地区、朝鲜的鸦片专卖政策,特别用大量笔墨渲染台湾与鸦片有关的卫生设施,如救疗机构、公医和卫生费的投入等,字里行间充满对海牙国际鸦片公约的尊重和遵守,甚至公然宣称台湾鸦片渐禁制度的精神与实绩,可臻世界之模范。

但实际上,日本在台湾实行的鸦片专卖政策在成效上并不如其所宣称的那样斐然。1929年之后,由于受日本资本主义经济大萧条的影响,台湾经济不景气,台湾财政岁入减少,由1926年的13178万日元减至1931年的11597万日元。但已经扩大的支出无法收缩,台湾总督府不得不采取措施,以解决财政困难,鸦片即是其生财的一条重要途径。

1930年1月,台湾总督府施行新的鸦片令,规定:凡中毒较轻者都要送往医院矫正治疗;毒瘾较深者,经验明烟瘾较重或体弱不易戒除,应重新特许吸食。新鸦片令不但不再处罚私吸人员,且给予其特许吸食的资格。此外,新的鸦片令改过去以刑事处罚为主为行政处分为主,"因为秘密吸食者大量存在,这样做,既合理,又人道",就这样,日本通过新的鸦片令再次扩大了鸦片专卖的消费人群。在台湾颇有影响的民众党中,共有特许吸食鸦片者102名,根据新的鸦片令申请的特许吸食者又新增241名。民众党宣称总督府此举"非但极端不人道,且实际上有悖于国际道义",以此对总督府大加谴责。他们一方面向日本政府发出抗议电报称,台湾政府重行特准吸食鸦片将使多数台湾人陷于中毒,非但有违人道并有辱帝国名誉,望速行严禁鸦片为祷;另一方面又向国际联盟拍发电报称,日本政府违反国际条约上禁止非文明政

---

① 马模贞主编:《中国禁毒史资料:1729年—1949年》,天津人民出版社1998年版,第1515页。

策、尊重人道的约定,公然准予台湾人民吸食鸦片,并邀请国际联盟鸦片调查委员会来台调查。台湾民众党领袖蒋渭水在国际联盟鸦片调查委员会委员在台调查期间,对其陈述了对日本殖民统治当局鸦片专卖的反对意见,这给一向标榜台湾鸦片制度是"国际鸦片政策的先锋"的殖民统治当局以极大压力。为了掩人耳目,台湾总督府被迫实施所谓的为期三年的鸦片瘾者矫正工作。

矫正工作从1930年1月15日开始,在台北设立更生院,各地医院增设矫正科,添设矫正设备。此前警察署对全岛瘾者进行调查,认定需要接受矫正的,至1934年全部矫正完毕。矫正人数见表18-24。

表18-24 1930—1934年台湾鸦片瘾者矫正人数统计表①

医院	男	女	计	开始矫正日期
台北更生院	1537	255	1792	1930.1.15
基隆医院	63		63	1930.7.18
宜兰医院	124	25	149	1930.9.10
新竹医院	34	109	143	1930.7.10
台中医院	176	119	295	1930.7.50
台南医院	306	1	307	1930.7.25
嘉义医院	52		52	1930.7.15
高雄医院	220		220	1930.8.15
屏东医院	136		136	1930.9.10
花莲医院	27	5	32	1930.7.28
台东医院	31	13	44	1930.8.10
澎湖医院	63	2	65	1930.8.10
合计	2769	529	3298	

二、断禁政策

1937年全面侵华之后,日本逐步进入战时体制。战时体制下的台湾专

---

① 资料来源:台湾总督府警务局卫生课编:《台湾阿片癖者の矫正》,1931年7月。

卖收入主要来自烟酒,鸦片专卖收入仅占极小的比例,见表18-25。此时,台湾物资日缺,经济统制加强,原先的鸦片渐禁政策已不适应形势的需要。为配合皇民化运动和适应战时体制,殖民统治当局决定改鸦片渐禁政策为鸦片断禁政策(即严禁政策)。

表18-25 台湾地区全面抗战时期专卖收入比例表①

年份	鸦片/%	食盐/%	樟脑/%	烟/%	酒/%	合计
1938	4	6	14	36	40	100
1939	3	4	13	36	44	100
1940	3	4	11	39	43	100
1941	2	4	9	41	44	100
1942②	2	4	3	45	48	100
1943	1	4	1	41	53	100
1944③	1	3	1	43	51	100

1938年,台湾总督府发布《台湾之鸦片取缔法》④,规定由日本或英国的大商人承接烟土输入业务,输入的烟土存入专卖局仓库或由专卖局封存于他处,如遇有不合格的烟土,一概退回,不得转运别地。专卖局雇用日本人担任技师熬土成罐,以罐存储,每罐十两。熬制的烟膏由专卖局卖给批发人,再由批发人卖给零售商,批发、零售价格皆由专卖局规定。批发人只能由对"国家有功"、未曾受过民刑事处分的台湾绅士或区长乡正等充任;零售商及开设烟馆之人则由该地地保或壮丁头充任。

批发人卖给零售商的烟膏以一罐为最低限度。零售商开罐之前须拿到警察署或分署派出所备案。烟民需由医生证明其确因身体原因或一向有瘾而需吸食鸦片,并注明吸食分量,然后由警察署发给吸烟许可证,凭证向零售商购买。

---

① 资料来源:曾汪洋:《台湾之盐》,周宪文编著:《台湾经济史》,台北开明书店1980年版,第588页。
② 该年数据有误,原文如此。
③ 该年数据有误,原文如此。
④ 《戒烟条例一案会议记录司法行政部签注意见及台湾禁烟法规等》,中国第二历史档案馆藏,全宗号二〇一〇/6231。

烟馆禁止私熬烟膏,犯禁者以私造烟土罪论。无吸食许可证者,禁止吸烟,禁止卧于烟馆榻上,禁止接近正在吸食鸦片之人。

综上可知,鸦片断禁政策的目的是:1.继续实行和保护专卖制度,加大对私制、私卖、私吸等的处罚。2.以鸦片之利为饵拉拢听命于k日本的台湾人继续供其驱使。可见所谓断禁政策并非真的要禁绝鸦片,只是迫于战时需要,更好地服务于对外侵略战争。

另外,日本在台断禁政策的另一个目的是需更多身强力壮的台湾青年供其在战争中驱使,故禁烟只禁青壮而仍允许老弱病残及妇女吸食鸦片。据统计,1937年至1940年台北市的鸦片吸食者中女性占约四分之一,见表18-26。

表18-26 1937—1940年台北市鸦片烟膏批发、零售及吸食者统计表

年份	鸦片烟膏批发商	鸦片烟膏零售商	鸦片烟膏吸食特许者		
			女	男	合计
1937	3	15	343	1131	1474
1938	3	16	306	991	1297
1939	4	16	277	884	1161
1940	3	12	246	787	1033

三、日本对台鸦片政策的危害

鸦片是日本侵华的工具,日本根据其对该地的统治程度和统治目的施行不同的毒害政策,对不同区域分别采取了不同的鸦片政策。日本在本土实施严禁政策,鸦片专卖不以财政收入为目的;在朝鲜,实施的是严禁政策,但鸦片专卖以财政收入为目的,且朝鲜是日本罂粟种植的一个重要基地;在中国大陆占领区内,日本疯狂推行鸦片毒害政策,种、制、贩、售、吸各环节处于其严密控制之下,以达到奴役、摧残中国人民、榨取经济利益的目的。

在台湾地区,日本的鸦片政策兼具了经济需要(实行以财政收入为目的的鸦片专卖、严禁台湾栽种罂粟等)、服务其殖民统治和对外战争的需要(严禁青壮而不禁老弱病妇吸食)两个目的,因此,日本的对台鸦片政策也从经济和精神身心层面给台湾,甚至大陆人民带来了深重的灾难。

(一) 财富掠夺

日本殖民"统治当局更由于追求财政独立的考虑,以鸦片专卖收益充实税收,更使得吸食风气盛极一时,这样既榨取台湾的税收,又危害了台湾同胞的健康,真是狠毒至极"。[①]

表 18-27 1899—1937 年各专卖收入占比[②]   单位:%

年份	鸦片	食盐	樟脑	烟	酒
1899	78	5	17		
1900	50	4	45		
1901	43	8	49		
1902	50	10	40		
1903	57	8	35		
1904	47	7	46		
1905	40	6	40	14	
1906	34	6	37	23	
1907	28	5	45	22	
1908	41	6	21	32	
1909	34	7	30	27	
1910	31	5	36	28	
1911	35	6	31	28	
1912	32	5	35	28	
1913	34	5	32	29	
1914	32	6	33	29	
1915	35	5	31	29	
1916	35	9	30	26	
1917	36	6	32	26	
1918	35	5	30	30	

---

① 廖庆洲:《日本过台湾》,上砚出版社 1993 年版,第 138 页。
② 资料来源:曾汪洋:《台湾之盐》,周宪文编著:《台湾经济史》,台湾开明书店 1980 年版,第 588 页。

(续表)

年份	鸦片	食盐	樟脑	烟	酒
1919	28	4	33	35	
1920	20	4	37	39	
1921	34	6	16	44	
1922	17	6	30	30	17
1923	14	6	32	28	20
1924	14	6	25	27	28
1925	10	6	28	27	29
1926	10	6	19	32	33
1927					
1928	10	5	20	33	32
1929	9	5	22	33	31
1930	10	6	14	37	33
1931	9	6	15	37	33
1932	9	6	16	36	33
1933	7	7	14	37	35
1934	6	6	18	33	37
1935	5	6	15	35	39
1936	4	6	15	35	40
1937	4	5	14	37	40

日本侵占台湾初期,鸦片收入占财政收入相当大的比重,鸦片专卖取得了巨额的利润,见表18-27。

为增加税收,当局颁布《鸦片税征收应行注意事项》,[①]规定地方厅应制成鸦片牌税总簿,由财务课管理。警察课在发新牌照时,将其种类、等级及特许人住址、姓名通报于财务课,财务课接到通报时,将其登记于总簿,并立即办理牌税征收之手续。颁发新牌照时,应同时派遣税收官吏,征收牌税。以1898年为例,台湾的鸦片专卖收入多达164万元,占当年岁入的30.9%,同年台湾总督接受日本中央的辅助金达595万多元。到了1903年,鸦片专卖收入达300万元,占税收的25.3%,虽然比重降低,但是由于绝对金额几乎

---

① 朱庆葆、蒋科明、张士杰:《鸦片与近代中国》,江苏教育出版社1995年版,第413页。

增加一倍,于是日本中央的辅助金也相对减少了大半,只剩下 240 万元。1909 年上海万国禁烟会后,台岛内外对鸦片的批判接踵而至,第一次世界大战后,经济复苏,产业发达,税收增加,1919 年后台湾鸦片收入随之减少。从表面上看,1920 年起,台湾财政中鸦片收入所占的比重降至 10%以下,但自被日本侵占后,至少已有 20 年以上的时间中台湾财政中的鸦片收入比例维持在两位数字。①

(二) 荼毒身心

日本在台实施鸦片专卖制度,专卖的消费群体自然是台湾人民,根据日本殖民统治当局的要求,严禁在台日本人吸食鸦片。台湾人民在为殖民统治当局提供税赋的同时,身心俱遭鸦片的损害。

1898 年即鸦片渐禁政策实施一年后,全岛统计在册的鸦片瘾者有 105048 人,死亡 1682 人(占鸦片瘾者总人数的 16.01‰)、戒瘾者 890 人(占鸦片瘾者总人数的 8.5‰)。② 1899 年 4—9 月,全岛登记在册鸦片瘾者 111302 人,死亡 1309 人(占鸦片瘾者总人数的 11.8‰)、戒瘾者 48 人(占鸦片瘾者总人数的 0.4‰),见表 18-28。鸦片瘾民的高死亡率和低戒瘾率足以说明日本对台鸦片渐禁政策的失败。

表 18-28　1899 年 4—9 月鸦片吸食特许者中死亡与戒烟者分地区统计表③

区域	特许吸食人数	死亡人数	死亡占比/‰	戒烟人数	戒烟占比/‰
台北	35829	443	12.4	12	0.3
台中	30133	262	8.7	5	0.2
台南	39563	475	12.0	29	0.7
宜兰	3060	87	28.4	1	0.3
澎湖	1680	24	14.3	1	0.6
台东	1037	18	17.4		
合计	111302	1309	11.8	48	0.4

---

① [韩]朴橿:《中日战争与鸦片(1937—1945)》,游娟缳译,台湾"国史馆"1998 年版,第 49 页。
② 程大学、许锡专编译:《日据初期之鸦片政策》(第二册),台湾省文献委员会印行,1978 年,第 138 页。
③ 程大学、许锡专编译:《日据初期之鸦片政策》(第二册),台湾省文献委员会印行,1978 年,第 191 页。

鸦片的渐禁政策还带来一系列与鸦片相关的罪案发生。据日本殖民统治当局统计公布,自1898年4月至1899年3月近一年间,抓获涉鸦片案犯438人[①],其中:

1. 与生鸦片相关的有:输入生鸦片者26人,制造生鸦片者5人,买卖生鸦片者52人,授受生鸦片者2人,所有生鸦片者89人,持有生鸦片者4人,合计122人。

2. 与烟膏相关的有:输入烟膏者14人,制造烟膏者100人,秘密制造烟膏者42人,秘密让渡烟膏者8人,秘密所有烟膏者15人,制造烟粉者2人,官制烟膏混合烟灰或其他贩卖者2人,制造与烟膏同具效力之制剂者5人,贩卖与烟膏同具效力之制剂者2人,所有与烟膏同具效力之制剂者6人,将烟膏贩卖于非吸食特许人者24人,合计220人。

3. 与烟具相关的有:输入烟具者2人,私造烟具者8人,私下买卖烟具者9人,秘密所有烟具者5人,合计24人。

4. 与鸦片吸食相关的有:秘密提供吸烟场所者13人,秘密提供烟具者19人,秘密吸食鸦片烟膏者32人,吸食之际未携带牌照者5人,用他人吸食特许牌照购买烟膏者2人,将吸食特许牌照贷与他人者7人,合计71人。

5. 与售卖相关的有:承卖特许牌照贷与他人者1人。

日本殖民统治当局还将鸦片政策与其他治台政策相互配合,"经常视察岛民之意向动静,以供缓急应变之参考",譬如,是否能奉体政府之宗旨,逐感渐断祸根之需要?鸦片令虽比刑法已减轻其刑,但仍不能谓轻,岛民畏法之念如何?鸦片虽属岛民嗜好品之一,有无企求其他物品之倾向?从前有宗教力以教化鸦片之害毒,如今岛民是否相信?……[②]另外,鸦片制品在岛内专卖,由台湾总督府指定商人独占,可借以制造御用分子,供其驱使。日本就这样通过毒化台湾的鸦片政策将台湾人民牢牢地困锁于其手掌之中。

(三)祸及大陆

日本殖民统治当局在台湾地区推行的鸦片政策被其视为祸华的成功经

---

① 程大学、许锡专编译:《日据初期之鸦片政策》(第二册),台湾省文献委员会印行,1978年,第192—193页。

② 程大学、许锡专编译:《日据初期之鸦片政策》(第二册),台湾省文献委员会印行,1978年,第171页。

验推广于其在大陆的控制区域。如 1904 年日本通过日俄战争强行租借旅大地区,即在其地推行鸦片专卖制度。通过伪满政府控制的东北地区所实施的鸦片专卖制度也是"取经"于台湾。1938 年 12 月伪维新政府修改禁烟条例的一次立法会议上,日本大藏省书记官滨田法海提出华中地区要仿照台湾采取鸦片渐禁政策。他认为伪维新政府辖区内的苏、浙、皖三省有瘾者七八十万,"而医院尚未普遍设立,医师亦少,则禁烟条例事实上即行不通,法律步骤宜取渐进主义",①待医院普及,医师增多之后,"到其时再采取医师证明办法",实行吸食特许制。半年之后的 1939 年 6 月,伪维新政府将"禁烟总局"改为"戒烟总局",开始实施鸦片渐禁政策。

除了将在台鸦片政策复制到大陆毒害中国人民,日本还将生产的鸦片烟膏输入大陆直接残害大陆民众的身心。1915 年,台湾鸦片专卖局局长贺来佐贺太郎向陆军次官山田隆一建议,以台湾所生产的熟鸦片销往日本占领下的青岛与山东胶济铁路沿线各地,被陆军当局接受。1916 年,贺来佐贺太郎更向首相大隈重信提出一项"关于中国鸦片制度的意见"的建议书,主张日本指导大陆禁毒,在大陆推行鸦片专卖制度,认为大陆如采纳日本在台湾地区专卖毒品的经验,每年只鸦片一项毒品的获利即可达 554400 万元之巨。1917 年 7 月,台湾地区鸦片奉准行销"关东州"等大陆地区,当时台湾所炼制的熟鸦片已生产过剩,其炼制能力一年可达 6 万贯(每贯为 3.75 公斤),实际生产 26000 公斤,一年的纯利可达 180 万元。此外,1915 年,日本人石川静逸研制成海洛因后,以在台湾星制药公司为首的日本四大制药公司奉准每年自印度、波斯等地进口鸦片 7000 磅,用于自制吗啡,输送到大陆。

日本全面侵华前后,上海成为在台日人开展毒祸的重要地区。"台湾专卖局所产之鸦片与大阪、神户所产制的吗啡、海洛因等私运至上海""日人在台湾嘉义所设的可可因厂,在 1936 年之后的 5 年内,每月都生产 200—300 公斤之多,日本全面侵华战争开始后,该厂专以上海为推销地"。② 1899 年 9 月在台北设立的台湾银行,其宗旨是:"通融台湾工商业,及其他公共事业之资金,开发全岛之富源;扩张中国南部及南洋各方面商业贸易之金融机关。"

---

① 《关于禁烟条例一案会议纪录》,中国第二历史档案馆藏,全宗号二〇—〇/6231。
② 李恩涵:《日本在华中的贩毒活动》,台湾"中央研究院":《近代史研究所集刊》1989 年第 29 期。

受日本控制之下的台湾银行当然要为其殖民统治政策服务,它设在上海的分行"沪台湾银行"①成为在台日人在上海的贩毒据点。八一三事变后,日本驻沪海军指挥部即派遣轮船至东北,将储存在那里的鸦片运至上海,交"沪台湾银行"经销,经销人为相内重太郎和其翻译李纯银。② 当时原任职日本陆军驻沪武官府辅佐官的楠本实隆转任上海特务部机关长,为筹措特务费用,1937年11月,经由三井物产株式会社自伊朗走私鸦片20万磅,其周转购买资金系由"沪台湾银行"垫付。③

日本人不但亲自出马,还驱使大量台湾人到大陆毒害同胞。在日本治外法权的保护下,台民贩销毒品的足迹遍及以华南为主的整个大陆。

日据台湾50年的鸦片政策使殖民统治当局获得了巨额的财富,这些财富被用于加强日本对台湾的殖民统治,被用于日本发动对中国及其他国家的侵略战争。20世纪30年代之后,殖民统治当局开始为日本的侵略战争负担军费:1936年支援额为190万日元,占财政总支出的2.39%;1937年为631.5万日元,占财政总支出的6.08%;1941年急增至2454.5万日元,占财政总支出的13.25%;1941至1942年的支援额共为29965.3万日元,占财政总支出的26.78%,从1936到1944年总计支援38797万日元,占财政总支出的20.49%。另外,台湾战时财政支出中的战备费包括临时防空费、警备费、"国民精神"总动员费、临时军事援护费及"皇民化运动"费等的增长越到战争后期越大,从1930年的460万日元增加到1944年的24560万日元,净增52倍,在财政总支出中的比例也由1930年的4.6%增加到1944年的40.5%。相反,行政费在财政总支出中的比例却在不断下降,从20.5%降为8.9%,文化费在财政总支出中的比例从5.7%下降到2.9%,充分显示财政经济为其殖民统治服务、为其对外侵略战争服务之目的。

总之,日本据台之初遭到台湾人民的激烈反抗,殖民统治尚不稳固,鸦片政策也呈现不稳状态,先是严禁,旋即于1897年改为渐禁,直到1937年发动对华全面战争止,这40年的鸦片渐禁,不在消除,重在管制,当局从中大获其利,为台湾的殖民统治注入大量资金。之后实施鸦片断禁政策,是因为40年

---

① 史全生主编:《台湾经济发展的历史与现状》,东南大学出版社1992年版,第92页。
② 上海市档案馆编:《日本帝国主义侵略上海罪行史料》(上册),第504页。
③ 李恩涵:《日本在华中的贩毒活动》,台湾"中央研究院":《近代史研究所集刊》1989年第29期。

的渐禁政策,"当时之瘾癖者,已由自然渐减(死亡)之结果,已近尾声,然借鸦片之收入已不复如前";①其次,连续不断的侵略战争急需大批健康台湾人为之效力,再鼓励吸食鸦片已与殖民统治、战时体制不相适应;最后,日本人借鸦片谋利的重心转移至大陆的占领区,相较于殖民统治的利益而言,台湾一岛的鸦片之利已不再重要。

---

① 程大学、许锡专编译:《日据初期之鸦片政策》(第一册),台湾省文献委员会印行,1978年,第10页。

第十九章　全面抗战时期日本对华毒害政策

第二次世界大战爆发后,随着日本军事侵略势力在世界范围的扩展,日本当局对鸦片的需求量越来越大。日本侵略者一方面将鸦片作为一种特殊武器,毒化被占地区的人民;另一方面,日本在被占地区大肆倾销鸦片,获得高额鸦片收入,可大大缓解日益紧张的军事开支。

第一节　东北地区的毒害政策

一、"断禁"政策的废止与鸦片增产

1941年太平洋战事爆发之后,为了配合日军的军事进攻,日本政府视鸦片为一项重要的战略物资,向伪满政府索要大量鸦片。伪满政府接到这项命令后,实行了紧急增产的措施,并决定每年由总务厅次长古海忠之送政府50万两,以后有增无减。伪满政府"在战时经济的名义下,毫无顾忌地扩大了鸦片种植面积,鸦片的收买量增加了,戒烟所开始繁荣,吸食鸦片的人越来越多,挂着禁绝鸦片招牌的禁烟总局重操专卖署的旧业,戒烟所变成了公开的吸烟场所,登记制度也不知丢到什么地方去了,断绝鸦片的各种伪装彻底地消失了"。①

为了在日本侵占的东亚地区确立一个统一的鸦片生产与销售计划,1942

---

① 中央档案馆、中国第二历史档案馆、吉林社会科学院编:《日本帝国主义侵华档案资料选编:东北经济掠夺》,中华书局1991年版,第815页。

年 8 月,日本政府在东京召开大东亚鸦片会议,会议由日本企划院主持,伪满、伪蒙疆、华北、华中等伪政权均派代表参加。伪满的代表是禁烟总局副局长梅本长四郎。经过讨论,会议通过了由企划院起草的决议,规定:"大东亚的鸦片政策,是在日本政府领导之下,以恢复鸦片战争前的状态为目标,并以长期计划进行拯救为其指导方针。而且,为使上述政策符合实际并能稳步实行起见,大东亚各地的需要务必在最小限度内自给自足,由'满洲国'和'蒙疆'生产并保证供应大东亚各地区所需鸦片。"① 会上,日本企划院要求各地区迅速确定鸦片需求量,以使伪满政府决定明年的鸦片生产量。这样,伪满控制的东北地区就被日本政府指定为生产鸦片的重要基地。

东京鸦片会议以后,伪满政府积极响应,责令禁烟总局根据会议决议,立即制订了鸦片增产计划。据负责制订计划的古海忠之说:"这个增产计划的重点是放在奉天省、四平省和吉林省的平原地区,增产的数量可能是 50 至 100 万两,以试种鸦片为名,实际上是把鸦片栽培扩大到平原地区,达到大量增产鸦片的目的。武部长官和我决心抛弃鸦片断禁政策,特别是鸦片麻药断禁强化要纲的伪装,实行了彻底的鸦片政策。"②

热河完全恢复了之前的种烟规模,面积达到 68 万亩。1942 年,奉天、吉林两地的种烟面积都为 500 公顷,四平为 300 公顷。热河本来就是伪满统治区最主要的罂粟种植地,鸦片断禁政策废除后,"热河全省全部种烟,所有山岳、平地几全为红白罂粟花所充满"。③ 1943 年,根据鸦片增产计划,伪满政府开始在奉天、吉林、四平三地扩大种植面积,并采取组合集体栽种办法。所谓集体栽种,就是限定在一个地区,不许分散栽种,主要目的是便于管理与监督,收购方便,防止鸦片走私。为鼓励鸦片种植,增加产量,伪政府还规定:"为了改造烟地,政府按每 100 公顷种植面积 3 万元拨给组合补助金。"④ 在日伪当局的威逼利诱下,三地集体栽种鸦片迅速开展起来。1943 年禁烟总局在热河收买鸦片 4713171 两,伪满共收买 5381227 两。据四平警务厅厅长报

---

① 朱庆葆、蒋科明、张士杰:《鸦片与近代中国》,江苏教育出版社 1995 年版,第 427 页。
② 朱庆葆、蒋科明、张士杰:《鸦片与近代中国》,江苏教育出版社 1995 年版,第 427 页。
③ 《沦陷地区毒化概况》,中国第二历史档案馆,档案号十二(2)1312。
④ 中央档案馆、中国第二历史档案馆、吉林社会科学院编:《日本帝国主义侵华档案资料选编:东北经济掠夺》,中华书局 1991 年版,第 838 页。

告记载,该地 1943 年被确定为鸦片种植地区后,地方官员"迅速选定了土地并建立起组合。现已播种完了,正着手培育"。四平 1943 年种植鸦片面积为 5 万亩,1944 年增加到 7 万亩,1945 年全四平栽种 10 万亩。① 这样,三地种烟面积不断扩大。1943 年,奉天、吉林两地各栽种 700 公顷,四平为 500 公顷;1944 年,奉天、吉林各栽种 1000 公顷,四平为 700 公顷;到 1945 年,奉天、吉林栽种均高达 1500 公顷,四平也高达 1000 公顷。② 在鸦片种植面积不断扩大的基础上,日伪当局果然实现了鸦片增产的愿望,1943 年,伪满政府的鸦片收购量为 1200 万两,1944 年则达到了 1500 万两。罂粟种植面积扩大,伪满洲国成为供应亚洲各地的鸦片生产基地之一,随着鸦片生产的扩大,伪满"禁烟"特别会计收入也由 1940 年的 1.26 亿元增至 1944 年的 3 亿元。

二、鸦片吸食的泛滥

随着鸦片种植的扩大与鸦片产量的增加,东北地区的鸦片吸食更加泛滥。鸦片断禁政策废弃以后,戒烟所名存实亡,公开吸食的人越来越多,烟馆的生意非常兴旺。据哈尔滨某管烟所所长刘亚斋供认,从 1944 年 2 月他担任所长起,"每天到这里来买烟、吸烟的有 3200 多人,平均每天销售量 6500 多个烟份(每烟份七八分)。吸烟的人数不断增加,1945 年初每天达到 3500 多人,每天售出烟份 7000 多个"。③

为了进一步掌握鸦片潜在瘾者,1942 年 4 月至 10 月,伪满在东北地区实施鸦片瘾者再登记。据禁烟总局统计,1944 年共登记鸦片瘾民约 120 万人,可见这一时期瘾民数量增加之多。表 19-1、表 19-2 及表 19-3 分别为伪满鸦片民烟登记人数、鸦片管烟所数及分布情况。

---

① 中央档案馆、中国第二历史档案馆、吉林社会科学院编:《日本帝国主义侵华档案资料选编:东北经济掠夺》,中华书局 1991 年版,第 839 页。
② 滕利贵:《伪满经济统治》,吉林教育出版社 1992 年版,第 241 页。
③ 中央档案馆、中国第二历史档案馆、吉林社会科学院编:《日本帝国主义侵华档案资料选编:东北经济掠夺》,中华书局 1991 年版,第 849 页。

表 19-1　伪满鸦片烟民登记人数

年份	1933	1934	1935	1936	1937	1938	1939	1940	1941 6月末
人数	56804	115447	217060	491965	811005	700235	566339	410490	316519

表 19-2　伪满鸦片管烟所数　　　　单位:个

年份	1937	1938	1939	1940	1941
类型	私营零卖所	公营零卖所	公营零卖所	官营零卖所	官营零卖所
数量	2000	1430	1612	1686	1631

表 19-3　伪满管烟所各省(市)分布情况　　　　单位:个

省(市)	数量	省(市)	数量
"新京"特别市	28	奉天省	210
吉林省	222	东安省	36
间岛省	32	锦州省	121
龙江省	42	滨江省	157
通化省	57	热河省	306
北安省	69	牡丹江省	34
安东省	42	兴安东省	6
黑河省	54	兴安南省	28
四平省	95	兴安西省	24
三江省	56	兴安北省	8
		合计	1627

三、鸦片走私的猖獗

鸦片种植的扩大与断禁政策的废弃,造成的另一个严重后果是鸦片走私现象日渐盛行。早在鸦片专卖时期,走私活动就在伪满统治的东北各地开始活跃起来。1941年后,日伪当局为鼓励鸦片种植,每年的鸦片收购量只有收获量的一半,其余的归烟农自行处理,这就使得大量鸦片流入走私渠道。同年,兴安西省的鸦片产量达700万两,而伪政府仅收购了62.6万两,剩余的

600多万两鸦片大多被走私。① 据伪禁烟总局估计,1943年热河年产鸦片1000万两,其中伪政府收买470万两,剩余530万两,当地农民消费100万两,省内消费若干,流向省外200万两,政府以特配为诱饵追加收买。但是,根据伪保安局的调查,热河最高生产量约1400万两,政府收买500万两,在剩余的900万两,300万两由省内消费,600万两走私至国内其他地区,甚至国外。走私流出的鸦片,按通过省境时的价格每两平均60元计算,约达3.6亿元之巨。

东北地区鸦片走私外运的渠道主要有两条:一条是经陆路穿越长城线,进入华北各地;另一条是经营口、青岛海路,运往华东、华南等大城市销售。由于鸦片销售地的价格要远远高于产地价格,伪满境内贩烟活动成风,走私活动十分猖獗。据伪保安局调查报告,大走私贩一般都与官方勾结,在日伪宪兵、警察的保护下大规模进行,有的勾结乘务员、乘警利用铁路运输,有的则公然用卡车、大车、骡马运输,只要在伪满境内税关交纳一定的通行税即可放行无阻。小走私贩由于没有靠山,只得小偷小摸,其走私方法无所不有。有的将避孕套截成两段,各装入三四两鸦片后吞入腹内,到销售地后再设法取出;有的将鸦片卷在绳子里或放入毛笔杆里;有的把鸦片藏在猪羊等动物内脏内运送;更有残忍者将婴儿内脏挖出,把鸦片装在腹内进行走私。②

东北地区的鸦片走私活动如此猖獗,与日伪当局的纵容和支持是密不可分的,事实上,日伪当局本身就是最大的鸦片贩子。从1941年至1945年,短短几年内,日伪当局就多次直接进行大规模的鸦片贩卖。1941年10月末,伪满洲国为了偿付对德国的700万马克借款,根据德国方面的要求,卖给其鸦片7吨,每两价格是30元。1943年春,关东军又向香港出售鸦片1吨,以换取特殊物资,并由古海忠之亲自将鸦片送往香港。1944年春季,武部六藏同古海忠之把鸦片卖给德国希特勒政府60万两。双方的经手人,伪满方面是伪总务厅次长古海忠之,德国方面是驻伪满公使华根纳。古海忠之把这些鸦片交付华根纳,德国公使馆在沈阳修建特别仓库保管,等待德国的潜艇来

---

① 中央档案馆、中国第二历史档案馆、吉林社会科学院编:《日本帝国主义侵华档案资料选编:东北经济掠夺》,中华书局1991年版,第841—842页。
② 中央档案馆、中国第二历史档案馆、吉林社会科学院编:《日本帝国主义侵华档案资料选编:东北经济掠夺》,中华书局1991年版,第841—842页。

取。1944 年年初,根据日本政府的要求,伪满卖了约 2 吨鸦片,每两价格是 30 元。1944 年 10 月,武部六藏同古海忠之卖给南京伪国民政府鸦片 30 万两,每两 50 元,这笔买卖双方的经手人,伪满方面是伪总务厅次长古海忠之,南京伪政权方面是驻伪满大使陈济诚。这批鸦片 10 月交货后,由陈济诚亲自押运至南京。该年伪满政府向种烟农民收买的价格,特等每两 18 元,一等每两 16 元,二等每两 14 元,三等每两 12 元。当时伪满的私行市价每两 600 多元,而南京、上海的黑市价格更高。南京伪国民政府买到这批鸦片获取巨利,而受毒害的则是中国人民。1945 年 2 月,武部六藏和古海忠之卖给伪华北政务委员会吗啡 1 吨,这吨吗啡由古海忠之亲自送到北平。1945 年 4 月,根据华中的要求卖给华中 10 万两,每两价格是 50 元。这笔资金主要充当在华中的伪满洲国职员物价津贴,余款买进汽车和棉织品等。据古海忠之 1954 年 5 月 9 日供认,日军侵占华北后,关东军通过华北占领军之手,掠夺了大量物资,致使伪满对华北的贸易年年入超,到 1941 年伪满欠华北方面的款项达 2 亿多元。鉴于热河每年有数百万两鸦片走私流入华北,关东军企图操纵走私,对鸦片走私者秘密保护,让他们把出售鸦片款项储存在华北,由伪满在国内支付相等的伪满国币,以此来秘密收回华北的货币,偿还关东军的欠款。关东军召集伪满经济部与总务厅的日籍官员开会,制订了一项秘密行动计划,决定委派汉奸张墨林携带巨款前往热河,收购黑市鸦片,然后再走私到华北,以牟取暴利。不料张墨林到热河以后,目中无人,招摇过市,其计划被伪热河省当局察觉,遭到强烈抵制。结果,关东军不得不停止这一走私计划。为弥补这次行动付出的开支,关东军将从处理善后事宜中收到的 10 万两鸦片交给日军在华中方面的鸦片专卖机构上海宏济善堂,以高价出售。①

四、鸦片毒祸的危害

(一) 掠夺巨额财富

日本帝国主义实行鸦片毒害政策,一方面是为灭绝东北人民,另一方面是因为鸦片能够牟取暴利。在鸦片专卖开始的时候,伪满政府就把鸦片会计

---

① 中央档案馆、中国第二历史档案馆、吉林社会科学院编:《日本帝国主义侵华档案资料选编:东北经济掠夺》,中华书局 1991 年版,第 845—846 页。

定为特别会计,由伪总务厅主计处掌管。在头一个年度,鸦片所有的开支与鸦片收益相抵后,就有纯益约 700 万元。第二年度更是蓬勃直上,纯益约有 1200 万元。以后每年有增无减。据"厚生部"次长关屋悌藏透露,1944 年伪满关于鸦片事务的全部开支是 1.2 亿元,而鸦片的收益是 3 亿元,收支相抵,约有 2 亿元的利润。①

当然,鸦片巨款绝不能被伪满政府独占,而是要与关东军分赃。古海忠之一生的"荣耀",自始至终都与鸦片有关。在鸦片专卖政策开始实行的时候,他任伪总务厅主计处总务科长,主计处各科的事务都必须通过他,以后他升任主计处处长,更是掌管鸦片特别会计的责任者。他在主计处处长任内,1938 年同伪总务厅厅长宫星野直树制定鸦片十年断禁政策。其后,他转任伪经济部次长,但很快就接任伪总务厅次长,负责经济事务。伪满政府收购的鸦片,一部分拨归奉天、铁岭、绥化三个鸦片烟膏制造厂制作烟膏,然后由禁烟总局发到各市县旗,再由管烟所供给已登记的鸦片瘾者;另一部分鸦片则予以保存或做成吗啡等毒物。掌管这部分鸦片的就是伪总务厅负责经济事务的次长古海忠之。

(二) 戕害人民身心

日人在东北实行的毒害政策对东北乃至中国人民所造成的伤害难以估量。1933 年鸦片专卖开始实行的时候,专卖公署印制大量鸦片吸食证,发交地方警察机关。每一份吸食证手续费 5 角,有效期为半年,不论有瘾还是无瘾,也不论是老年人还是少年人,都可以领取吸食证。鸦片零卖所到处都有,吸烟很方便,导致新鸦片瘾者不知有多少万。据统计,在日伪实行鸦片专卖制度之前,全东北的鸦片瘾者最多 20 万。自实行鸦片毒害政策后,新染鸦片嗜好中毒者,至少有 254.4 万人。② 据伪哈尔滨市卫生当局报告,1943 年 1 月至 7 月中,城内各街巷,发现无主死尸 1993 具,其中 1485 具系吸烟瘾民。在日人菊池氏的记载中,沈阳因吸食毒品丧生者日有所闻。③ 据伪禁

---

① 马模贞主编:《中国禁毒史资料:1729 年—1949 年》,天津人民出版社 1998 年版,第 1521 页。
② 中央档案馆、中国第二历史档案馆、吉林社会科学院编:《日本帝国主义侵华档案资料选编:东北经济掠夺》,中华书局 1991 年版,第 822 页。
③ 《盛京日报》1937 年 2 月 18 日。

烟总局的统计,从 1939 年鸦片瘾者登记后,到 1944 年末止,6 年间已登记的鸦片瘾者和吗啡瘾者死亡约 7.4 万人。据估计,从 1933 年鸦片专卖制度实施开始至伪满崩溃的 12 年内,新染鸦片嗜好中毒死亡的人数为 17.9 万。①

在鸦片毒害政策之下,东北农民也深受其害。据凌源县志记载,日伪时期,该县某村 80 户,吸、扎鸦毒的就有 74 户,在 359 口人中,吸扎成瘾的有 136 人,占全村人口近 40%;因吸扎成瘾卖掉全部财产甚至妻子的有 3 户;烟毒致死的男 14 人,女 6 人,逃荒的有 54 户,80 人。很多劳力染上烟瘾后,成了肩不能担、手不能提的废人;有的妇女因中烟毒太深不能生育;有的婴儿在胎中就已先天成瘾,初离母体,就得往嘴里喷烟,否则就不能食乳。烟害大大削弱了农村的生产力,使农村经济遭到严重破坏。该村地势平坦,土地肥沃,日本侵占前,原是吃穿有余的富裕村庄,日本侵占后,强迫全村农民种烟,指令烟地亩数逐年增多,最多达 175 亩,平均每户种 2.2 亩大烟。菜园良田尽为烟地,农民无力耕耘其他土地,农田一片荒芜,粮食产量因而逐年下降,人民生活极为贫困。②

第二节 伪蒙疆③地区的毒害政策

一、土药公司制

伪蒙疆地区长期是鸦片的生产和消费地区,日本对伪蒙疆地区的鸦片收入垂涎已久。日军占领这一地区之后,便迫不及待地通过伪蒙疆联合委员会

---

① 《日本在伪满的鸦片毒害》,金名世证词,1954 年 4 月 17 日,马模贞主编:《中国禁毒史资料:1729 年—1949 年》,天津人民出版社 1998 年版,第 1522 页。
② 田果如:《日伪在热河制造的烟客》,《近代中国烟毒写真》(上卷),河北人民出版社 1997 年版,第 167 页。
③ 指伪蒙疆联合委员会控制下的蒙古联盟自治政府、晋北自治政府和察南自治政府所辖的区域,大致为现之内蒙古中部、山西北部和河北西北部。

于 1937 年 12 月 24 日公布《鸦片业务指导要纲》①,于 1938 年 2 月订立《鸦片管理暂行办法》,规定在伪蒙疆联合委员会统治地区内实施鸦片税收政策,所有鸦片业务归属税务管理局。之后,又陆续颁布《鸦片栽培税暂行规则》《鸦片印花税暂行规则》《鸦片公会暂行取缔规则》《鸦片批发暂行规则》《鸦片运输暂行规则》《吸食鸦片暂行取缔规则》等实施细则。1939 年 4 月伪察南自治政府制定《察南暂行罂粟栽培规则》。此后,伪蒙古联盟自治政府也施行了鸦片栽培许可制。

1938 年,伪蒙疆地区内各地的鸦片产量为:伪蒙古联盟自治政府地区 560 万两、伪晋北自治政府地区 60 万两、伪察南自治政府地区 250 万两,总计约 870 万两。当年鸦片输出量近 1000 万两,输出量高出生产量,是因为日军 1937 年发动全面侵华战争而滞销的鸦片开始有了销路。伪察南自治政府地区至 1938 年 9 月末,共征收鸦片税 116 万元。伪晋北自治政府 1938 年的预算约为 78 万日元,其中鸦片税收 10.2 万日元,约占 13.1%。伪蒙古联盟自治政府 1938 年度的预算为 930 万日元,其中鸦片收入为 256 万日元,占全年总收入的 27.5%。

在战时体制下,日本要加强外汇管理,不得不限制外国鸦片的进口,为了确保伪满洲国及华北、华中、华南各日占区所需求的鸦片,并确保伪蒙疆政权的财政来源,伪蒙疆联合委员会抛弃了以往的鸦片税收政策,于 1939 年 4 月制定《阿片政策施行要纲案》,6 月起公布《暂行鸦片管理令》《土药公司法》《清查总署官制》《清查署官制》《清查工厂官制》《暂行阿片管理施行规则》和《暂行阿片稽查施行手续》等各项有关鸦片专卖制度的法令,统筹管理"罂粟种植—'蒙疆'土药股份有限公司(以下简称土药公司)—清查署—鸦片配给人—鸦片瘾者"等鸦片生产和销售的各个环节,实施了鸦片清查制度。② 清查总署是掌管鸦片、罂粟种子、毒品等的官方机构,下设清查署、清查局和清查分局,具体配置如表 19-4:

---

① 満鉄・北支経済調査所:《蒙疆における阿片》,岡田芳政等編:《続・現代史資料(12)阿片問題》,みすず書房 1986 年版,第 236 頁。

② 《最近蒙疆経済特殊事情》最高顧問上京原稿(1942 年 3 月 1 日),江口圭一編著:《資料・日中戰争期阿片政策》,岩波書店 1985 年版,第 553 頁。

表 19-4　张家口清查总署配置

张家口清查总署	张家口清查署	清查局(5个),清查分局(18个)
	大同清查署	清查局(5个),清查分局(12个)
	厚和清查署	清查局(8个),清查分局(18个)

为确保鸦片专卖制度的实施,日本人纠集伪蒙疆、京津及伪满的206名大鸦片商人,依据《土药公司法》设立土药公司,公司名称为"蒙疆股份有限公司",资本为150万元。总公司设于张家口,在大同、厚和、张北、崇礼、兴和、多伦、集宁、托克托、包头、丰镇等地设立分公司。社长、副社长由伪蒙疆联合委员会任命,社长为贺秉温。土药公司形同伪蒙疆政府的"国策"公司,其职能是在清查总署的管理下收购鸦片,并将之缴予伪蒙疆政府。

1939年的鸦片收购量与计划量有很大的差距。日伪预定产量为2000余万两,预定征收约760万两,见表19-5,然而水灾使得鸦片生产量仅有300万两,实际收购量只有887018.6两,见表19-6。①

表 19-5　1939年"蒙疆"地区罂粟指定种植区域鸦片的预定产量与征收量②

机构	指定种植面积/亩	预定产量/两	预定征收量/两
张家口署	10000	200000	75000
大同署	155000	3100000	1163000
厚和署	846000	16920000	6345000
合计	1011000	20220000	7583000

表 19-6　1939年"蒙疆"地区鸦片的收购计划与完成情况③

机构	收购计划/两	完成情况/两	完成占比/%
张家口署	75000	265280.5	353.7
大同署	1163000	170432.0	14.7
厚和署	6345000	451306.1	7.1
合计	7583000	887018.6	11.7

---

①　満鉄・北支経済調査所:《蒙疆における阿片》,岡田芳政等編:《続・現代史資料(12)阿片問題》,みすず書房1986年版,第205、206頁。
②　江口圭一:《日中アヘン戦争》,岩波書店1988年版,第74—79頁。
③　江口圭一:《日中アヘン戦争》,岩波書店1988年版,第74—79頁。

同时,从土药公司方面来看,加入商对公司内的利润分配方式及薪俸制等的不满,也是 1939 年鸦片收购不佳的重要原因。根据规定,土药公司盈利为公司的收益,个人收益则在扣除损失补填既定准备金后,依配股分配股利。因此,即使分公司获得预想以上的实绩,亦仅是分公司所得,并成为总公司的收入。对于以牟利为目的的鸦片商人来说,将其作为公司成员施以薪俸制难以激发他们"创收"的动力。①

二、组合贩售制

鉴于 1939 年的鸦片收购量太低,1940 年 1 月底,清查总署派及川胜三到厚和进行实地考察。之后,及川胜三建议鸦片收购机构进行改革:鸦片收购人需缴保证金,成立收购人组合。为鼓励收购人收购,其纳付规定数量后,可取得鸦片外销权。1940 年 4 月 27 日,经股东总会决议,解散土药公司,组织伪蒙疆土业组合(以下简称"土业组合"),预计当年收购 520 万两,占领区内指定罂粟栽培面积为 962955 亩(约为总耕地面积的 2.4%)。其中,晋北地区 1939 年的指定面积约 1 万亩,占伪蒙疆地区罂粟栽培面积的 1%;而 1940 年则有 16 万亩,占总指定面积的 16.6%。收购时间为 6 月 15 日至 11 月底,收购人的最低收购价格也由 1939 年土药公司的每两 3 元 50 钱提高为每两 6 元(当时京津市价每两 15 元)。

收购方式改革后,鸦片收购量达到政府计划量的 90% 多,为 4925989 两,见表 19-7。

表 19-7　1940 年度鸦片的收购计划与实际收购量②

地区	计划收购量/两	实际收购量/两	占比/%	上一年度存货量/两	合计/两
张家口	1163000	2098959	180.5	17604	2116563
大同	887000	929655	104.8	69323	998978
厚和	3226000	1897415	58.8	1704997	3602412
合计	5276000	4926029	93.4	1791924	6717953

---

①　满铁・北支经济调查所:《蒙疆における阿片》,冈田芳政等编:《続・现代史资料(12)阿片问题》,みすず书房 1986 年版,第 268 页。
②　资料来源:江口圭一:《日中アヘン戦争》,岩波书店 1988 年版,第 122—123 页。

受到 1940 年鸦片收购"业绩"的鼓舞,1941 年度东京兴亚院本院会议决定 1941 年度伪蒙疆地区供给日本在华占领区的鸦片数量不得少于 650 万两,其中供给华北 350 万两、供给华中 300 万两、本地消费 40 万两、储备 10 万两。为达到这一目标,伪蒙疆当局本想通过扩大罂粟栽培面积来增加产量,但由于担心罂粟种植面积的扩大影响其他农作物生产,同时因劳动力亦不足,增加栽培面积无法实现,所以 1941 年度的罂粟栽培面积不增反降,由 1940 年的 96 万亩减为 91 万亩,伪政府希望通过禁止私种、禁止走私和增加单产等方式来扩大收购量。①

由于指定收购人的一年期限届满,1940 年度的组合予以解散,并重新指定 1941 年度的收购人。1941 年度指定的收购人期限延长至 3 年,成立了 10 个新的土业组合。收购于 5 月 1 日开始,收购价格为 6 元(七成品以上之鸦片)以上,等级及价格依各地实情调整。因收购人指定、收购处设置迟延,至 6 月,收购量仅有 6000 两左右。当 7 月新货上市后,各地收购日趋活跃,8 月底已达到 750 万两的计划收购量,10 月底突破 1000 万两大关,最终实际收购量达到约 1115 万两,见表 19-8。②

表 19-8　1941 年鸦片的收购计划与实际收购量③

地区	计划收购量/两	实际收购量/两	占比/%
张家口	2834000	4377976	154.5
大同	1310000	2369400	180.9
厚和	3406000	4398490	129.1
合计	7550000	11145866	147.6

随着日本对伪蒙疆地区统治渐趋稳固,1940 年、1941 年鸦片收购贩卖的顺利开展,及太平洋战争的爆发,日本打算将鸦片进一步销至东南亚等地。这些都促使日本调整了伪蒙疆 1942 年的鸦片收购政策,变组合贩售为政府收购,以加强官方主导,提高政府的鸦片利润。

---

① 《现地状况报告并意见开陈》(1942 年 8 月 10 日),江口圭一编著:《资料·日中战争期阿片政策》,岩波书店 1985 年版,第 558—559 页。
② 江口圭一编著:《资料·日中战争期阿片政策》,岩波书店 1985 年版,第 527 页。
③ 资料来源:江口圭一:《日中アヘン战争》,岩波书店 1988 年版,第 128—129 页。

1941年12月10日,东京兴亚院鸦片会议决定,1942年伪蒙疆地区的罂粟栽培面积为882000亩(占全耕地面积的2.06%左右),计划供给日占区的鸦片数量约为1000万两,见表19-9。①

表19-9 1942年鸦片的计划收购量与实际收购量②

地区	计划收购量/两	实际收购量/两	占比/%
张家口	3889480	1119200	28.8
大同	2300000	1299800	56.5
厚和	4719000	1488669	31.6
合计	10908480	3907669	35.8

为了达到1000万两的鸦片收购目标,伪蒙疆政府采取各种措施诱使农民种植罂粟。③ 然而,因收浆时连日阴雨,罂粟减产,加上华北、伪满罂粟也歉收,导致京津市价及各地的走私价格上扬,实际仅收购了不到400万两鸦片(见表19-10)④。

1943年,伪蒙疆地区鸦片计划收购量为500万两,每两收购价为8元。⑤ 在鸦片政策上,废止了1942年实施的政府收购制,恢复组合贩售制,同时赋予土业组合地域外的贩卖权,将更多利润让给鸦片商人。

太平洋战争失利,迫使日本加强和华中地区的汪伪政府合作,并强化汪伪的政治影响力。同时,上海、南京、济南等地爆发声势浩大的清毒运动,汪伪政府为笼络民心,要求日方实施实质上的禁烟。日方被迫宣布自1944年4月至该年底,由伪蒙疆输入其他日占区的鸦片降至月平均78000两以下,上海宏济善堂每月的鸦片输入量降至40%以下。此后,日本逐渐放弃伪蒙疆的鸦片政策。

---

① 江口圭一编著《資料・日中戦争期阿片政策》,岩波书店1985年版,第310、547、559页。
② 资料来源:江口圭一:《日中アヘン戦争》,岩波书店1988年版,第146—147页。
③ 蒙古自治邦政府経済部煙政塩務科:《蒙疆における罌粟阿片》。江口圭一编著:《資料・日中戦争期阿片政策》,岩波书店1985年版,第360页。
④ 蒙古自治邦政府経済部煙政塩務科:《蒙疆における罌粟阿片》。江口圭一编著:《資料・日中戦争期阿片政策》,岩波书店1985年版,第365页。
⑤ 蒙古自治邦政府経済部煙政塩務科:《蒙疆における罌粟阿片》。江口圭一编著:《資料・日中戦争期阿片政策》,岩波书店1985年版,第297、298页。

第三节　华北沦陷区的毒害政策

一、伪中华民国临时政府的鸦片专卖

日军占领北平后,于 1937 年 12 月 14 日在北平成立以王克敏为首的伪中华民国临时政府。1938 年 2 月 24 日,伪中华民国临时政府以"明朗政治""实行专卖化"与尊重事实为借口颁布第 33 号命令,正式废止战前南京国民政府的禁烟禁毒法令,设立伪华北禁烟总局,于各重要城市设分局,实行鸦片专卖。

日本驻华大使馆负责人害怕招来"国际与国内的误解",对在华北地区实施专卖制度持观望态度。1938 年 10 月,中日之战进入相持阶段,日方迫切要得到沦陷区的物资援助,于是,日本驻华大使馆制定了《对华北地区鸦片与毒品方针》,强调在华北断然施行禁止是不可能与不适当的,今后应采取以禁止为远期目标的渐禁政策下的专卖制度,这样,财政收入才能有所寄托。《对华北地区鸦片与毒品方针》具体规定:"鸦片的买卖与装卸,应让在华北有势力的鸦片商人组成特许公司或组合进行。零售应让被指定的零售商进行。种植罂粟与熬制鸦片烟膏也应得到政府的许可。吸烟者应到戒烟局登记,特许公司或组合应向政府交纳戒烟费,零售商应交纳特许费。""实行这一制度的收入由政府特别掌握,将其用于取缔鸦片的经费或戒烟设施及其他一些社会设施方面。"日本的这一决定事实上等于公开承认买卖与吸食鸦片合法化,并以之取得专卖收入。

1939 年 3 月 10 日,兴亚院设立华北联络部,华北方面军特务部部长喜多诚一中将出任长官。4 月 28 日,兴亚院与伪临时政府就鸦片毒品举行了会谈。对日本方面关于设立戒烟局、特许公司的方案,王克敏等伪临时政府官员表示同意。"财政部部长"汪时璟对戒烟费用单列与审定一事向日方提出了疑问。爱知揆一书记官(后曾任佐藤内阁外务大臣、田中角荣内阁大藏大臣)特作说明:"关于把鸦片收入作为戒烟费用及社会设施费用一事,实际就是将鸦片收入在预算中单列,使之具有一定的透明度,以免第三国见笑。

关于戒烟费与社会设施费用的限度,向外界公开时需要下一些功夫,关于这些收入,在'财政部'内部还要另外做出郑重其事的收支说明,应使我们双方都同意。戒烟费用的单列与审定不过是给第三国看的罢了。"①

专卖制度尚处在酝酿当中,买卖与吸食鸦片便已经明显地公开化了。伪临时政府统治区域内的罂粟种植面积有所增加,鸦片收购量因此大增,其中河北收562000两,山东收2719600,山西收1411200两,河南收100000两,合计4792800两。② 1939年7月22日,伪临时政府制定了当年的鸦片暂定处理纲要,规定伪临时政府统治区域内生产的鸦片必须交售给官方特许的收购人。无特许者,无论卖或买都要课以罚金。1939年输入北平的鸦片中,张家口为153万两,厚和为552万两,凉州为162万两,甘州为69万两,热河为144万两,与管界内产量合计,共1088万两。③

美国代表富勒在国联第23届禁烟大会上指控:"有428箱(约36吨)烟土为一日本著名大商家所定购,王克敏曾以伪华北临时政府的名义,于3月12日密令三井轮船公司澳门经理日人富士田(Isamu Fujita)准许运输入境者,嗣闻该日轮'新加坡'丸,于4月12日上午1时抵沪,凭日本军用品运输船旗号,泊踞海关码头下流三里,浮标第三十五号,轮中货物,并未起卸,同日下午3时15分,即离沪直驶塘沽,到达后,即由日驻军军官将此烟土护送分销"。"就目下华北实况而言,烟土之输入境内,乃违反中国法律,日本政府实不能规避其责任也,且余敢言,北平伪临时政府,在法律上并无行使职权之根据,此种违背现行国际条约及不顾该地方法律之举动,日本政府既有指挥之权,竟不加以阻止,此余所最引为遗憾者也,余甚望嗣后日本军政当局,于势力所及与军事占领区域内,应积极设法,消弭前述各种严重之状况。"④

虽然伪临时政府为增加其鸦片收入,颁布了很多法令,但华北地区鸦片专卖制度的确立,在所有日军占领区中是最迟缓的。1940年3月汪伪政权成立之后,将伪临时政府作名义上的取消,同时以伪华北政务委员会的形式

---

① 《興亜院、北支臨時政府との会談記録》(1939年4月28日),岡田芳政等編:《続・現代史資料(12)阿片問題》,みすず書房1986年版,第265頁。
② 江口圭一:《日中アヘン戦争》,岩波書店1988年版,第86頁。
③ 江口圭一:《日中アヘン戦争》,岩波書店1988年版,第84—85頁。
④ 《禁烟纪念特刊》1939年6月。

出现。伪华北政务委员会开始逐步建立起鸦片制度。据兴亚院华北联络部文件记载:"政府鸦片行政管理的最终理想早已规定为建立鸦片专卖体系。但由于机构未整顿,使得从卢沟桥事变至今整个地区都未能安定下来,禁烟制度也就无法立即实施,不得已才把鸦片的批发业务交给特殊机关代理,为此设立了华北土药公会。"1940 年 8 月 31 日,伪华北政务委员会公布了《华北禁烟暂行办法》,在北平设立了伪禁烟总局,直隶于伪财务总署,并在 9 个主要城市设立禁烟分局和办事处,规定"鸦片制度的实施须全面地接受强有力的日本方面的内部指导",禁烟分局和主要办事处负责人见表 19 - 10。

表 19 - 10　华北敌毒化机关主管人姓名调查表①

机关名称	职务	姓名	到差年月	去职年月
北京禁烟分局	局长	吴慎修	民国三十年二月	
天津禁烟分局	局长	黄丙三	民国三十年二月	
青岛禁烟分局	局长	刘樾楼	民国三十年二月	民国三十一年十二月
青岛禁烟分局	局长	黄哲恭	民国三十一年十二月	
济南禁烟分局	局长	李宗翰	民国三十年二月	
烟台禁烟分局	局长	赵国源	民国三十年二月	
唐山禁烟分局	局长	王会安	民国三十年二月	
石门禁烟分局	局长	鲍立鋐	民国三十年二月	
太原禁烟分局	局长	李玿衡	民国三十年二月	
开封禁烟分局	局长	汪崇度	民国三十年二月	
潍县办事处	主任	潘君达	民国三十年四月	民国三十一年二月
潍县办事处	主任	邓仲吉	民国三十一年三月	民国三十一年五月
潍县办事处	主任	汪泰云	民国三十一年六月	
安丘办事处	主任	杨绍荣	民国三十年八月	民国三十二年一月
安丘办事处	主任	范之铠	民国三十二年一月	
昌邑办事处	主任	孟宪钧	民国三十一年八月	
胶县办事处	主任	胡啸先	民国三十年四月	

---

① 资料来源:1946 年 5 月 7 日山东省政府民三字第 1854 号函报,马模贞主编:《中国禁毒史资料:1729 年—1949 年》,天津人民出版社 1998 年版,1582 页。

(续表)

机关名称	职务	姓名	到差年月	去职年月
胶县办事处	主任	王明齐	民国三十一年八月	
即墨办事处	主任	孙书翰	民国三十一年八月	
高密办事处	办事员	孟祥符	民国三十年四月	
高密办事处	主任	赵昌荫	民国三十一年八月	
石臼所办事处	主任	刘树英	民国三十一年八月	
小港分驻所	办事员	王树礼	民国三十一年八月	
沧口分驻所	办事员	徐溪明	民国三十一年八月	

随后禁烟总局陆续颁布了《华北土药业公会规则》《华北禁烟总局组织暂行规程》《华北禁烟分局组织暂行规程》《华北查获私土奖励规则》《华北禁烟缉私规则》《华北禁烟总局征费规则》《华北土药业公会章程》《华北禁烟总局直接各分局所属办事处组织暂行规程》《华北禁烟总局办事细则》《华北土药业公会组织细则》《零售吸烟器具人营业执照发给办法》《运输执照发给办法》《药用鸦片执照发给办法》《药用鸦片贩卖人营业执照发给办法》《栽种罂粟执照发给办法》《售吸所营业执照发给办法》《吸烟器具总批卖人营业执照发给办法》《吸烟器具制造人营业执照发给办法》《零售鸦片人营业执照发给办法》《吸烟执照发给办法》等有关法规 20 多种，①规定鸦片吸食需要登记，罂粟的种植、鸦片的运输、烟膏和烟具的制造与加工等都实行许可证制度。名为寓禁于征，实则种烟有费、运烟有费、售烟有费、吸烟有费，以及吸烟器具的制造批卖，亦莫不收费，并均经伪组织通令公布，奖励提倡，无所不至。

虽然日本人在华北占领区推行鸦片专卖制度有伪满和伪蒙疆的经验可以作为借鉴，但因为华北地区地域宽广，日本势力并未完全渗透，因此，日本人的鸦片经营并不理想。1940 年 10 月由禁烟总局指定的土药业者组成了华北土药业公会，资金总额为 1000 万元，公会的存在期限定为 3 年，但可按照需要逐次延期。公会负责鸦片的制造和买卖，并进行禁烟总局允许的一些附属业务。与之相应，辖区内各省设置药业公会，也经营上述业务。以往的

---

① 1946 年 1 月 4 日河北省政府函报，马模贞主编：《中国禁毒史资料：1729 年—1949 年》，天津人民出版社 1998 年版，第 1581 页。

土店、膏店的经营范围只限于土药业公会提供的鸦片的代销与零售,但土药业公会没有实现对鸦片收购和售卖的垄断,日本人对此很不满意。

因此在兴亚院华北联络部 1942 年 8 月召开的"支那鸦片对策洽商会议"上,有人指出:"因为私土从各省毫无控制地流入,结果使本管辖区内私土到处横行,并被瘾君子们所把持,成了官土普及的巨大障碍。"

为打破官土滞销的局面,走政府专卖的道路,日本人加紧研究对策,日本驻北平领事馆于 1942 年 11 月制定了《华北地区禁烟及禁毒制度实施要领》和《华北地区禁烟及禁毒实施要领推进大纲》两份文件,并认为施行渐减的鸦片政策,强有力地推行文件规定的一系列措施,是"援引华中及'满洲国'之例而确立的百年大计,在此时实行这种有相当余地的策略是绝对必要的"。此两份文件的要点如下:

1. 将一部分业务划归"华北政务委员会"直接经营。
2. 在禁烟公署划归"华北政务委员会"直属的同时,强化该公署中日本职员的领导权。
3. 设立禁烟特别会计。
4. 设立禁烟特别警察。
5. 敦促瘾君子登记。
6. 在山西省设立罂粟种植区,保证原料鸦片的供给。
7. 整顿禁烟地方附加税。
8. 统制管理禁烟药物。
9. 建立取缔兴奋剂制度。

根据《华北禁烟要领》,过去的华北土药业公会改组为华北土药业总公会,成为销售鸦片的"中央机构"。关闭过去设在各地的分会,把各主要地域内的土商集中起来,成立地方土药公会,负责鸦片的批发业务。总公会与地方公会之间的利益分配,根据"中方的建议"和地方公会业务自治的原则,实行"利益均沾主义""以振作中国人对禁烟事业的创造性和热情"。

伪政务委员会曾将烟膏店视作娱乐处所,令各膏店每月 8 日停止营业,因而遭到日本人的强烈反对,理由是:

1. 膏店之与一般娼妓酒饭馆等娱乐处所其设置之意义根本不同,膏店者乃因华北禁烟制度创设,对于鸦片瘾者之救疗上为切实必要之机关,故而使其存在,今竟视为娱乐处所,实属本末颠倒,违反华北禁烟法令之根本精神。

2. 如娼妓等按一般常识论当然可以停止者,反而不令停止,其瘾者救疗上不可一日或缺医疗设备(膏店),却命令停止,此实"政委会"处置之不当。

3. 此次之停止处分系将依据华北禁烟法令而设置之膏店视作娱乐处所,政府既如此视之,则将来一般人之观感亦当然如此,于是"华北政委会"之对外面子以及今后禁烟施政所受之恶影响应如何处理。

4. 在瘾者登记未完成之过渡期中,其以娱乐为目的而出入膏店者亦难断定无有,但政府为禁烟制度之树立应对内外表明其为救疗鸦片瘾者而设之机关。

日本人对伪政府竟如此不重视毒业而感到十分恼火,因为华北地区的禁烟制度及鸦片事业创始已有两年,但推进力量极为薄弱,以致不能独立。如不加以推助而继续迁延,华北鸦片制度将有覆灭之虞,使禁烟收入增加的目标归于渺茫。日伪加紧推行新的鸦片政策。本来1942年山西省种植罂粟仅为41550亩,河南省种植60000亩。这时决定,山西省每年种植罂粟40万亩,是以前的10倍,欲使山西省成为半永久性的罂粟种植区,以图确立鸦片原料的自给体制。而原该管辖区内瘾君子共有170万人,但只有7000人前来登记,这不过是少而又少的一小部分而已。《华北禁烟暂行办法》第三条规定:"凡属鸦片不得吸食,但年龄在50岁以上曾有鸦片瘾者不在此限。年龄在30岁以上因病吸食一时未能戒绝,以医师证明确属救疗上所必需者,得暂设特例许可吸食""鸦片制度确立的关键是瘾君子登记,为快速完成这一任务,登记手续应力求简易。对尚未完成登记手续者,在吸烟所内吸烟的取缔应予宽大"。通过上述一系列措施的促进,也由于中日之战相持不下,日本人在华中地区的统治渐渐趋向稳固,日本人在华中地区的毒业也逐渐"繁荣"起来,伪华北政务委员会辖区(北平、天津、山东、河北、河南、山西)也因此陷入毒沼。

二、华北各地的毒祸

(一) 北平

全面抗日战争前,北平的嗜毒者若要吸食鸦片,就必须到市警察局登记,而且年龄有所限制,须在 45 岁以下,吸食吗啡与海洛因则绝对禁止。1937 年 8 月 4 日,日军侵占北平,所在监犯多遭枪决,唯烟犯皆获释放。伪中华民国临时政府成立后,开放烟禁,借烟征税。当时,北平市内共设置鸦片吸食所一百四五十处,并允许在旅馆、妓院吸食鸦片。贩卖鸦片者须经"特许"登记,不登记者则罚款 2—10 倍。烟馆一户,每月须交捐 10 元;吸烟者须有"限期戒烟执照",每月纳捐 1 元。这样,伪临时政府仅在北平一市每月从鸦片印花税即可收入 20 余万元。

在日伪的纵毒政策之下,北平的毒祸迅速蔓延开来。1939 年 7 月,北平有烟土店(批发)107 家,烟膏店(零售)231 家,合计 338 家。北平被占领时期,全市持有吸烟执照的吸烟者 2.3 万多人,无执照的嗜烟者则有 8 万多人,经常吸鸦片者约 10 万人。但各鸦片烟馆均受到日军司令部严令,不准接纳日本人在烟馆吸毒,也不准将吗啡与海洛因卖给日本人。一家二级烟馆每月要交税 1000 元,后增为 1200 元,一级烟馆的税额加倍。鸦片的供应,则多来自热河与绥远,初期每两 4.4 元至 5 元。据日本兴亚院华北联络部经济第一局的一项估计,北平全市人口 1564389 人,1938 年全年内,北平共输入鸦片 1088 万两,其中再输出 411 万多两,本地消费 4731313 两,存货 204 万多两。

战前居北平的日本人只有 2000 人,1938 年初日本人有 10942 人,朝鲜人 5334 人,台湾人 111 人,合计 16387 人。他们很快在北平开设了许多妓院与烟毒馆,海洛因的贩卖很快遍及全市。小盘贩卖几乎全是朝鲜人所经营,日本人则经营大盘与中盘,只有少数人做小盘贩卖。北平城内几乎每一条胡同都有一两家海洛因店,哈德门大街与其他主要街道则有许多家。被占领初期,北平最流行的海洛因分三类,每两的价格分别为 50 元、60 元、75 元。其售店一般和普通住宅无异。事实上甚至有些日、朝人的住处已成为吸食场所。为欺骗无知的妇女,许多日、朝浪人假称毒丸可治妇女病,每包售价 1 角。当时海洛因分大箱、小箱 3 号、小箱 4 号等三种。大箱主要供应平、津及北宁铁路沿线各地,小箱 3 号销售于华北其他各地,小箱 4 号则销售于华中各地。制造海洛因的利润高达 30%—40%,大箱者每磅可赚 9000 元,四五年内即可赚数百万元。1939 年 3 月,北平市烟馆已增至 500 余家,皆由日伪给照营业,除鸦片外,吗啡、海洛因、高根、红丸等烈性毒品,亦均随处可买。①日寇制造的海洛因,利用朝鲜流氓,四处贩卖,任人吸食,政府视若无睹,以致华北人民染毒品嗜好者甚众,一旦吸食,无不变形换态,倾家荡产,且多死亡,为害之烈,甚于鸦片,故每届严冬,"我同胞因吸用毒品流落街头而至死亡者,时有其人"。②

吸食海洛因的方式,原先大部分是用注射式的,但在日军占领北平后,越来越多的嗜毒者改用在香烟头上吸,既方便,又可避免注射针头的传染。吸海洛因者,初期多为下层的洋车夫、卖报人、小偷、乞丐、小吃摊贩、无业游民与妇女等,其货品的供应来源,最大部分来自日本本土,小部分则来自大连与天津日租界,均用中国所产的鸦片制成。但日军占领北平之后,设立了一些海洛因制造工场。曾有一家海洛因工场被一俄人与一日本宪兵军官勒索,场主乃电告日军当局,此宪兵军官即被逮捕,由此可见日军当局与海洛因制造场的关系。

1938年,一位外国人在英国一家报纸上发表文章写道:"在北京我花了一个早晨,来光顾各种各样的药铺,在这些药铺里有大量的毒品,但是日本人不再允许从事这项买卖,药店在日本人的保护下由朝鲜人经营。小孩子在街上招揽顾客,热情地沿着胡同给我们引路。一个中年皮条客把我们引到一个妓院,在这里我们买到海洛因……当我们出现时,一个中国烟贩看上去感到十分害怕,他的鬼鬼祟祟的表情和朝鲜烟贩的安全感相差很大。在北京最使我疑惑不解的是日本人开的小诊所,它们装饰得很明亮而且很惹眼,其中一家还挂着红十字……它们还在报纸上登广告,声称能治各种各样的疾病,到这些地方看病的人,由一班不合格的医生或抓药的人给草草地看一下,然后就被诊断为患有某种疾病,在此之后,病人便可以随意买海洛因,只要他愿意,想买多少就可以买多少。就在上一礼拜,城市的毒瘾治疗中心关闭了,有300名吸毒者被放了出来,这里再也没有诊所来治疗毒瘾,而在这里的日本人付他们的中国用人或雇员工钱时,一半付现钱,一半用毒品来代替。"③

---

① 参见1938年国联禁烟顾问委员会第23届及1939年第24届会议美代表富勒的报告。
② 《日本在中国占领区毒化罪行备忘录(1946年)》,中国第二历史档案馆藏,马模贞主编:《中国禁毒史资料:1729年—1949年》,天津人民出版社1998年版,第1577页。
③ [美]马丁·布思:《鸦片史》,任华梨译,海南出版社1999年版,第186—187页。

1945年日本投降之后,北平市于1946年1月26日在东单练兵场举行禁毒大会,所焚毒品达957200两。焚毁时,数百公尺见方的广场,全被烟雾所笼罩,烈焰烛天,臭气四溢,规模之大,实为林则徐焚毒后百年来所仅见。场外围观民众近万人,莫不鼓掌欢呼,为中国的重生而庆幸。"此次所焚大批毒品,仅系敌人八年来在华北施行毒化政策之一部分毒物。平市一地,于胜利后接收之毒品,即达30余吨,其中一部分系敌人用以在伪联合准备银行借款之抵押品。计焚烧达7小时之久,数量之多,可以概见矣。"①

(二) 天津

1937年9月3日,伪治安维持会在日本卵翼下于天津成立。1938年以王克敏为首的伪中华民国临时政府明令开放烟禁,实行"寓禁于征"的消息传到天津,日本顾问村主正一立即与伪天津财政局局长瘾君子王砚农密商,派人奔赴北平了解情况。待获知情况确实后,马上参照北平市办法,拟订鸦片暂行稽征办法,报送伪天津特别市公署审批。历来公文审批,要通过许多道关口,旷日持久才有眉目,这次以"事属特殊,勿落在北平市后面"为理由,由王砚农出面向有关部门一一打了招呼,很快就通过审阅种种手续,获准施行设立征收机构。随后,伪天津财政局在王榜华、田荫周的主持下,开始办理登记,凡愿经营这种特种营业的要先期申请,经过派员审查核实后发给执照,方准开业。伪财政局内部也配备一些人,于6月21日成立了稽征办事处,从1938年7月起开征"新捐",于是,贩卖吸食鸦片在天津合法化。

与此同时,伪财政局会同伪警察局研究,为保护这种特种营业的经营,除各租界地外,在华界和各特别区内勘定适于设立土药、土膏店的区域共18处,计有南市的几条大街,东马路的袜子胡同,北马路的北海楼、大胡同、侯家后,河北中山路,元纬路,北站,大红桥,地道外,特一区的三义庄、五福楼,特二区的金汤大马路、平安街、寿安街、瑞安街,特三区的东站项家胡同、大王庄等,当时比较繁华的街道和地区几乎都被划定在内。1938年4月,穆里而·莱斯特在《曼彻斯特观察报》上著文称:在日本的老租界地天津的一条街中,大约一半的房屋都做着毒品的生意,除了不准卖给日本人,毒品公开提供给

---

① 《华北日报》1946年1月27日。

经过这个街道的任何一个中国人和其他外国人。① 在这些特定区域内,都设置固定的警察岗哨,对土药、土膏店加以关注,加强巡逻,以防滋扰。稽征办事处也在天津东站和北站各派 2 名驻站稽查员,稽查员佩戴袖章,与其他机关的检查人员一起,站在旅客出口处配合检查。实际上这只是虚张声势而已,从开征特捐,始终没有真正地检查过,当然也从未查获过私运土药的案件。

开征鸦片特捐共分三大项:

一是铺捐。根据土药、土膏店每月营业流水额,酌营业规模,分为四个等级:特等,每月营业流水额超过 5000 元的,其超过部分,每 1000 元加收捐款 5 元,捐款累进到每月纳捐 50 元为止;一等,每月营业流水额在 4000 元以上不足 5000 元的,纳捐 20 元;二等,每月营业流水额在 2000 元以上不足 4000 元的,纳捐 15 元;三等,每月营业流水额不足 2000 元的,纳捐 10 元。

二是土药营业税。土药就是鸦片烟土,每一两征收 0.07 元。土药营业税由专人负责,稽征办法是专卖店到天津统税分局提运报验时征收,收讫后就在土药包装封口处加盖完税戳记,并不另开完税收据,这就给征税人员造成侵吞税款、中饱私囊的机会。如果以应征税款 1/3 被侵占估计,每月有近万元转入经办人和其庇护者的腰包。

三是烟灯捐。土膏店既零售土膏,还在店内设置床位,备有烟灯烟具,供烟客吸食。每盏灯每月收灯捐 10 元,开始每家以 3 盏灯为限,不准多设,为时不久,就取消限额,只要在每月初申报增减灯数,经核准纳捐后,即可供客使用,稽查员不时到土膏店核对灯数。

开征初期,三项税中,铺捐每月可收 3000 元;土药营业税,按当时运津烟土每月 30 万两上下,每两收税 0.07 元计,全月税款约有 2 万元;灯捐,每户平均设灯五六盏,共 1000 盏左右,月收灯捐 6000 元。三项合计 3 万余元。② 此外,日伪还凭借限额发照审批权,牟取"外快"。所谓限额发照,就是对申请经营这种营业登记的户数进行限制。每发出一份执照就等于授予一份特许权,一旦限额已满,持有执照者便奇货可居,如果中途不愿意继续经营,可以

---

① [美]马丁·布思:《鸦片史》,任华梨译,海南出版社 1999 年版,第 187 页。
② 孙慎言:《日伪时期天津烟毒及税收》,《文史精华》编辑部编:《近代中国烟毒写真》(上卷),河北人民出版社 1997 年版,第 153—158 页。

出让执照,收取转让费,而打算经营这类特种营业的便要付出一定的代价,才能取得执照接替营业。办理执照颇费周折,需要事先找门路,拉关系,同经办发照的人员达成默契,奉上一定数目的酬谢费才能去办理登记手续。据说办理一张执照,这种额外执照费需三五百元不等。价码也是因人而异,当时伪警察局局长周思靖曾一次要走 20 多个号头,分文未付。另外,这种价码也有增减,刚开始申请登记的少,索价就低些,后来申请的渐多,价钱也上涨,经办人将额外执照费神不知鬼不觉地落入自己和后台支持者的私囊。

1938 年末,伪天津市财政局新任局长李鹏图到任,他看到办限额发照工作已告结束,新任人员没有油水可捞,便寻找增加限额的借口,于是就以日本租界所设烟馆为数甚多,近据传闻日租界当局有意将烟馆一律迁往华界为由,拟议把土药、土膏店的户数再增加 150 户,呈请伪市公署核示。由于各有关部门如伪警察局局长阎家琦、伪社会局局长蓝振德等都要求插手分一杯羹,内部发生争执,伪市长温世珍只好批驳。当时日租界内烟馆多达 500 余家,这是日本租界当局收取不义之财的源泉,岂肯拱手让人,所谓迁移,只是传闻并不是定局,李鹏图提议的真实目的是显而易见的。一计不成,再来一计。1941 年 2 月,李鹏图在伪秘书主任陈任民、二科科长贾宗献的怂恿下,又具文呈报伪市公署,建议办理吸户登记,吸户凭登记执照到土膏店买烟,并按期征收执照费,既裕收入,又示限制。这项建议经伪市公署转报伪华北政委会核示。此时,伪天津市卫生局局长傅汝勤也向伪市长温世珍建议,由伪卫生局办理烟民牌照,凭照定期为烟民进行检查,以维护烟民身体健康。这时,伪华北政委会财务总署已经把禁烟事务从统税局划出,另外成立了禁烟总局,统揽烟务大权,并颁布了华北禁烟法规,地方上已无活动的余地。同年 2 月 15 日,伪天津市禁烟分局成立,由其主持办理禁烟事务,伪天津市财政局、卫生局所提出的办理吸户、烟民登记发照等"高明"主张,未能实现。

1941 年 8 月 23 日,伪华北政务委员会制定了《关于天津特别市征收禁烟附加费款实施办法》,对土药、土膏店的名称正式定为鸦片批卖人、零售鸦片人、售吸所等,同时调高捐款税率,为地方增加了收入。但是征收这特种营业税捐的权限,归属伪华北政务委员会财务总署,地方不能擅自变更。1944 年 10 月,根据伪华北禁烟总局的安排,烟土销售改由华北土药业总公会直接配售给各地土膏店同业公会。由当月起,土药店全部歇业,每户发给零售鸦片人执照，准许转业改营零售。至此，这项由地方财政征收 6 年之久的土药特种营业税即行停征。对鸦片零售的特种营业税捐继续由地方当局征收。

天津一向是日本在华肆行毒化的总枢纽，日本人制售的毒品，计有海洛因、黄面、甜丸、快上快、纸卷、黑膏、鸦片、吗啡、高根等多种。该市烟民为数甚多，甚至两三岁的婴儿也有成瘾而须注射吗啡针的。冬季严寒之日，警察及卫生队每晨更须自街道上移去大批吸毒者尸体。自日军侵占后，毒氛愈炽。"自廿六年冬敌占领以来，天津情形颇殊，眼之所触，皆敌方浪人，此辈除一部分担任敌宪密探或特务外，余则专以制造及贩卖白面为业。即以市区而言，只吸食之窟，有 270 余家，其他制造及卖原料之机关，亦不下 30 家，且皆门庭若市，畅销无阻。当地为官，竟不敢稍加禁捕，故'白面郎'（津人称吸白面者）咸视此处为唯一之安乐窝，趋之若鹜。闻其营业收入，稍大之白面窝，每日 10 万余元，小者亦 4 万许。平均计之，则每日为其所吸收之金有千余万金。"①1939 年，该市计有制毒工厂 200 余所，白面洋行 1000 余处。沦陷前，天津市的烟馆大都设在日租界，尤其是旭街一带，如德义楼、新旅社、大北饭店、息游别墅等。从开征特捐之后，贩运鸦片烟土的土药栈、庄和零售烟膏的土膏店几乎遍布全市。1938 年 7 月开放禁令后，土药土膏店不断增加，开办登记时，土药栈、庄限 30 户，土膏店限 150 户，到 8 月底即突破限额，已登记的土药栈、庄 38 户，土膏店 165 户，此外，还出现了很多没有领照的私运私售户。零售烟膏的更是充斥各个角落。在通衢马路两旁，什么"会友土膏店""群英阁土膏店""夜来香土膏店"，还有什么"阿春楼""福记""林记"等，牌匾高挂，店铺里陈设着吸食鸦片的烟枪、烟灯、烟盘等烟具，熙熙攘攘的烟客在烟馆内横躺竖卧，喷云吐雾，致使毒烟弥漫。据伪政权统税局的税收登记的土膏店数字，天津的鸦片烟的最高数字在 1940 年达到 237 家。②瘾君子中男女、老少，富贾、贫民皆有，数以万计的中国人身受其害，倾家荡产，潦倒街头，轻生丧命，屡见不鲜。当时在华界办理登记的土药店每月提运报税 30 万两，其中约有 20 万两在市内销售，按每个吸烟的人每天消耗 3 钱烟土计算，足够供应 22000 余人一个月的吸食之用，何况还有若干私运私售烟土和日租界公

---

① 《新上海周报》第 18 期，1946 年 4 月 21 日。
② 广赖龟松主编：《津门旧恨——侵华日军在天津市的暴行》，天津社会科学院出版社 1995 年版，第 84—85 页。

开贩卖的烟馆。另据不完全统计,1945年日本投降前,共有土膏店180余家,土药店30余家,每5日销售鸦片4万两,烟民约有15万之多。①

(三) 山西

20世纪30年代阎锡山主政时,山西有105个县。日军占领后的1939年4月,东北部的13个县州归伪蒙疆联合委员会管辖,南部的92个县受日军傀儡政权伪山西省公署管辖。

1. 种植

(1) 伪山西省公署统治区

1939年夏,伪山西省公署可以管辖的不过1市54县,且统治力极低,主要以太原为中心展开,1939年6月召开的第二次县政会的"政令落实"仅及1市17县。1939年伪民政厅厅长宋澈、伪财政厅厅长宋启秀向伪省公署提交了"罂粟增产计划",伪省长苏体仁转交给谷荻那华雄(伪省公署顾问室顾问、太原陆军特务机关长),得到允许后,伪省公署下令在日军占领区普遍种植罂粟。

1939年设立的伪太原禁烟分局(局长王西林)是伪中华民国临时政府的直属机构。1940年3月30日伪中华民国临时政府改组为伪华北政务委员会,成为南京汪伪国民政府下属行政机构,伪太原禁烟分局直属于伪华北政务委员会。

"1940年8月31日,各项禁烟法规公布:禁烟局成立,统一管制种植罂粟、确立特定收购人制度、设立华北土药业公会等。由此,华北的禁烟机构确立起来,一改以往鸦片的流通过程,使收购权掌握在土药业公会及特定收购人的手中。"②

山西1940年的鸦片特定收购人,在晋北地区是陶菊圃,在晋中地区是郭宝览。56个县被指定栽种罂粟,栽种面积为55942.8亩。1941年,山西省指定栽种罂粟亩数为10万亩,实际只有5万多亩。1942年,伪山西省公署许可

---

① 1937年2月18日美国人麦文的《天津日租界与毒品贸易》、1938年12月22日英议员费力吉在英国国会的演说词及1945年12月1日天津市警察局报告,马模贞主编:《中国禁毒史资料:1729年—1949年》,天津人民出版社1998年版,第1577页。

② 内田知行:《山西省の日本軍占領地区にほけてアヘン管理政策》,大东文化大学《東洋研究》,第112号,第35—36頁。

栽种罂粟的县数为26个县,许可面积41550亩,实际栽种面积约32561亩,占许可面积的78.4%,见表19-11。1945年春,罂粟、罂粟田分别被更名为药草、药草园。同年3月制定的《山西省药草栽种园设定计划纲要》中,将伪山西省公署许可栽种罂粟的县数从1942年的26个减少到13个,见表19-12。

表19-11 1942年山西省日军占领区罂粟栽种面积①

单位:亩

区域	特许面积	复查面积	1941年耕地面积	备考
介休	800	无		全县未种
平遥	2500	365		
离石	4000	4284	318084	超种284亩
汾阳	1900	591.17	430874	
交城	2700	2493.17	264452	
文水	3000	2809	607442.5	
太谷	800	268		
赵城	1300	1300		
霍县	2300	1622		
阳曲	4000	2810	48251	
榆次	1200	1293		超种93亩
静乐	2000	1275	302143	
忻县	1500	2461		超种961亩
清源	700	698		
晋泉	900	372		
岚县	800	716	286452	
崞县	1500	947	337776	
代县	3000	3351		超种351亩
繁峙	4000	3614		
宁武	1000	637	161478	

① 资料来源:山西省档案馆藏,日伪山西省公署全宗档案,档案号[48-2-4]。

(续表)

区域	特许面积	复查面积	1941年耕地面积	备考
神池	250	21	598759.5	
定襄	100	100		
五寨	100	46	174567	
平定	500	172.11		
寿阳	500	244.73		
孟县	200	71.1		
合计	41550	32561.28		

表19-12 1945年山西省日军占领区罂粟栽种面积①　　　　　单位:亩

区域	特许面积	实际面积	受灾残存面积	1942年复查面积
太原	10000	2488	2425.46	2810
晋泉	12000	9065.93	667.65	372
清原	8000	6716.6	3382.3	698
忻县	3000	3000	1814.4	2461
崞县	3000	3000	2550.16	947
文水	10000	10000	3011.9	2089
交城	5000	5000	2681.2	2493.17
汾阳	3000	3000	687.72	591.07
榆次	12000	8706.36	677.28	1293
平遥	5000	6606.59	402.65	365
祁县	5000	4758.08	149.31	
太谷	2500	2500	49.35	268
离石	5000	1340	不详	4284
合计	83500	66181.56	18499.38	18671.24

(2) 伪蒙疆政府统治区

伪蒙疆政府主要以大同为中心统治晋北十几个县,在日本人的控制下,这里成为沦陷区重要的罂粟种植区。

---

① 资料来源:内田知行:《山西省の日本軍占領地区にほけてアヘン管理政策》,大東文化大学:《東洋研究》,第112号,第42頁。

1939年,日本从东北运进大量罂粟种分发给雁北各县村庄,诱使农民播种。为了统一管理,日伪在大同大皮巷成立了"大同清查禁运署",署长是日本人,有若干东北人担任缉私和稽查等职务。各县设有清查分局,局长也皆为日本人。1939年夏,日伪纠合几个土膏店的负责人在大同欢乐街振大号土店组成"土药公司",以王尊五为经理,王振伦为副经理,另聘若干人为协理,同时还设有文书、总务,会计、收纳等几个股,专司收购烟土,并禁止他人私自贩运。"土药公司"在各县相继设立收纳处。每到鸦片收割期,"土药公司"便派人到指定地点坐摊收购。清查署、清查分局也派稽查人员监督收购和稽查走私。1941年,大同"土药公司"改为"土药组合",各"土药组合"共有600多人,配备了特务队、警备队。①

大同原本盛产黄花菜,自日寇入侵后,黄花菜渐被罂粟苗所取代。1937年9月13日,日军侵占大同。不久,指使"大同地区治安维持会"把在城内做黄花菜买卖的小商人都无故扣押起来,并以"破坏治安"为由,没收了他们所有的黄花菜。同时,伪蒙疆政府与大同的汉奸相互勾结成立"裕民公司",经理为白光宇,由日本人担任顾问,独家经营大同的黄花菜业务。② 在日伪的操控下,大同黄花菜的种植面积和产量持续减少,罂粟的种植面积则不断扩大。据不完全统计,从1940年到1945年,大同黄花菜的年产量下降为40万斤左右,不到全面抗战前300万斤年产量的15%。大同地区583个自然村中,有近百个种植了罂粟,当时的大同城外遍地都是罂粟花。

2. 贩售

日军侵占山西后,在太原、大同、临汾等地开办工厂制造吗啡、海洛因等毒品,烟馆遍布城乡各地。仅太原市内就有二十几家烟馆,一家名为兴亚楼的烟馆一年的鸦片销量就达万两以上。③ 山西"各村烟铺林立,公开贩卖料面、金丹等毒品,平均每村3户,中善村居民仅15户,即有3户从事贩卖毒品。每村每日平均售毒品200余元,太谷全年可销940万元。人民吸毒者达

---

① 王振三:《日寇毒化大同人民的罪行》,《文史精华》编辑部编:《近代中国烟毒写真》(上卷),河北人民出版社1997年版,第183—185页。

② 张新平:《从黄花菜到罂粟花——揭露日寇侵华罪恶一幕》,《文史精华》编辑部编:《近代中国烟毒写真》(上卷),河北人民出版社1997年版,第187—193页。

③ 武直刚:《鸦片对山西人民的危害》,《文史精华》编辑部编:《近代中国烟毒写真》(上卷),河北人民出版社1997年版,第174页。

50%以上,甚至9岁儿童亦有出入毒品店者。至于伪组织中,县长以下人员,竟有80%吸食毒品"。①

日伪在山西贩运烟毒多由正太铁路输入,暗中批发。由山西土业公会向伪华北禁烟总局总领,分配各地土膏店销售,估计8年共销29619840两。据伪太原禁烟局1944年的统计,土膏店有175至181处,烟民估计约有7701135人。②

日伪在山西大肆纵毒,一为消磨中国人民的抵抗意志,二为借烟毒征税,其征税名目繁多,计有种烟执照费、土膏执照费、膏店执照费、售吸所执照费、销毁证费、查验证费、管内运照费、吸烟执照费、吸烟登记费、种烟罚款等。1939年伪山西省公署税收963934元,其中,土药附加税为63182元,土膏店执照月费为10650元,合计73832元,占税收的7.7%。1940年日伪征收的烟亩税达100697元,仅此一项就占当年财政收入663280元的15%强,此外,土膏店执照税、土药附加税等各类鸦片相关税收合计共占财政收入的20%以上。③

(四) 河北

1937年日军发动全面侵华战争后,很快占领了河北。在日本的毒害政策下,河北地区毒焰弥漫。美国驻国联禁烟委员会代表富勒称"河北已成为世界最大制造海洛因之中心。北平、天津及冀东等地之毒化情形,已至不可收拾之地步,管理此项营业者,全为日韩籍浪人"④。

河北全省日韩人所设烟馆,1936年已达700余家。自日军侵占后,毒化程度日甚一日。井陉煤矿区及石门一带土膏行店,触目皆是。"该处日本人还出售一种毒性最烈之毒品,一经吸用,一二月内即行死亡。故每届严冬,我

---

① 1942年1月26日重庆《中央日报》,中央社兴集24日电,同年山西省政府寅铣代电报告及1946年3月4日军委会调查统计局报告,马模贞主编:《中国禁毒史资料:1729年—1949年》,天津人民出版社1998年版,第1578页。

② 1942年1月26日重庆《中央日报》,中央社兴集24日电,同年山西省政府寅铣代电报告及1946年3月4日军委会调查统计局报告,马模贞主编:《中国禁毒史资料:1729年—1949年》,天津人民出版社1998年版,第1578页。

③ 内田知行:《山西省の日本軍占領地区にほけてアヘン管理政策》,大東文化大学:《東洋研究》,第112号,第37頁。

④ 《国联第23届禁烟会议美代表富勒演说词》,《禁烟纪念特刊》1939年6月。

同胞因吸用毒品流落街头而致死亡者,时有其人。"①在冀东开滦煤矿的5万名工人中,估计有5000—8000人注射海洛因。有一年瘾的,每天要注射50毫升;有两年瘾的,每天要注射100—150毫升。一般经过一年半的注射后,这些嗜毒者便被摧残至奄奄一息,宛如行尸走肉。

第四节 华东沦陷区的毒害政策

一、南京

南京为汪伪政府的"首都",最先受到日本人毒化政策的毒害。美籍人士贝特司(Bates)在《关于毒品问题的公开信》②(1938年11月22日)中写道:"1938年的变化带来了'邪恶的革命',现今市政当局或受庇护的人们肆无忌惮地贩卖鸦片。数以万计的民众上瘾,包括儿童和许多男女青年。数千人从事这种行当。公开的注册烟户在街上张贴广告,吹嘘他们的产品可以使吸食者增进健康与活力""市内5个行政区各设10家土膏行和30家烟馆,有足够证据表明鸦片主要从大连经过上海运到南京"。这无疑是指鸦片毒品的贩卖要受宏济善堂的操纵。贝特司最后反问道:"这种政策难道符合中国人和日本人的合法经营利益?它每月至少要从这个地区已非常贫困的民众那里拿走500万元,削弱了他们对于正当商品的购买力,以及他们从事各种正当生产的劳动力。这个地区中日合作的第一位的和最伟大的成就乃是毒害普通民众,难道'远东持久和平'就是一盏烟灯致命的梦?"

1938年,南京市共有大规模经营鸦片机关四个,一为日军特务部所组

---

① 《1940年1月29日军委会办公厅报告》,王德溥、郦玉明:《日本在中国占领区内使用麻醉毒品戕害中国人民的罪行》,《民国档案》1994年第1期,第58页。

② 这封公开信是美籍人士贝特司1938年月11月29日写给朋友信函中的一个附件,上海的几家中英文报纸都曾摘要发布。贝特司于1939年曾去上海向中外人士介绍南京毒品贸易真相,此举激怒了日本当局,日本总领事曾致函美国驻上海市总领事馆表示抗议。

织,二为汪伪政府所组织,三为日鲜浪人所组织,四为日本洋行。① 特务部每日销售鸦片毒品在 300 万元以上。伪政府定有鸦片出卖办法,并分设鸦片零售商店 17 所,此等商店按季节纳捐,一等 4200 元,二等 2840 元。自该年 11 月 15 日起,市内营业烟馆共有 40 所,烟馆纳捐,按灯计算,九灯者月捐 150 元,六灯者 100 元,三灯者 50 元。此外,尚有私烟甚多,无数旅馆妓院,亦均兼理鸦片营业,而日本、朝鲜浪人及日本洋行的纵毒情形,较此尤为严重。据卡尔克罗氏报告:南京烟民包括吸食各种毒品在内,已占该市人口 3/4。②《新华日报》载:"南京人口 1/8 已为海洛因所毒化,此项毒品,概由日本烟商所供给,每月最少吸收中国人民 500 万元之巨款,此等营业,概由日本军队联合经营。"③

日本在南京如此纵毒,以致汪伪政府都难以容忍,在 1941 年 12 月 9 日伪中央执行委员会第四次全体会议上有人指出:南京为"首都"所在地,戒烟室满布于横街曲巷,由此足以证明售卖者与吸食者之多,此实为"首都"之污点。④

二、上海

上海是中国最大的城市和工业中心。日军侵占上海后,将其视为对华侵略的最大据点。苏、浙、皖三省临近上海,战前即为上海的腹地,战时与上海的经济仍藕断丝连。宏济善堂设于上海,处于日本人毒化活动中枢的上海,当为各种毒化活动之渊薮:种、售、吸、贩集于一处。

华中宏济善堂烟土的发卖地点,设曹家渡、虹口及南市三处,总机关设虹口中国银行内,"仅上海一地,每日须销售四大箱,每箱 160 只,每只 12 两,共计 7680 两,以每只 500 元计算,每日约 32 万元,每年约 11600 万元"。⑤

---

① 1938 年 12 月 3 日美国贝特司(Bates)的"烟毒弥漫的南京上海"及 1945 年 11 月 14 日首都警察厅的报告,马模贞主编:《中国禁毒史资料:1729 年—1949 年》,天津人民出版社 1998 年版,第 1578 页。
② 《粉碎敌伪的毒化政策》,国民政府军事委员会政治部 1941 年 3 月编印。
③ 《粉碎敌伪的毒化政策》,国民政府军事委员会政治部 1941 年 3 月编印。
④ 《行政院抄发四中全会关于禁绝鸦片及毒品两提案卷》,中国第二历史档案馆藏,档案号二〇一〇/6236。
⑤ 1940 年 4 月 14 日中央社沪讯,《粉碎敌伪的毒化政策》,国民政府军事委员会政治部 1941 年 3 月编印,第 19 页。

上海浦东北区横沙镇也有"私种烟苗各大户计达百亩",甚至连上海市区的闸北共和新路也"发现私种烟苗上千余棵"。私种罂粟导致私制烟土和毒品,当时上海郊区有私制海洛因等毒品小作坊达 50 余家。①

烟馆老板组织的特业公会根据营业范围的大小分为大同行、小同行,共 200 多家,公开领照营业,并雇用日本浪人把门保护,伪警不敢过问。沪西与南市两地在两个月之内就出现了大小鸦片烟馆(土行)30 多处,南市九亩地一带则到处都设立了小型鸦片吸售馆(燕子窝),以至于当时有"土行多于米店,烟馆盛于饭馆"的民谣。② 据上海市警察局 1943 年 1 月的统计,当时烟馆总数已达 235 家,比 1939 年 11 月的 90 余家多一倍以上。③

据国联鸦片顾问委员会美国代表富勒的报告,上海在 1938 年年底每月消耗鸦片 5000 两,曹家渡领有执照的土膏行有 14 家,销土值 20 万元。另据国民社调查,日伪在上海统制鸦片毒物等营业,每月可收税 600 万元,作为侵华的战费,至于现在吸食烈性毒物的人,在 50000 以上,每月因吸白面一项致死者,常有数百人,在南市的街上就可见到这些遗尸。又据《今日之上海》记载:上海现有土膏行 20 多家,每家平均资本 7000 元,须纳保证金 2000 元,烟土照例是向鸦片公卖处每日领取,每日结账。公卖处设有缉私队,有队长 1 人,队员 30 人。所谓私土,就是川、南、伊朗、印度土,公土就是大连红土、热河土,以及日本人在上海制造的海洛因等。烟馆另外有枪捐,每枪每日纳 5 角或 1 元两种。在虹口区及市中心区等处,制造白面、红丸的机关达 40 余家。④

三、山东

日本在山东的毒害活动主要以济南和青岛两地为中心展开。

(一)济南

1. 售吸

1938 年年初,那些在全面抗战初期仓皇逃离的日本、朝鲜毒贩再次返回

---

① 上海市档案馆馆藏,档案汪Ⅰ全宗—18 号目录—1200 卷。
② 刘惠吾主编:《上海近代史》,华东师范大学出版社 1987 年版,第 355 页。
③ 上海市档案馆馆藏,档案汪Ⅰ全宗—3 号目录—454 卷。
④ 1940 年 4 月 14 日中央社沪讯,《粉碎敌伪的毒化政策》,国民政府军事委员会政治部 1941 年 3 月编印,第 19 页。

济南。至 1939 年年初,人数增至 9000 左右。济南伪统税局依照伪华北禁烟总局之令,准许鸦片在交税之后公开售卖。1938 年 9 月,济南有 4 家烟膏店(大、中盘)与 40 家售烟馆(小盘)营业。同年 11 月底,售烟馆迅速增加到 136 家,并从天津、北平运来烟膏 10 万两,其中 1 万两由济南转销至省境各中小城市。到 1939 年全市开设的烟馆达到 140 余家。济南的大烟馆,多为日本特务所开。这些遍布全市的毒窟,都是搜集军事情报的据点、眼线。1940 年特务崔亚东曾在该处寄押过被捕的中共新泰县委戴伯仁等三人,翌晨交给日本宪兵武山英一进行审讯。日本特务还借去南乡购买烟土之机刺探解放区情报,并大量收买烟贩子做特务,以开展情报工作。

在日伪的支持和包庇下,济南日本人开设的各大西药房还以出售戒烟"圣药"为名,出售烈性毒品海洛因、吗啡,当时日商药房如吉祥公司、川岸药房、安原药房、中村药房等均零售兼批发此类毒物。

2. 种植

日军入侵济南后,即鼓励在济南南乡金绣川、银绣川一带种植鸦片。济南税务分局在报告中称,该地从 1939 年起直至 1940 年都盛行种植罂粟。就连伪山东省公署所在地济南附近的历城县也有不少土地种植了罂粟。一位 1940 年 5 月滞留在济南的美国侨民表示:"在我侨居中国的所有岁月里,从未见过像今年(1940 年)这样大量种植罂粟的情况。以济南市为中心已被罂粟包围,就连济南城郊也不例外。"

(二)青岛

1938 年日军第二次占领青岛时期,日本人利用伪市长赵琪、姚作宾推行毒害政策,日本浪人公开制造和贩卖海洛因、白丸、吗啡,并强迫农民种植罂粟。青岛至胶州之间,铁路两旁、三里之内,各村都种鸦片。市内吸食海洛因、扎吗啡的人,衣衫褴褛,典妻卖子,倾家荡产,冻饿死者不计其数。

1939 年青岛膏店悉归伪组织"统税局禁烟清查委员会"统制,会长张孟熊,以日本人扶本为顾问。1940 年成立"禁烟局",所有膏店又归"禁烟局"管理,局长为刘樾楼。1943 年该局局长更换为黄哲恭,以日本人粟谷为顾问。

所有膏店烟土,均由伪华北禁烟总局廉价配给:土店 5 家①、膏店 73 家(私烟户除外)、烟灯 1131 盏(市内私灯在 4000 盏左右);吗啡店共 181 家(为日本人、朝鲜人所开)。整个青岛年销烟膏数量:公卖约 1250 公斤,私售 5000 公斤。

1942 年 4 月 25 日,伪青岛市政府发布《自宅吸食条例》,规定 50 岁者每月缴费 5 元、40 岁者每月 10 元、30 岁者每月 20 元,即可吸食鸦片。1942 年 9 月 7 日、13 日伪青岛禁烟分局通令实行烟民登记,参与登记的烟毒人员有 3000 余人,而未登记者五六万人(内含非重瘾者)。

据估计,日军占领期间,青岛一市因烟毒造成的烟费损失为 92967 万元。②。另有估计认为青岛因烟毒而耗费的金钱,年约 150000000 元。③ 表 19-13 为 1939 年至 1945 年 8 月前日军占领青岛期间烟毒造成的损失情况。

表 19-13　日军占领青岛期间烟费损失　　　　单位:万元

	1939 年	1940 年	1941 年	1942 年	1943 年	1944 年	1945 年(8 月前)
损失	324	432	648	915	2448	16200	72000

第五节　华中沦陷区的毒害政策

一、河南

(一) 种植

据国民政府第一战区司令长官部 1939 年 5 月电称,日军在豫北、豫南、豫东沦陷各县,驱迫农民遍种鸦片。1940 年 5 月,据国民政府一、三区行政

---

① 1946 年 5 月 6 日中国国民党青岛特别市执行委员会岛总字第 0186 代电抄送,马模贞主编:《中国禁毒史资料:1729 年—1949 年》,天津人民出版社 1998 年版,第 1587 页。
② 1946 年 5 月 6 日中国国民党青岛特别市执行委员会岛总字第 0186 代电抄送,马模贞主编:《中国禁毒史资料:1729 年—1949 年》,天津人民出版社 1998 年版,第 1587 页。
③ 1946 年 4 月 26 日中国国民党青岛特别市执行委员会仁总字第 0212 号代电抄送,马模贞主编:《中国禁毒史资料:1729 年—1949 年》,天津人民出版社 1998 年版,第 1586 页。

督察专员呈报,豫北安阳、淇县、汤阴三县敌伪区域均有烟苗,安阳铁路以西,汤阴铁路以东为最多,敌伪并勾结红枪会,分组护烟队,以致烟苗遍地;四区行政督察专员呈报,豫北博爱县山下四区,全行沦陷,敌伪盘踞乡村,毒品充斥,烟苗亦颇不少;七区行政督察专员呈报,豫东太康县以南及淮阳县周围迄黄河以北烟苗遍地。1940年8月,国民政府二区行政督察专员报告,豫东鹿邑县敌伪统治地区,乡民栽种烟苗,经派队以武力铲除,唯民众受敌伪威胁种植,每亩税率,不管收与不收,纳税20元。且敌人强迫民众种烟,按村庄大小发给烟籽,不种亦须纳烟捐,滞纳更要加倍处罚。1942年日伪划定彰德等8个县为种烟区域,面积为60000亩。可见,在日伪的胁迫之下,河南各沦陷区皆成为罂粟种植区域。

(二) 制造

日本人在豫北博爱县大辛庄秘密设置中和记毒品制造公司,公司北部靠山,三面河水围绕,四面围墙,并有常备卫兵3000名以上、守卫兵千名以上日夜布岗,均各持手枪、步枪。该庄有地下屋百余处,地洞数十所,长数十里,直通晋南山。1937年国民政府四十军往该公司围剿,剿出毒品原料,但公司人员则由地洞而逃。该公司制造的毒品以汽车或驮骡运销全晋,汽车由日本人押运。每一昼夜,可制红丸5000余袋,每袋万余粒,售价3万余元,总计日本人每日赢利可达15000万元。民间被迫服毒之经济损失,每日在15000万元以上。①

(三) 售吸

日军侵占河南后,即以郑州、扶沟、巩县、洛阳等处为集散地,由豫东豫北大量运输毒品到新沦陷区。不论城镇乡村,各大小烟馆充斥,安阳、汲县、新乡、开封等城市,各设烟馆十余所,按月由敌配给烟土销售,公然吸售,日寇占领获嘉不久,即在城内设立由朝鲜人经营的吗啡馆。小西关、东关等处均设有大烟馆,既可随时吸食,又可批发零售,每日进进出出的人络绎不绝。当时的汉奸特务、顽伪敌杂也多有吸食。在小辛庄全村当时共有83户,吸食毒品者竟有27户,占将近1/3。全村共600人,成年男子不足200人,吸食毒品成

---

① 1943年3月11日及6月29日河南省政府报告,马模贞主编:《中国禁毒史资料:1729年—1949年》,天津人民出版社1998年版,第1579页。

瘾者即 28 人,因吸食毒品破产、断子绝孙者 9 户,流落外地者 5 人,失踪者 6 人。因吸食毒品,无物可卖,不顾羞耻,将妻子"当"与人家为妻,以求一吸,也不乏其人。东张巨村,过去在获嘉县是个相当富裕的村庄,该村多数姓刘,有几家大财主,与其结亲者,皆附近各县名门子女。鸦片输入后,吸食者人数之多,因此倾家荡产者数不胜数。直至日本投降,该村还有 100 多人吸毒。①

民权县自沦陷后,日伪维持会对于海洛因之行销,不遗余力。城镇乡村各小杂货店小贩,均为代售毒品者。资本小者,均赴开封日人洋行贩货,若贩多者,洋行额外赠送料子若干,以示优待;其资本大者,则赴上海采运,以致该县成为海洛因的世界。

日伪在武陟县木栾店寨内设立洋行一处,代售海洛因;设官膏局二处,专卖鸦片烟膏,强迫寨内住户在寨内隙地种植鸦片烟甚多;诱逼木栾店民众贩运鸦片,吸食毒品;南贾詹店亦有官膏局之设置。

占据温县的日伪官兵大批贩运售卖烟毒,并强迫伪保甲长等买卖烟毒。

日伪在沁阳县城内设土膏店多处,对于贩运者每 50 两加秤 1 两、100 两加秤 2 两,多则递加。

洛宁县全县吸食毒品者 3890,经济损失 186508 万元。②

中牟辖境的黄河北岸,敌伪占领后,即招致韩人自天津、新乡、开封等地运来大批毒品,除集中天孟、东漳两镇零整出售,还利用流氓地痞广为推销或包揽挟带,轮渡南岸地区,以逞其毒化之阴谋。

二、湖北

(一) 售卖

湖北与豫、陕、赣、湘、皖等省接壤,是华北、华中、华南各地区联系的交通要道,省会武汉素有"九省通衢"之称。1938 年 10 月沦陷后,武汉成为日本在华中地区毒品的倾销地和集散地,这里不但有上海宏济善堂运来的毒品,还有购自华北的烟土。

---

① 曹明吾、孙百同、百嘉丰:《日寇鸦片毒化国人深受其害》,《获嘉文史资料》(第一辑),1990 年,第 44 页。
② 三十五年三民主义青年团河南支团干事会汴宣字第 794 号代电抄送,马模贞主编:《中国禁毒史资料:1729 年—1949 年》,天津人民出版社 1998 年版,第 1592—1593,1595—1596 页。

第十九章　全面抗战时期日本对华毒害政策

日本公开在武汉实施毒害政策，先是成立"武汉市戒烟局"，隶属于"武汉市治安维持会"。1940年汪伪政权成立后，又扩大为"武汉市戒烟总局"，直属伪中央财政部湘、鄂、赣三省财政委员会特派员管辖。

1939年至1942年，武汉市戒烟总局每月销售鸦片数量均在五位数以上，有的月份达8万两，三年半的时间里共销售200多万两，1941年至1942年有10个月的税款收入每月高达200万元以上军票，三年半的时间里共获纯利6000多万元军票。1939—1942年鸦片进出数量见表19-14、表19-15、表19-16。

表19-14　1939—1942年武汉鸦片进出数量表（以军票为本位）①　　单位：两

时间	买入数	卖出数
1939年6月	11880	11880
7月	105600	17280
8月		32640
9月		46080
10月	57600	40820
11月	19200	36480
12月	153600	38400
1940年1月		26480
2月	28836	38400
3月	57600	40320
4月		46640
5月		46413
6月		1983
7月	89119.50	29119
8月		47401
9月	79075.20	41145

---

① 资料来源：《武汉戒烟局呈湘鄂赣禁政推行现况整顿要纲及武汉戒烟局统计表》（1943年4月24日，沈竹痕呈内政部），中国第二历史档案馆藏，档案号二〇一〇/6239。此表与月报表略有出入，1943年6月2日，武汉市戒烟总局局长沈竹痕命详细查明，另行造送以凭核转。

(续表)

时间	买入数	卖出数
10月	79524.40	40638
11月		70345
12月	120166.20	79858
1941年1月		51988
2月	120105.70	78022
3月	119328	61572
4月		61675
5月	119329.70	56228
6月	101370.90	54121
7月		60913
8月	39779.80	57427
9月	84259	61208
10月		89180
11月	84187.80	64295
12月	62.50	64370.50
1942年1月	168543.40	62243
2月		61506
3月	168657.30	50197
4月		37857
5月	100	44957
6月	168705	33850
7月		43370
8月		48450
9月		71287
10月	99034.50	80050
11月		50350
12月	99962.40	62256
合计	2175627.30	2139694.50

表 19-15　武汉市戒烟总局 1941 年与 1942 年税款收入比较表（以军票为本位）①

单位：元

月份	1941 年收入数	1942 年收入数	比较数 减	比较数 增
1	1615036	2058201.60		443165.60
2	2411753	2008682.60	403070.40	
3	2110610	1619876.40	490733.60	
4	2107673	1247034.60	860638.40	
5	1970173	1432071.27	538101.73	
6	1885621	1083650.80	801970.20	
7	2085488	1414877	670611	
8	1986070.20	1561033.40	425036.80	
9	2082234	1890312.20	191921.80	
10	1311101.80	2077055.80		765954
11	2089426	1364628	724798	
12	2106836	1715239.35	391596.65	
合计	23762022	19472663.02	4289358.98	
平均	1980168.50	1622721.92		

表 19-16　武汉市戒烟局鸦片专卖盈余表（以军票为单位）②　　单位：元

时间	买入金额	卖出金额
1939 年 5 月		852960
6 月	118800	0.05
7 月		19200
8 月		

---

① 资料来源：《武汉戒烟局呈湘鄂赣禁政推行现况整顿要纲及武汉戒烟局统计表》（1943 年 4 月 24 日，沈竹痕呈内政部），中国第二历史档案馆藏，档案号二〇一〇/6239。此表与月报表略有出入，1943 年 6 月 2 日，武汉市戒烟总局局长沈竹痕命详细查明，另行造送以凭核转。

② 资料来源：《武汉戒烟局呈湘鄂赣禁政推行现况整顿要纲及武汉戒烟局统计表》（1943 年 4 月 24 日，沈竹痕呈内政部），中国第二历史档案馆藏，档案号二〇一〇/6239。此表与月报表略有出入，1943 年 6 月 2 日，武汉市戒烟总局局长沈竹痕命详细查明，另行造送以凭核转。

(续表)

时间	买入金额	卖出金额
9月		576000
10月	230400	323048.20
11月	76800	503040
12月	768800	634144
1940年1月		651138
2月	4527250,2	737280
3月	288000	803522
4月		932800
5月		1207990
6月		48100
7月	19011499.63	872570
8月		1422000
9月	1534257.10	1234350
10月	1534504.78	1219140
11月		2110350
12月	904581.99	2395590
1941年1月	1829060	1601640
2月	217736	2396365
3月	2558567.61	2102245
4月	2296253.13	2097700
5月	1935251.03	1957895
6月	82501	1876245
7月	98802	2075290
8月	672330.82	1975240
9月	1577049.53	2072720
10月	58021	1302395
11月	1585610.97	2099175
12月	3090052.69	2094880
1942年1月	109029	2049005
2月	2741708.57	2000710
3月	71575.80	1609895
4月	129385	1238495

(续表)

时间	买入金额	卖出金额
5月	2778186.44	1422995
6月	111700	1075500
7月	146740	1401100
8月	156900	1553500
9月	1700207.40	1874710
10月	160100	2068658
11月	1671231.40	1353050
12月	1560501.71	1236895
小计	35148439.80①	59081576.15②
纯利	24903643.95	970507.60
合计	60052083.75	60052083.75

武汉市戒烟总局鸦片统制专管及配给办法如下：1. 编制购运。查照管区内湘、鄂、赣各地方每月实需情形，酌定相当充足量额先期商由"湘、鄂、赣临时财政整理委员会"向上海宏济善堂备价订购，然后按期商由财委会会同派员押运来汉，经各方会同监视过秤后，交由戒烟总局存库候销。2. 专管配给。湘鄂赣区鸦片配给一向有武汉市内与武汉市外的区别。市内部分是由戒烟总局查照市内实需鸦片数量，按月发交武汉特业公栈，转发各土膏店零售。武汉市内计有土膏店32家，售吸所440家，登记吸户10000余户；土膏店和售吸户的分布地区，汉口占80%，武昌14%，汉阳较少。市外部分是由各县政府、县政筹备处或维持会按月查照管境内实需情形，依据实需证明书件向戒烟总局备价购领，并由关系方面发给搬运证明文件，以资护运。3. 专卖费征收及余利实况。湘、鄂、赣三省烟民数十万，实需鸦片量每月十余万两，"欲裕国库，首在扩充官土来源，由局向上海宏济善堂或'蒙疆'或皖豫产区直接购办"。此外在江西九江、湖南岳州设立戒烟分局，直接向各局辖区内配售烟土，并严密缉私，在武汉附近要道，设立了12个关检，凡属买卖或储存私土等毒品，一经查获，全部没收变卖。③

---

① 数据有误，原档如此。
② 数据有误，原档如此。
③ 《武汉戒烟局折呈湘鄂赣禁政推行现况、整顿要纲及武汉戒烟局统计表》，中国第二历史档案馆藏，档案号二〇一〇/6239。

1939年戒烟局成立时,首任局长马行素视事之初,即掌握了国民党政府禁烟督察处的特业商户名册,一面召集他们开会,勒令登记领照,恢复旧业,一面将各商户原有土膏查封,限期补税。当时烟土的来源,有由印度、波斯输入,有由张家口运来,无论来自何处,"首先集中上海宏济善堂,然后由日军特务部分配给各地戒烟机构"。①

在沈竹痕继任局长后,开放吸户烟照。规定凡有吸户烟照的,既可凭照向公卖处官价配给烟土,又可向土膏店购买官价烟膏,在家开灯自吸。这样,吸户大增,吸户烟照除了使吸户取得合法吸烟身份,还可起护身符作用,"日伪宪警巡查,对烟馆烟民不加干扰,只要没有日兵日商在场,就立即含笑退出;甚至有时在岗哨林立的市区,出示烟照,亦可通行无阻""仅以戒烟局本身为例,全局内外200多员工,其中40%领了吸烟户执照"。②

汉口当时有大规模的烟馆,总数至少有70家,每家烟馆最少可容纳20张烟榻,烟客每吸一次,纳费5元。鸦片的分配,是由敌伪设立的禁烟局包庇进行的,从该局的预算表看,仅1940年12月一个月,已从中收到1456000余元。③

(二)种植

全面抗战期间,日本在武昌、汉口、宜昌、孝感、阳新、钟祥、当阳、荆门等县,除大量运售烟毒,还强迫民众普遍种烟,敛收税收。

湖北夷陵在沦陷前,因政府一再限期禁绝种植鸦片,原来种烟的农民都已将栽种罂粟的山地改种了五谷杂粮。日军占领后,为招收难民回县和收买人心,四处宣传只要回县的,均免费发给烟种,准许栽种鸦片,且不收任何烟税。在日本的引诱之下,昔日栽种鸦片者,又纷纷结队返乡,集体栽种,连郊外的荒山野岭,自家的门前屋角,也被开垦起来,烟地之广,数倍于昔日。1943年,日伪为提倡"增加生产",强迫人民扩大栽种面积,龙陵境内的粮食和蔬菜生产日形减少,以至于绝灭。日本侵略者于是用他们本岛所产的蔬菜、罐头等与烟民交换,人民为了得到日用品,唯有用鸦片进行换取,以至沦

---

① 《文史精华》编辑部编:《近代中国烟毒写真》(上卷),河北人民出版社1997年版,第544页。
② 《文史精华》编辑部编:《近代中国烟毒写真》(上卷),河北人民出版社1997年版,第546—547页。
③ 参见《密勒氏评论报》中的"日人统治下的汉口",《粉碎敌伪的毒化政策》,国民政府军事委员会政治部1941年3月编印。

陷区民众 80% 靠鸦片为生。

日军入侵孝感初期,鸦片由北方购运而来,后来在孝感广植烟苗,扩大毒化,如祝站区洪乐乡、周巷区滑石冲、小河区小河溪等地,大量种植罂粟,甚至在城边文昌阁附近,亦种植烟苗。

三、江西

江西省是日本在华推行毒害政策的又一重要区域。

在新建,日本侵略者勒令民众栽种烟苗,并派汉奸丁龙兴教烟民鸦片收浆法,派李家钧在胡村制造鸦片,积极推行毒化政策。[①] 烟毒是由南昌特务机关从上海购来,配发各伪组织转售各地,每月推销额在 8 万余两。日本侵略者在县城街巷张贴"真正红土,芬芳可口,美女招待"等荒谬标语。[②]

在瑞昌,1939 年冬,日本侵略者勒令民众种植鸦片,后因中国禁烟法令深入沦陷区,居民皆拒绝栽种。而倭寇仍由九江、武穴等地运来大批毒物公开售卖,并利用鸦片吸引烟民组织伪维持会。

在安义,日本侵略者将鸦片由汉口经过九江,搭南浔火车运至东化站,改用汽车由长安公路经万家埠直达安义县城。每月贩运一次,数量在千两以上,然后日本宣抚班命伪安义县政府设立娱乐场,陈设烟具,诱惑沦陷区人民吸食。伪安义县政府举办烟民登记,发给烟民登记证,勒缴登记费,烟民凭证向伪合作社购买,规定每月每人准购烟土 1 两,并强征吸户月捐。日本侵略者还令伪安义县汪叔孚、伪税务股股长傅济美两人,先于县属高坪、汪庄及菜园、王村,利用稻田种罂粟 10 亩,以为示范。

在九江,日本侵略者派汉奸在其据点线内九江属之黄老门、马回岭、鸡公岭、新塘铺等处,遍设烟馆,摊派吸售毒品证,奖励人民吸售及播种烟苗。

在德安,日本侵略者利用无业流氓聂锡光等,在城开设烟馆 6 家,并由伪农民合作社每日代售毒品七八两。[③]

---

① 参见 1940 年 10 月 17 日军委会战地党政委员会报告。
② 《国民政府内政部关于日本在第九战区沦陷县份毒化情形公函》,1943 年 2 月 17 日,中国第二历史档案馆藏。
③ 《国民政府内政部关于日本在第九战区沦陷县份毒化情形公函》,1943 年 2 月 17 日,中国第二历史档案馆藏。

第六节 华南沦陷区的毒害政策

一、福建

(一) 厦门

1938年5月1日,日本海军占领厦门及周边地区后,仿照台湾的鸦片政策实施渐禁,日本海军从台湾专卖局聘来制毒技术人员竹内文雄、林田枝年、木佐贯弘、片寄等四人。[①] 1938年8月,由兴亚院厦门联络部组织"公卖管理委员会",设立公卖局,管理禁烟及盐务一切事务。"公卖管理委员会"以兴亚院政务部部长(海军大佐)及经济部部长为委员,以同院事务官二人为干事,部属二人为书记,管理操纵一切,伪市政府无权过问。当时伪厦门治安维持会公卖局实为一空洞机构,并无资金,日本海军命令商家福大公司、南兴公司的陈长福、王起模、陈实全等集资组织福裕公司,承揽公卖局鸦片烟膏的制造与贩卖业务。

1939年3月,筹备工作完成,实施所谓戒烟法,即公膏制度的开始。制毒机构——福裕公司直属日本领事馆。原料保管及监督由伪市政府禁烟局负责。福裕公司最初资本150000日元,后来因日币贬值增资至500000日元,概由台民认股出资,日海军及日本驻厦门领事馆命令江重槐、陈长福、蔡培楚、王起模等人为董事,又任陈长福为常务董事,而后陈长福辞职,改由蔡培楚充任常务监察。此外,又由领事馆委派木佐贯弘、片寄二人常驻公司充当嘱托,[②]掌理保管制造以至贩卖等实权。

为彻底推行毒害政策,日本人据厦之初,根据厦门岛、鼓浪屿、金门岛、南澳岛、浯屿岛、南日岛及海坛岛等区人口数量,推定其中的鸦片吸食者数,并推定鸦片吸食者每人每月消费量至少在1两,最高的可达到1.5两,由此得

[①] 《林济川的陈述书》(1946年7月26日),厦门市档案馆等编:《厦门抗日战争档案资料》,厦门大学出版社1997年版,第426页。

[②] 《林济川的陈述书》(1946年7月26日),厦门市档案馆等编:《厦门抗日战争档案资料》,厦门大学出版社1997年版,第427页。

出厦门一个月的总需要量 37100 两。实际上厦门地区一个月的总需要量为 15100 两,还不到当初推算的一半,见表 19-17,由此也可透露出日本人推销鸦片、毒害中国的迫切之心。

表 19-17 1939 年厦门鸦片消费量推定表①

地域	人口数	吸食者数	每人每月消费量/两	一个月需要量/两	吸食者占人口比例/%
厦门岛	130000	9100	(1.5)0.6	(13600)5460	7
鼓浪屿	80000	6400	(1.0)0.7	(12800)4300	8
金门岛	50000	2500	(1.0)0.5	(2500)1250	5
南澳岛	60000	3000	(1.0)0.5	(3000)1500	5
浯屿岛	20000	1200	(1.0)0.5	(1200)600	6
南日岛及海坛岛等	100000	4000	(1.0)0.5	(4000)2000	4
合计	440000	26200		(37100)15110	

注:1. 厦门岛每人每月消费量占本年度当初计划的 2/5。
    2. 鼓浪屿每人每月消费量占本年度当初计划的 7/10。
    3. 其他岛屿每人每月消费量占本年度当初计划的 1/2。
    4. 表中括号内数字为推定量。

"在日军占领厦门前,鸦片的贩卖与使用是被中国禁止的。中国为禁绝鸦片所作的努力,应该说是收到了相当的成效。""但是,日军占领厦门不久,鸦片交易就骤然增多,大多是由台民进行的。他们得到了日本海军的默许及支持,他们这样做,使得日本海军不必像中国傀儡政权那样公开出面,便可灵活地控制厦门市的毒品交易。1939 年春,日本中国事务局,即兴亚院厦门联络事务所(厦门联络部)设立,这一事务所是日本海军在厦门的傀儡,如同陆军监督下的华北的事务所一样。最近从可靠人士处得知消息,市内约有 30 家烟窟,鸦片交易在大规模地进行。公开承认鸦片在都市中合法使用,表面上的理由就是伪厦门特别市政府的财源离不开它,目前该市政府尚无其他收

---

① 冈田芳政等编:《続·現代史資料(12)阿片問題》,みすず書房 1986 年版,第 396 页。

入渠道……"①

根据兴亚院厦门联络部的报告资料,1939 年厦门输入原料鸦片 399000 两,卖出 25616 两,其中除 3000 两是云南产鸦片外,其余全是波斯土。② 在厦门,1940 年输入伪蒙疆产鸦片 118000 两,伊朗产鸦片 23040 两,金门产鸦片 30708.38 两,共计 171748.38 两,其中向下批发 283908 两(含原库存量)。1941 年度,输入伪蒙疆产鸦片 214000 两,伊朗产鸦片 99840 两,金门产鸦片 15360 两,共计 329200 两,其中向下批发 319160 两,③见表 19-18。

表 19-18　1939—1942 年厦门鸦片输入数量表④　　　　单位:两

时间	云南原料	"蒙疆"原料	波斯原料	金门原料	计	备考
1939 年						
2 月	1000		1920		2920	
3 月	2000		10800		12800	
4 月			23040		23040	
5 月			30720		30720	
6 月			23040		23040	月平均 36272
7 月			23040		23040	
8 月			76800		76800	
9 月			38400		38400	
11 月			19200		19200	
计	3000		39600⑤		249240	
1940 年						
6 月				30708.38	30708.38	
8 月		30000			30000	
9 月		30000			30000	

---

① 美国驻厦门领事 K.麦克维蒂于 1939 年 9 月 20 日致美国副国务卿的报告,江口圭一编著:《资料・日中戦争期阿片政策》,岩波书店 1985 年版,第 110—112 页。
② 江口圭一:《日中アヘン戦争》,岩波书店 1988 年版,第 112 页。
③ 江口圭一:《日中アヘン戦争》,岩波书店 1988 年版,第 139—140 页。
④ 资料来源:冈田芳政等编:《続・现代史资料(12)阿片问题》,みすず书房 1986 年版,第 393 页。
⑤ 数据有误,原文如此。

(续表)

时间	云南原料	"蒙疆"原料	波斯原料	金门原料	计	备考
10月		30000			30000	
11月		12000	9600		21600	月平均14312
12月		16000	13440		29440	
计		118000	23040	30708.38	171748.38	
1941年						
2月		16000	13440		29440	
3月		32000	16880		48880	
4月			10000		10000	
5月		16000	13440		29440	
6月		16000	13440		29440	
7月		16000	13440		29440	月平均25720
8月		22000	7680		29680	
9月		24000	11520	15286	50806	
10月				74	74	
11月		36000			36000	
12月		36000			36000	
计		214000	99840	15360	329200	
1942年						
1月						
2月		16000	13440		29440	
3月		32000	16880		48880	
4月			10000		10000	
5月	16000	13400			29440	
6月	16000	13400			29440	
7月	16000	13400			29440	
8月		22000	7680		29680	

(续表)

时间	云南原料	"蒙疆"原料	波斯原料	金门原料	计	备考
9月		24000	11520	15286	50806	验收数量特殊用
10月				74	74	
11月		36000			36000	
12月		36000			36000	
计	48000	206200	59520	15360	329200	
总计	3000	526000	518880	125146.15	1173026.15	

从表19-18可知,福裕公司的烟膏原料最初多是由日本海军及领事馆经由上海宏济善堂所采购的伪蒙疆土和波斯土,后因运费等因素,烟土价格上涨,日本海军及领事馆便想在当地种植罂粟,由于厦门土质及气候不适合种植,更因为厦门是国际通商口岸,日本最终放弃在厦门种植罂粟,选择了在金门种植。

日本海军与领事馆专门从日本或蒙古运来上等的罂粟种子,并委派砥上、佐藤、上原、古贺等罂粟种植专家到金门,①指导农民种植烟苗。兴亚院联络部福田宗男也曾率3名台籍人员巡察禾山各乡之烟苗区,并报告种植烟苗的区域情况。

福裕公司生产的烟膏,按等级分为特字、福字和天字三种(初期只有天字),其每年产量初有10余万两,后渐减至七八万两,开始只供金门、厦门两岛的烟民吸食,太平洋战争之后,厦门物资渐形缺乏,一部分烟膏在日本海军及领事馆的操纵下,通过张逸舟的新华公司、浯屿公司和厦门物资交易组合等,与国统区交换物资。"在上海、南京、广州等地,总计每月销售达5万余两,其收入每月有3000余万元。"②至于如何进行交易,伪市政府不得过问。伪市政府的禁烟收入只有烟税一项,禁烟局批发给福裕公司的原料,初期每两抽鸦片税1.5元,最后增至伪币500元。福裕公司将鸦片售予零售人,"利润最初每两只有0.3元,后利润渐增,最后,每两增至150元,董监及职员红

---

① 《林济川的陈述书》(1946年7月26日),厦门市档案馆等编:《厦门抗日战争档案资料》,厦门大学出版社1997年版,第429页。

② 《南方日报》1942年3月15日。

利,由纯利初抽8%,后渐增抽14%,其余盈利概提交敌海军及领事馆所组织之特别会计"。① 为掩人耳目,1939年到1942年间,日本人还对各级鸦片的售卖价格进行了规定,见表19-19。② 但若按表中所定价格来出售鸦片,利润将大打折扣,于是,日本人就将鸦片拿到黑市出售,每两可赚1000元之多。③

表 19 - 19　1939—1942年厦门鸦片规定出售价格④　　　　　　单位:元

时间	公卖局售予福裕公司价格	福裕公司售予零售人价格	零售人售予戒烟所价格	一般吸食者价格
1939年3月	9(波斯土)	11.4	11.7	12
8月1日	10.5(波斯土)	12.9	13.2	13.5
8月22日	13(波斯土)	15.4	15.8	16.2
1940年1月20日	16(波斯土)	18.4	18.8	19.2
2月19日	17(波斯土)			
3月16日	20(波斯土)	20.8	21.4	22
5月6日	28(波斯土)	24.8	25.4	26
6月15日	17(金门土)			
8月15日	25("蒙疆"土)			
10月5日		28.8	29.4	30
10月18日	32("蒙疆"土)			
11月21日		30.8	31.4	32
12月9日	36(波斯土)			
1941年1月11日		31.8	32.4	33
2月8日		33.8	34.4	35

---

① 《林济川的陈述书》(1946年7月26日),厦门市档案馆等编:《厦门抗日战争档案资料》,厦门大学出版社1997年版,第428页。另参见前引资料《蔡培楚的陈述书》,第436页。
② 冈田芳政等编:《続・现代史资料(12)阿片问题》,みすず书房1986年版,第391页。
③ 《林济川的陈述书》1946年7月26日,厦门市档案馆等编:《厦门抗日战争档案资料》,厦门大学出版社1997年版,第430页。
④ 资料来源:冈田芳政等编:《続・现代史资料(12)阿片问题》,みすず书房1986年版,第391页。

(续表)

时间	公卖局售予福裕公司价格	福裕公司售予零售人价格	零售人售予戒烟所价格	一般吸食者价格
3月17日		38.8	39.4	40
3月20日	37("蒙疆"土)			
4月23日	42(波斯土)			
8月1日		41.8	42.4	43
9月2日		48.8	49.4	50
9月4日	32(金门土)			
11月1日	62.6("蒙疆"土)	63	64	65
1942年3月5日	80("蒙疆"土) 90(波斯土)	81	82	83
3月27日	112("蒙疆"土) 127(波斯土)	118	119	120
4月6日	150("蒙疆"土) 170(波斯土)	152	153.5	195

厦门各售毒机构的执照虽由伪市政府发给,实际许可权则掌握在日本领事馆所设的公卖管理委员会的日本人之手,执照每期2年,前后发给4次:第1次二盘①21家,三盘②110余家;第2次二盘19家,三盘100余家;第3次二盘15家,三盘80余家;第4次二盘11家,三盘60家。烟膏的配给,各期不等,与二、三盘同一步骤,采取所谓渐减方针。初期配给二盘每家每日20两,三盘每日二三两不等,至第四期,即日本投降前,二盘减至三四两,三盘仅4钱至6钱不等。

烟膏有好有次,烟馆也自然有上、中、下三等的分别。上等烟馆设备十分华丽,但在数量上并不占多数,在鼓浪屿、厦门岛也仅有六七家。90%以上的烟馆是为人力车夫、挑夫之类的下等人开设的,可是,"这并不是表示在鼓厦的高等寄生虫能够避免敌人慢性的毒害,因为他们吞云吐雾大多数是在自己的家里,或是赌场、旅馆里面。……据日伪统计,鼓厦两地的鸦片二盘商有

---

① 从专卖公司批发鸦片的商店。
② 从二盘家批发鸦片零售给吸食者的商家。

27家,而三盘商则数达268家。这数目当可以表现了这两地被毒化情形的一部分。然而,这只是说鸦片一项而已,其余毒品吗啡、海洛因、白面、红丸这一切虽然不能得到较真确的数字,而就鸦片一项情形来推测也可略知一二了"。① 1939年,日本人在厦门惠通巷7号、9号、11号成立了一个吗啡公司,由陈长福主持并为董事长,公司资本初为60万日元,为日本人毒害福建人民制毒总机关。该公司制造吗啡量每月三四万两,销至厦门、香港、福建其他沿海、汕头等地。②

厦门岛自被日本人占据之后,人烟稀少,百业凋残。为毒害当地人民和过往侨客,以便从中得利,日伪便以烟赌酒色来制造繁荣假象,岛内"烟馆多于商店""妓女多于嫖客",③已成为荒淫的魔窟。为"繁荣"孤岛,日伪还用尽了种种卑劣与无耻手段,诱骗和拉拢闽侨到厦。盘踞厦门的日本人泽重信及藤村等,在浯屿设立客运公司,勒索来往华侨。战前旅外华侨19000人分布于英属马来半岛,荷属东印度、菲律宾、西贡等地,太平洋战事后,厦门市归侨1000人共损失1亿元(1937年币值)。④"去年(1940年)一年已被强索400余万,按敌酋地位高低进行颁奖,现又在厦万国俱乐部旧址,倡设华侨联欢社,实即烟嫖赌博之消金窟,以此引诱华侨达到经济掠夺目的。"⑤华侨联欢社花了50000元进行装潢,为招揽生意,还派出数十名走卒到香港各车站码头,殷勤地替旅客搬行李或购买船票,华侨不知道底细而被引诱赴厦的达2000余人。于是日伪乘此机会,以烟赌酒色殷勤招待,大有不掏空侨客钱包决不罢休之势。⑥

1943年3月,伪厦门特别市政府直隶汪精卫的南京伪国民政府管辖后,伪厦门特别市"公卖管理委员会"改称"禁烟局",隶属于伪市政府,并受"内政部"的指挥监督,禁烟局局长始终由台民林济川担任。禁烟局下设福裕、福

---

① 《前线日报》1941年5月10日。
② 厦门档案局、厦门市档案馆编:《厦门抗日战争档案资料》,厦门大学出版社1997年版,第298页。
③ 《福建日报》(泉州版)1941年5月8日。
④ 厦门档案局、厦门市档案馆编:《厦门抗日战争档案资料》,厦门大学出版社1997年版,第593页。
⑤ 《福建民报》1941年3月20日。
⑥ 《前线日报》1941年5月11日至5月12日。

和、福庆(后改名福隆)三家鸦片公司,公开制造、销售鸦片。禁烟局职掌如下:烟膏制造限量及贩卖限额的监督;私烟的检查及取缔;烟土输出输入的特许课税及取缔;烟膏制造贩卖暨戒烟所的特许及取缔;课税收入补助市财政;禁烟局设第一、第二两课,置课长两人,技术员、科员、办事员各若干人。①

禁烟局名义上是日伪厦门特别市政府下属的一个机构,实际仍归兴亚院厦门联络部经济部领导,其任务是供应制造鸦片烟膏的原料,指导监督三家鸦片公司的生产和销售业务,颁发二盘商和三盘商的营业牌照,牌照每两年换发一次。全市领二盘商牌照的有20家,开设者均是日籍和汉奸,每家每月配售600两,月销1.2万两,三盘商约有130家。禁烟局还按照兴亚院的意思,以供应交际应酬为名,发给一些汉奸巨头鸦片特别许可证,让他们去转售并从中获取巨利,这实际上为一种特权烟,日本侵略者以此好处来让汉奸们死心塌地为他们效劳。② 此外,还向"大千俱乐部""兴南俱乐部""华侨联欢社""鼓浪屿联欢社"等公开与变相的赌场以及"台湾妓院"配售鸦片。

1942年,日本人自台湾运入厦门鸦片、红丸、吗啡等3000余两,除设统一公膏毒品行在当地勒销外,另将毒品改装成1两、2两、5两装,强迫航海船只每艘每次须带百两运销他处,并迫使码头交通船员须夹带内地销售,每船每次须带5至10两,否则货物不准出口,并停止该船航行权。③

1944年日本人在闽、粤沿海各地勒令民众每户至少种烟1亩,尤以闽之金门、壶江及粤之南澳为最,各地均在60万株以上,日本人并以金门五里海为示范罂粟园,在厦门组织株式会社专事收制烟膏倾销各地。④

在厦门市沦陷七年多的时间里,人民备受毒化,损失甚巨,以日本人每年销售鸦片8万两计算,统应损失56万万元之巨。⑤

(二) 福州

日本人毒害闽省,除厦门一地最为严重外,另一个毒害中心就是福州。

---

① 厦门档案局、厦门市档案馆编:《厦门抗日战争档案资料》,厦门大学出版社1997年版,第425页。
② 姚自强:《厦门的鸦片流毒》,《近代中国烟毒写真》(上卷),河北人民出版社1997年版,第455页。
③ 马模贞主编:《中国禁毒史资料:1729年—1949年》,天津人民出版社1998年版,第1556页。
④ 《内政部函嘱随时供给敌人毒化情报卷》,福建省档案馆藏:全宗号11,案卷号5127。
⑤ 马模贞主编:《中国禁毒史资料:1729年—1949年》,天津人民出版社1998年版,第1598页。

1941年4月21日,日军第48师团主力一度占领了福州,但135天之后退出。1944年9月27日,日军第二次侵占福州,但也只占领了226天,即行撤退。①

日本人在首次占领福州之后,便迫不及待地引诱不肖之徒遍设烟馆。当时,日特务机关设在下杭路,长河田及日军联络所岁森为主持毒化的首脑人物。鼓楼大根区烟馆,由日陆军联络所所长奥田派日军情报员台人张嘉成负责,计有八角楼等处12家;小桥区辖内烟馆,由郭佑来负责;台口区辖内烟馆,由敌伪水警侦探长马路鉴负责,计有小桥路福安会馆等处40家。烟馆分五等,每日视其经营状况,分别收捐200元至500元。烟土亦有福字、特字、斧头标等类。上述台籍人郭佑来、马路鉴等,不但受日本人指使,管理各辖区内诸烟馆,自己还在平民小学、延郡会馆、福安会馆等处开设大规模烟馆及妓院,并为虎作伥,每日向其他各烟馆强迫抽收保护费1万元,他们同时还是日本特务机关情报员。② 侦缉队总队长、特务机关情报员台湾人江逸仙、敌宪兵队情报员陈依庆、伪侦缉队长周文清等,皆输送烟土,供给各烟馆需用。敌警备队队长松木一格、北部警备队西内正五郎、伪市政委员会委员长王之纲等,也协力推销烟土,帮助毒化。

1944年9月27日,日军第二次占领福州期间,继续在福州实行毒品专卖政策,运来大批鸦片、海洛因、吗啡,由福州当地流氓与日籍浪人开设烟馆引诱市民吸毒、打吗啡,另在市区沿闽江的一些烟馆中雇用女招待与妓女,以广招徕。③

二、广东

(一) 贩售

1938年10月日军占领广州,稍后,进占珠江三角洲上各重要城镇。1938年12月10日,广州成立了以彭东原为会长、吕春荣为副会长的伪治安

---

① 《难忘的二百六十一天——记福州的两沦陷》,福州市政协文史资料研究会编:《福州文史资料》(第4辑),1985年11月,第52—62页。
② 马模贞主编:《中国禁毒史资料:1729年—1949年》,天津人民出版社1998年版,第1597页。
③ 《难忘的三百六十一天——记福州的两沦陷》,福州市政协文史资料研究会编:《福州文史资料选辑》(第4辑),1985年11月,第58—59页。

维持会。1940年5月10日,伪广东省政府和伪广州市政府宣告成立,但实权掌握在日军头目后宫淳手上。

由于日军实行毒害政策,致使广州毒品充斥,广大人民宛如置身于人间地狱。① 早在1938年2月,日军即已利用炮艇将大量海洛因、鸦片等毒品运到被其占领的粤海珠江口外的上川山与下川山两个小岛上,以每两2.5元的极低价批售,还诱骗当地人以粮食与其交换毒品。

1939年3月,台民陈思齐在日方的授意下,于广州设立福民堂,垄断了广州的鸦片专卖权。专卖权为期二年,由陈思齐一次交纳20万元军票给广州日军特务部门为"报偿金",另外每月再交纳1000元所得。② 此后,陈思齐的月交费剧增为50万元。他所设立的亦官亦商的福民堂,以十三行路华南银行原址为其堂址,二楼办公,一楼为煮烟膏工场。③

福民堂既负责加工供应鸦片,在行政上也是管理"禁烟"的机关。1940年年初,广州市原有的鸦片烟馆大盘商有7家,须向福民堂交规费,计押金5000日元,每家每月须交营业费100日元;中盘商烟馆有10家,押金2000日元,每家每月须交营业费100日元;小盘商售吸店此时已增至329家之多,押金50元,每家每月交营业费10日元。此外,各烟馆每消费烟膏1两即征收税金3角。④

福民堂在广州市区靖海、惠福、太平等闹市区设立售吸所70多家,售吸所分为甲、乙、丙三等:甲等烟灯16支,乙等12支,丙等8支。另有6处分销处,分置于市区的惠福、永汉、东山、陈塘、河南、芳林等地。各售吸所须向所在地的分销处申请营业牌照。仅在1939年10月至11月的两个月内,福民堂即卖出鸦片12.9万两,每月所得税金收入约为9万元,每月售卖鸦片利润则达30多万元。⑤

广州鸦片主要来自外地,最早运自澳门(澳门鸦片则来自伊朗),此后也有来自上海的波斯土和自伪满由日本军用船运输而来的"大连土""热河土"

---

① 杨万秀、钟卓安主编:《广州简史》,广东人民出版社1996年版。
② 江口圭一:《日中アヘン戦争》,岩波书店1988年版,第113页。
③ 许耀震:《沦陷期间广东的鸦片》,第214、215页。
④ 江口圭一:《日中アヘン戦争》,岩波书店1988年版,第113页。
⑤ 江口圭一:《日中アヘン戦争》,岩波书店1988年版,第114页。

等。由日军特务部卖给福民堂的伊朗土,每箱(160磅)售价为1.8万美元,福民堂转卖给中盘鸦片烟馆则作价每箱2.3万美元,而卖给小盘零售的售吸所则作价3.168万美元。福民堂自己工场加工成的熟鸦片,发给中盘生鸦片烟馆则定价每箱价4.3万美元,给小盘烟馆价钱每箱4.6万美元,而直接卖给消费者的价格则为每两20元(合每箱价5.1万美元),各中小盘烟馆的利润都在25%以上,福民堂的利润自然更高,①福民堂在4年多时间里(1939年3月至1943年5月),每天可净赚3万元,每月除交纳给日军特务部50万元的规费之外,还可赚数十万元之巨。

美国驻广州总领事M.玛雅士在1940年3月11日给国务卿的总结报告中说:"广州的毒品交易是由日军特务部管理的,这种收入的一部分被转让给中国的傀儡政权了。但从一切征兆看,这种有利可图的交易的最大部分利润已经成了日本的'特别资金'。应该让世人了解日本政府对这种'药物'交易的态度以及这种'药物'交易给广东日军占领区经济上造成的损害,更应该让世人知道这种'药物'交易是日本军队金库最容易补充的源源不断的资金来源,正因为如此,可以肯定,这种'药物'交易正在并将继续受到鼓励。"②

在广州郊区的南海、番禺、顺德、新会、三水等七处福民堂专卖分处的总销量与广州市区的总销售量大略相同。各烟馆也常常是海洛因、吗啡的交易中心,付费后即可自由吸食。南海县的佛山镇,距广州不过30公里,被日军占领之后,当地劣绅黎垣、罗安等即合组得利公司,以每天呈交8000日元给当地日军宪兵队为代价,垄断了烟赌二业。大量的红丸、海洛因、吗啡、鸦片由日本军舰源源运来。③花县则被强制成立福民堂鸦片生产中心,以制造海洛因为其唯一的任务。④重庆的中央通讯社在1938年12月13日报道,日本在广东实行海洛因毒害政策,各地吸烟室"像草莓一样,到处出现,此等情形为广州有史以来所未见,流毒之深,难以想象"。⑤

1940年广州有人口50万,登记的烟窟为852家,不登记的地下烟窟达

---

① 参见许耀震:《沦陷期间广东的鸦片》,第215页。
② 江口圭一编著:《資料·日中戦争期阿片政策》,岩波书店1985年版,第111页。
③ 《星岛日报》1939年11月21日。
④ 王德溥:《日本在中国占领区内使麻醉毒品戕害中国人民的罪行》,《民国档案》1994年第1期,第40页。
⑤ 江口圭一:《日中アヘン戦争》,岩波书店1988年版,第112页。

300余处。广告中的鸦片广告做得十分诱人。鸦片被日军当做货币来使用,日本军人逛妓院,用鸦片支付费用,工人在日本军事基地干活,日军也用鸦片支付工资。①

1940年11月11日,代理伪广东省政府主席的陈耀祖呈汪精卫:"本府财政厅呈缴《广东省禁烟局暂行组织规程草案》,当经交由委员王英儒、周秉三会同审查,旋拟具审查报告提付本府委员会第十八次会议讨论通过。"②此《广东省禁烟局暂行组织规程草案》曾"呈送法制局审查签复",伪法制局局长陈允文函复"经审查完竣后,所有应行修改之处,附具意见书",而视其内容,基本未作变更。③

根据《广东省禁烟局暂行组织规程草案》,伪广东省禁烟局设立广东省警务处,为负责查缉烟毒案件的总机关,以省属的县警所、市属的警察分局所为查缉机关。在广东省警务处处长汪屺呈"内政部"的查缉禁烟禁毒案件的日报清册中,1941年1月到1943年6月在两年半的时间里,总共缉获案件也只有121件,④见表19-20、表19-21、表19-22⑤,充分表明所谓的查禁禁毒仅仅是个幌子而已。

表19-20　1941年广东省查禁烟毒案件统计表⑥

月份	1	2	3	4	5	6	7	8	9	10	11	12
件数	无	2	1	无	1	无	无	无	无	无	无	21

---

① 江口圭一:《日中アヘン戦争》,岩波书店1988年版,第140页。
② 《行政院秘书处为广东省呈报禁烟局暂行组织规程与法制局的来往文件》,中国第二历史档案馆藏,档案号二〇〇三/862。
③ 《行政院秘书处为广东省呈报禁烟局暂行组织规程与法制局的来往文件》,中国第二历史档案馆藏,档案号二〇〇三/862。
④ 《广东省警务处查缉禁烟禁毒案件日报清册》,中国第二历史档案馆藏,档案号二〇一〇/1225。
⑤ 参见曹大臣、朱庆葆:《刺刀下的毒祸——日本侵华期间的鸦片毒化活动》,福建人民出版社2005年版,第266页。
⑥ 数据来源:曹大臣、朱庆葆:《刺刀下的毒祸——日本侵华期间的鸦片毒化活动》,福建人民出版社2005年版,第266页。

表 19－21　1942 年广东省查禁烟毒案件统计表①

月份	1	2	3	4	5	6	7	8	9	10	11	12
件数	无	8	2	9	无	无	无	无	无	无	无	21

表 19－22　1943 年广东省查禁烟毒案件统计表②

月份	1	2	3	4	5	6
件数	无	无	29	无	27	无

伪广东省财政当局 1943 年 1 月拟定的《拟举办广东省烟草专卖意见书》写道："本省食盐及鸦片两种物品施行公卖，办理两年，颇著成效。前者每年收入约军票 600 万元，后者约 1000 万元。"③充分说明日伪在广东所谓的禁烟实乃谋财、毒害中国民众之举。

除了鸦片，海洛因、吗啡等毒品在广州也到处都可以买得到，在任何一个中盘、小盘的鸦片烟馆都可用 2 角钱购买到一粒红丸，在各俱乐部与妓馆也可随时买到红丸。④ 根据美驻广州总领事 M. 玛雅士的估计，以 1940 年年初的情况为例，在广州市区有执照的鸦片烟馆与无执照的烟馆 100—200 家合而计之，每家顾客以 50 人平均计算，则嗜食鸦片者至少当有 2 万人，每日鸦片消费额应约为 50 磅，外加郊区各县消费总额，系与广州市区的消费总额约略相同，故日本在广东珠江三角洲占领区内的售毒数额，当为每日约 100 磅，每月的鸦片售卖额为约 3000 磅，每年 360000 磅。不过，此一估计只限于专卖性质的福民堂的销售情形而言，在福民堂之外的其他"合法性""半合法性"与非法性的毒品销售的数额，则难以估计。

战争后期，广州贩卖鸦片的规模较前更为扩大。1943 年 7 月，只在禁烟局领有营业执照的烟馆，已达 171 家，"公灯"（登记有案的官准鸦片烟枪）2100 多支，每天可接待顾客 3 万至 4 万人次，日耗鸦片近 150 公斤。但官土

---

① 数据来源：曹大臣、朱庆葆：《刺刀下的毒祸——日本侵华期间的鸦片毒化活动》，福建人民出版社 2005 年版，第 266 页。
② 数据来源：曹大臣、朱庆葆：《刺刀下的毒祸——日本侵华期间的鸦片毒化活动》，福建人民出版社 2005 年版，第 266 页。
③ 《拟举办广东省烟草专卖意见书》，中国第二历史档案馆藏，档案号二〇六三/1828。
④ 李恩涵：《战时日本贩毒与"三光作战"研究》，江苏人民出版社 1999 年版，第 167 页。

因私土充斥,较前数年的售卖价格大为降低,收入自然也减少,福民堂因而深受打击。1942年5月14日,高津富雄在《关于广东鸦片专卖机构文件》中电告外务大臣东乡称:"福民堂在过去的三年里,向日军方交纳的税金大约2000万日元,在中国政府方面主要交纳给财政厅,因其契约期满即将解散,关于重新组织机构问题,正和陈璧君商讨中。"①1942年6月(一说1943年5月),福民堂利用合同期满机会宣布解散,其业务则交由广东禁烟局接办。

(二)种植

1939年后半年起,广东的从化、番禺等地开始大规模种植鸦片。② 1941年底,广州市郊与附近各县鸦片的种植更为普遍:市郊如嘉禾、龙归、人和、南村、北村、竹料、钟落潭一带生产的鸦片,俗称"禺北土";沙河、西坑、天平架、同安、同知、榕树头、长湿、龙眼洞一带所生产的鸦片,俗称"禺南土";石牌、员村、程界、车陂、棠下、朱村、黄村一带所生产的鸦片,俗称"黄埔土";东莞产的鸦片名为"东莞花叶",其他还有从化、花县以至四邑(开平、新会、恩平、台山)等地所生产的鸦片,品类繁多。1944年日本还强迫广东的南澳至少要种鸦片6000亩。③ 而这些鸦片,农民每种一亩要交"罚款"30元,实际每亩可获利100元。

三、香港、澳门

日本人在华南的贩毒活动还涉及澳门和香港两地。

1938年6月,国联第23届禁烟委员会召开,美国代表富勒在讲到中国华南地区的毒祸时说:"据可靠消息,本年4月3日,有日本国武装船一艘,载波斯土2000余箱,自波斯开抵澳门,内1100箱,乘黑夜中,驶至澳门郊外黑沙湾卸下,乃由葡军押运至城内'国家银行'存储,凡此皆经华贩及日商与澳门最高当局事先接洽妥当,并传闻为澳门鸦片专卖局局长所主持及亲加指挥,嗣后该1100箱中,提出500箱,计装鸦片36363公斤,仍由该船自澳门运往台湾。"最后他根据1931年限制麻醉药品公约第二十三条的规定,"愿向

---

① 冈田芳政等编:《続・現代史資料(12)阿片問題》,みすず書房1986年版,第592页。
② 江口圭一编著:《資料・日中戦争期阿片政策》,岩波書店1985年版,第111页。
③ 王德溥:《日本在中国占领区内使麻醉毒品戕害中国人民的罪行》,《民国档案》1994年第1期,第60页。

葡、日、波斯各代表询问,可否对于此案之情形,转请各该政府作一报告以明真相"。①

此次会议之后,日本就不再派代表出席之后的禁烟委员会了。在摆脱国际舆论的束缚之后,日本的贩毒行径变本加厉。1942年,日本从台湾运鸦片、红丸、吗啡等3000两至澳门,并在澳门成立鸦片专卖局。② 叶清和也在澳门新填马路设置福兴公司的分公司,进行贩毒活动。③

1943年藤田八郎在香港进行鸦片专卖,设分销处19所,毒品均由华北及热河各地运来。④ 1947年3月,在广东被判死刑的日军第23军司令官兼香港占领区总督的田中久一中将,罪名之一就是"鼓励中国人吸食鸦片罪"。⑤

第七节　华中宏济善堂与日本对华毒害活动

华中宏济善堂虽冠以"华中"两字,其涉毒的触角伸入了中国各个地区,实为日本对华毒祸的主要工具和最大帮凶之一。

一、华中宏济善堂的成立

南京伪维新政府成立不久,伪实业部部长王子惠即与日本人松井勾结,想抢得烟毒之利,因日方忽然派楠本实隆来代替松井而未成。1938年2月,楠本实隆指派苏浙皖特税处批准筹建上海公卖处,成为日伪在长江中下游地区最早的贩毒机关,大毒商方达璋为主任,蒲剑英为副主任,盛文颐专司交际,三人中盛文颐与日军关系最密切。之后,楠本提出成立华中宏济善堂,并让里见甫筹办。当时由梁鸿志等组织的"维新政府"正粉墨登场,兴亚院经济

---

① 张力:《国际合作在中国——国际联盟角色的考察(1919—1946)》,台湾"中央研究院":《近代史研究集刊》,1999年。
② 王德溥:《日本在中国占领区内使麻醉毒品戕害中国人民的罪行》,《民国档案》1994年第1期,第60页。
③ 李恩涵:《战时日本贩毒与"三光作战"研究》,江苏人民出版社1999年版,第169页。
④ 1942年12月31日《广东省政府报告》及1943年11月4日《中央调查统计局报告》。
⑤ 江口圭一:《日中アヘン戦争》,岩波书店1988年版,第201页。

部决定把处理鸦片等毒品业务权交给"维新政府"。1938年3月,上海的日军特务部解散,兴亚院华中联络部成立,楠本当上了次长。11月20日,日本兴亚院华中联络部拟订《'维新政府'戒烟制度要纲》(以下简称《要纲》)①。1939年4月30日,"维新政府"公布了《要纲》,规定在6月1日实施。根据《要纲》,"维新政府"设立了"戒烟总局"和各地戒烟分局。

1939年6月5日,戒烟总局委任里见甫任宏济善堂正理事长。同日,宏济善堂于上海北四川路正式开张。② 宏济善堂共设营业组、鉴定组、会计兼庶务组。加入宏济善堂的8名烟商,均为在上海长期经营鸦片批发业的资本充裕者,每人加入前先向戒烟总局提缴20万元作为保证金。

随后,宏济善堂"斟酌地方实情",于上海、南京、杭州、蚌埠等特别市和各县设立地方宏济善堂,地方宏济善堂由5名该地方经营鸦片的烟商组成,每人提缴1万元给地方宏济善堂作为保证金,地方宏济善堂再提缴地方戒烟局,地方戒烟局即行解送戒烟总局。为笼络地方烟商,地方宏济善堂以无日本人参加为原则,理事长由该地方宏济善堂加入各户推选,总理全部事宜。地方宏济善堂设二股,即营业股和会计兼庶务股。③ 这样,由日本人控制的华中宏济善堂组织体系初步形成。

1940年3月汪伪政府在南京成立。随后,陈群以伪内政部部长名义通令各伪省市府:"戒烟总局职务关系内政,应改隶'内政部'。"继之,汪伪内政部颁布了《'内政部'戒烟总局组织纲要》等文件,改任张秉辉为戒烟总局局长,宏济善堂理事长、副理事长受其指挥监督,于是,重新确定了或者说是再次认定了伪政府与宏济善堂之间的关系。

1941年8月12日下午2时,宏济善堂在上海新亚酒楼7楼召集大会,讨论新的组织规程草案,调整组织系统和选举理事长、副理事长。选举结果,里见甫为理事长,郑芳熙为副理事长。大会将规程草案逐条加以讨论,并一致

---

① 《要纲》正文为日文,附录为中文,为秘字(总)法规89号,1938年11月20日,汪伪内政部1941年9月26日收到。
② 参见《宏济善堂组织、人事、应用印信等文书》,中国第二历史档案馆藏,档案号二〇一〇/7466。开张地点另一说为"沪西长宁支路康福里12号",参见《搜集敌伪毒化资料报告书(5月)》,上海市档案馆编:《日本帝国主义侵略上海罪行资料汇编》(上),上海人民出版社1997年版,第503页。
③ 《华中宏济善堂设立要纲》,中国第二历史档案馆藏,档案号二〇一〇/4963。

通过。①

新的宏济善堂组织规程草案规定：宏济善堂设理事长、副理事长各1人，任期3年，期满得续推连任；设理事9人，由加入各特商用记名投票方法开会选举，以得票最多者当选，任期3年，期满得续选连任；中央土行8家、地方土行40家、零卖商100家均有选举权。宏济善堂设下列各组：总务组、营业组、会计组、调查组、缉私组。另外，上海地方宏济善堂及其他各地分堂设立总务、会计、营业三股，理事长、副理事长均由总堂理事长委派。

二、华中宏济善堂的毒害体系

宏济善堂秉承日本兴亚院和大使馆之命，在华中地区进行毒品经营，在有关"禁政"问题上，它享有关于取缔鸦片的一切重要方针及实施方案审定核议与建议的特权。在具体的鸦片经营上，它全权管理鸦片的买进、卖出及输送，统制鸦片销量，厘定价金，负责各分堂及各特业公会的筹划设立及指挥监督，负责各土膏行店申请营业与营业上的监督以及向土膏行店代征各项税捐，取缔私种、私运和贩卖并设立缉私队分驻各要区，审查各土膏行店的股东资历、推销能力、承销数量及其配给等。② 宏济善堂的势力范围主要在苏、浙、皖三省和南京、上海两市，但经销范围远至湘、鄂、赣、闽、粤、琼、港等省区，成为日本毒化政策由北向南波及的一个重要环节。

宏济善堂犹如一只硕大无朋的毒蜘蛛，它利用戒烟总局、戒烟分局、各地分堂和日本驻地宪警，不停地吐丝结网，在长江中下游地区，从种植、采办、运输、缉私到售卖，逐渐形成一整套的毒害体系。

（一）鸦片的种植与采办

宏济善堂成立伊始，日本贩毒机关、军队、商人源源不断地将毒品运至上海。随着战事推进，"'满蒙'等地鸦片不仅要供当地所需，而且还要作为远东各地战时医药原料，或支援失去了鸦片来源的南方各地。从这种状况出发，有必要确立鸦片自给自足体制"。③ 这样，宏济善堂不得不谋求在长江中下

---

① 《宏济善堂组织、人事、应用印信等文书》，中国第二历史档案馆藏，档案号二〇一〇/7466。
② 《华中宏济善堂设立要纲》，中国第二历史档案馆藏，档案号二〇一〇/4963。
③ 江口圭一：《日中アヘン戦争》，岩波书店1988年版，第143页。

游地区种植鸦片制造毒品,以保证货源供应、减少运费和增加利润。

1940年年初,兴亚院在苏、皖等地明令划定烟区,布告人民种烟,由华中宏济善堂负采购烟土之责,实行种烟许可制度。

安徽毗邻江、浙,长江穿流而过,把安徽切成南北两个部分,即皖南与皖北。"维新政府"时期,戒烟总局局长朱曜向伪满洲国购买罂粟种子,分发种植于日本军部所指定的安徽北部各县。"为贯彻戒烟政策,积极取缔私植烟苗并谋事务上联络有效之统制",1940年3月,兴亚院安藤司长指示,在蚌埠成立"查禁安徽烟苗委员会",由戒烟总局、华中宏济善堂、所在地戒烟分局局长组成班底,负责有关事宜。① 所有因统制收购苗浆而发生的一切业务皆由华中宏济善堂负责主持。

1940年7月,宏济善堂委任汪少丞、张瑞棠充任查禁安徽烟苗委员会蚌埠办事处主任,萧子贞充任副主任,徐长春、罗鸿仪充任芜湖办事处主任,梅云生充任副主任。在各县设立办事处,凡境内播种烟苗,不分等级,每亩缴纳登记手续费国币2元。② 规定种植烟苗的烟民,收割后应全部就近送缴各县办事处,如有掺假将被没收,绝对禁止私下买卖,一经发现,治以重罪。缴送时,悉凭登记时所领的凭证,沿途予以放行,然后由各县办事处汇缴。

1941年4月2日,芜湖地方戒烟局订立种植罂粟登记办法,规定凡欲种植罂粟者,须填具登记表,③报请派员查勘;准许种植罂粟者,应立牌注明种植人姓名及面积,以便抽查;一人在数处地点种植罂粟,应于每一地点设一木标,不得并写一处;种植罂粟者,待收浆以后,应将数量如实上报,不得隐瞒,所收烟浆均呈奉戒烟总局,在指定期售与宏济善堂。

1941年前后,安徽北部以蚌埠为中心,中南部以芜湖为中心,凤阳、亳县、宿县、灵璧、泗县、滁县、嘉山、五河、怀远、合肥、巢县、和县、含山、当涂、怀宁、天长等县区,田野遍开罂粟之花。蚌埠、盱眙、合肥、巢县、寿县、定远、太和等地日人,均勒逼居民种烟,并公开贩卖吗啡、白面等毒品。1944年国民

---

① 《戒烟总局呈送调查登记烟浆及处罚私浆简则收毁暂行办法等》,中国第二历史档案馆藏,档案号二〇一〇/6206。
② 《戒烟总局呈送调查登记烟浆及处罚私浆简则收毁暂行办法等》,中国第二历史档案馆藏,档案号二〇一〇/6206。
③ 《芜湖地方戒烟总局订定种植罂粟登记办法卷》,中国第二历史档案馆藏,档案号二〇一〇/6214。

党军队曾配合巢县地方民众自卫队及绅士等组织督铲队,深入县属子李、磨店子、炯炀河、店埠、摄镇等地查铲烟苗,与敌伪发生战斗多次,历时半月余,计铲去烟苗1263亩,仅合、巢两县即种烟37670亩。1940年3月,宿县种鸦片者已达12000多亩,凤阳县也有约2000亩,怀远县有约9000亩,"仅皖北一处每年收获数量,不下百余万两",①以每亩20两计,皖北应种植罂粟50万亩。

华中宏济善堂为积极筹办货品,1941年5月,在上海设华中采办委员会,委员会设委员15人,里见甫为委员长,其余委员由李鸣就特业有关人员中指派担任。为谋求地方伪政府的协助,聘"戒烟总局"局长、"江苏省政府"主席、"安徽省政府"主席、"河南省政府"主席为最高顾问,所在地戒烟分局长和其他有关系官署主管者为顾问,并设专员若干人,派赴各地联络日驻地机关及办理特派事件。

采办委员会采购货品,随时派毒品专家化验,各办事处采购货品时先调查各地价格,呈报采办委员会查核,倘遇有临时涨价,呈采办委员会核准后方才购办。各办事处在采购时,将货品晒干折量,并把其中所含成分列表呈报,采办委员会有时也派员前往监督办理。

6月,采办委员会在蚌埠、芜湖、川沙、彰德等地设立办事处。办事处每处设主任1人或2人,副主任2人或3人,秉承委员会主办各该处一应采办事务。办事处于邻近产区筹设分处。办事分处设主任1人,办事员2—3人,受采办委员会所指定的办事处指挥监督,分任各分处事务。② 采办委员会及各办事处与分处各职员,由李鸣就宏济善堂原有人员中指派兼任。采办委员会及各办事处与分处办事时间,以6个月为采办期限,届期任务尚未完毕,可延长之。

宏济善堂也曾将河南省作为毒品采购范围。在华中采办委员会成立时,宏济善堂要求戒烟总局呈请"内政部"咨河南省政府转饬所属各县政府及县团长协同认真办理,以利进行。1941年7月11日,张秉辉呈"内政部"文称:

---

① 马模贞主编:《中国禁毒史资料:1729年—1949年》,天津人民出版社1998年版,第1954页。
② 《华中采办委员会及采办徐浆委员会组织规程办事通则草案》,中国第二历史档案馆藏,档案号二〇一〇/6219。

可否分咨河南省尤有疑义。陈群回文:"查河南省未便分咨。"①于是,宏济善堂仍把江苏、浙江、安徽三省作为主要采购区域,特别是安徽省和苏北地区。为办理收集烟浆,1942年6月,宏济善堂设立"采办烟浆委员会",并在徐州设立办事处,徐州邻近产区设立分处。采办烟浆委员会委员15人,以宏济善堂理事及秘书主任为当然委员,理事长李鸣为委员长。聘苏淮特别区行政长官、徐州特务机关长和戒烟总局长为顾问。② 在采办烟浆时,由调查组预行先调查产地情形、产出数量和价格,然后有关采办人员将货品按数量、成色过秤打包装箱,运至上海。

离徐州几百里的宿迁,本是个非常偏僻的苏北小城,1938年11月,日军侵占该地后,大力推行毒害政策,"设土膏店吸食专营所,东大街、府前街各一所,内部布置华丽堂皇,并有日韩妓女为吸食者烧烟弹唱"。③ 为了能有更多的鸦片供应,日本人提倡就地种植,所以县境西乡和东南部分地区大量种植罂粟,成熟后,将由采办烟浆委员会徐州办事处分处负责收集。

宏济善堂将各地采办的货品按质分级,以便发卖。1942年9月,宏济善堂在沪南区荒圩第27号建筑实验室,占地有十余亩,技士上野正科员专司查验。④ 宏济善堂还与地方毒品制造商相互勾结。1941年,镇江公济药号制造林文忠公戒烟丸,所需烟土均取自宏济善堂。⑤ 1941年1月14日,芜湖刘光铭大同药社奉戒烟总局之命将其所制戒烟丸送来检验,经上野正化验结果,证明无毒,准予营业。⑥

(二) 售卖与吸食

为发售毒品,宏济善堂自上而下逐级形成纵向公卖体系:总堂设于上海,

---

① 《华中采办委员会及采办徐浆委员会组织规程办事通则草案》,中国第二历史档案馆藏,档案号二〇一〇/6219。
② 《华中采办委员会及采办徐浆委员会组织规程办事通则草案》,中国第二历史档案馆藏,档案号二〇一〇/6219。
③ 张荣轩:《解放前宿迁烟毒和禁烟政策》,见《近代中国烟毒写真》(上卷),河北人民出版社1997年版,第344页。
④ 《内政部戒烟总局呈请准许华中宏济善堂在沪南地区建筑试验室》,中国第二历史档案馆藏,档案号二〇一〇/3431。
⑤ 《戒烟总局和内政部关于镇江公济药号所制林文忠公戒药丸化验给证的呈指令》,中国第二历史档案馆藏,档案号二〇一〇/6266。
⑥ 《戒烟总局呈芜湖大同所制戒药丸化验结果卷》,中国第二历史档案馆藏,档案号二〇一〇/6267。

总堂之下设地方分堂,分堂之下设膏店(商办),膏店之下设有戒烟所(即烟馆,仅南京一市即有 400 家左右)。① 鸦片由总堂分售各分堂,分堂分售各店,各店分售各戒烟所,戒烟所煮成熟膏,开灯供人吸食。为扩大经销范围,控制上海等地的大烟商,宏济善堂还组织成立了特业总公会。这样,宏济善堂、戒烟总局、特业总公会就形成三位一体的纵横交错的毒害网络。

1938 年上海公卖处成立后,于 6 月间正式售货,特许上海各土商缴费给照领销,缴费登记者旋即增至 32 户,其登记费初为每户 500 元,后增至 2000 元。② 其后经盛文颐请示楠本,将这些土商组织起来成立上海特业公会,指令公卖处营业科科长蓝芑荪为会长。1939 年 7 月 8 日,上海特业公会重新改组,直接受宏济善堂控制。③ 1941 年 2 月 1 日,"为整理业务及谋各地特商权益起见",宏济善堂派徐长春、蓝芑荪等于上海成立特业总公会。特业总公会以"团结全国各地特业商人,谋官商之联络,与同业之互助,增进公共利益,矫正营业弊害以裕税便商"④为宗旨,综理中国区域内特业团体一切事务。凡在中国区域内的特业公会,均得为会员。各地公会在购货时,须向宏济善堂申请核定。自成立之日起,每两特货收费 2 元,以 1 元为经费,1 元为各该地方公会经费。

为增加收入,强迫人民吸食鸦片,1939 年,兴亚院制定《"维新政府"行政院戒烟总局烟民登记给照规则》⑤,规定烟民登记以两个月为登记截止日期,逾期尚未登记者,一律拘押。甲种执照每张每季收费 2 元,领照者得凭照向当地零售店购买戒烟药品吸食;乙种执照每张每季收费 5 角,领取者得向当地戒烟所购买戒烟药品吸食;旅行执照,不分等级,每张费用 1 元,以 1 个月为有效期,凭原执照向到达地的戒烟局换取,期满而旅行未毕,仍须继续请领,等旅行完毕后,以旅行照换回原执照;临时执照每张收费 2 角,有效期 1

---

① 《宏济善堂呈报各地特业商店被青少年团捣毁情形》,中国第二历史档案馆藏,档案号二〇一〇/7468。
② 上海市档案馆藏,汪 1 全宗一 3 号目录一 205 卷。
③ 上海市档案馆编:《日本帝国主义侵略上海罪行史料汇编》,上海人民出版社 1997 年版,第 488 页。
④ 《戒烟总局转呈特业总公会组织章程草案》,中国第二历史档案馆藏,档案号二〇一〇/6220。
⑤ 《戒烟总局关于烟民吸烟给照的呈》,中国第二历史档案馆藏,二〇一〇/6221。

天,由吸食者向所在地戒烟局领取执照。有效期满时,应立即向原局所缴费申请换领新照。如并未呈报戒绝而逾期不申请换领者,得由原局所强制换给,并按逾期的长短暂加征滞纳罚金,滞纳罚金按应缴照费分三等加征:逾期5日以上加征1/3,逾期10日以上加征2/3,逾期1月以上加征一倍。规定半年、3个月或1个月换照一次。各种执照只准本人专用,不得一户共用,或借给他人使用。违者按情节轻重依照私卖私吸例分别究办。烟民登记期满后,如经查或经人举发无照的吸户,即以私吸论。凡遗失执照者,应向原领戒烟局所申请注销。如已经戒绝或本人死亡者,应将所领执照缴销,逾期不缴则向本人或其家属追缴,并按情节轻重处罚。

宏济善堂以烟毒为摧残中国的重要武器,其实施毒害政策所推行的方法也无所不至。主要方法有:由日军官兵、伪组织人员及浪人等,深入乡村兜售烟毒,贫民若无现钱购买,可以记账;讹言可以治疗肺病,报纸登载毒丸广告,概称长寿药丸;以鸦片充伪组织官兵薪饷及雇工工资;规定以烟毒为宴会及馈赠的应酬必备品;按户配发鸦片烟膏,定期收取吸后的灰烬;将吗啡、海洛因等毒品掺入卷烟丝内,诱人吸食;对抗拒毒化的人民,指称为反日思想犯,严刑惩处。

(三)运输与缉私

宏济善堂的毒品运输,无论是从采办地运到上海,还是由上海运售各地,均由戒烟总局协助。所运烟土,贴上印花,盖上印戳,就是官土。1930年底前施行的印花共有18元、15元、7.5元、1.5元、7.5角、3.75角六种。1941年4月1日起改用新印花,分为14两、5两、1两、5钱、2钱、1钱等六种,更易于查缉特货数量。[①] 1941年10月前,上海与各地、各地与各地之间的货物运输护照形式不一,此后,由戒烟总局统一制发。为运输便利,戒烟总局还统一印制了《知会单》和《委托书》。[②]

为"畅利官销",实行鸦片专卖,1941年6月,宏济善堂采办委员会组织缉私队,由宏济善堂派队员若干,随同采办员出发,严行查缉,并分令上海、蚌

---

① 《戒烟总局呈送特货新印花样张卷》,中国第二历史档案馆藏,档案号二〇一〇/6245。
② 《戒烟总局特货护照样本》,中国第二历史档案馆藏,档案号二〇一〇/6258。其中上海地方戒烟局样张源自上海市档案馆编《日本帝国主义侵略上海罪行史料汇编》,上海人民出版社1997年版,第497页。

埠、芜湖各地方戒烟局切实协助。缉私队设两队分驻于蚌埠、芜湖两处,每队设队长一人。王栋任芜湖缉私队队长,下设四个分队。"唯是开办伊始,深恐人民尚多罔知利害,仍复私运谋利。为彻底查缉及促使人民切实注意起见,分别函请友邦军政宪警各机关暨有关各省评论转饬各县政府,协同认真办理,并迅予出示晓谕,各该处商民人等本体恪遵,以杜私售而维禁政。"①1941年6月21日,张秉辉文函日各驻地机关:"兹据本局总务科帮办小川善一签呈称关于华中采办委员会组织缉私队事,据华中宏济善堂职员葛西克良、濑户贡等面请,由局呈请内政部,由部长函托日本方面'支那派遣军司令部''中支那派遣宪兵司令部'及'登部队特务机关本部'转令属下各关系部队及各机关协力援助该委员会采办及缉私事宜,以期推行顺利。"②

总堂规定,所有缉获的私货,随时送交蚌埠或芜湖两办事处没收充公,按其品质优劣分等作价发卖。甲等每两法币8元,乙等每两法币6元,丙等5元,所收变价款项以八成提充奖金,缉私队员由采办委员会发给薪俸(队长每员月支薪俸法币500元,公费200元,队员每员月支薪俸100元)。

三、华中宏济善堂毒害的恶果

中国代表胡世泽在1939年5月20日召开的国联鸦片问题顾问委员会上指出,日本侵略者在侵占区的毒害政策有三个目的:1.日本特务机关借此牟利,以充费用;2.日本和朝鲜浪人,凡不容于日本境内者,皆叫他们到中国来贩毒为生;3.削弱中国抗战的力量,并且借此罗致汉奸……③"今倭寇在占领区,更强迫人民停止种谷,遍种鸦片,使中国人为废人,地成废地,其吞灭阴谋,昭然若揭。"④

日本在中国推行的毒害政策严重违犯了国际禁毒公约与中国禁毒法规,严重破坏了中国的禁毒努力。华中宏济善堂作为日本毒害政策的工具,在日本侵华战争中扮演了极其重要的"以华制华""以战养战""以毒祸华"的角色,给中国人民带来了深重的灾难。

---

① 《华中宏济善堂采办特货卷》,中国第二历史档案馆藏,档案号二〇一〇/6243。
② 《华中宏济善堂采办特货卷》,中国第二历史档案馆藏,档案号二〇一〇/6243。
③ 《粉碎敌伪的毒化政策》,国民政府军事委员会政治部1941年3月编印。
④ 曹骏编:《禁烟与抗战之关系》,建康日报社印刷,1942年6月版,第1页。

(一) 为侵华提供经费支持

宏济善堂在其存在的五年时间里,通过贩毒获利 967540000 日元①,所得尽数解缴东京,以支持日本发动的侵略战争。"据盛文颐言,其(宏济善堂)利益支配情形极为机密,系与东京直接来往,即在华日机关亦无从知其详也。"②对华实施毒害政策是日本政府高级人员有系统的计划。"鸦片之汇兑系先解东京,由大藏省支配,其中即有一部分为大藏省所截留,其数字甚为机密,无可估计,但事实则确然有之""至烟土运至上海等处,卖出后其利益又大部分直解东京。据调查所知,在东条内阁时此种款项即为内阁之机密费,内阁对国会议员之津贴即从此款开支。事虽秘密,但知者甚多,日本国内亦有以此攻击东条者,此亦为确有之事实"。③

宏济善堂所得除解缴东京的大藏省、外务省和留作本身运营外,其余资金多用于为华中现地日本人的服务,如军部、特务部、宪兵队、宣抚班、情报部等。全面抗战爆发后,随着占领区的扩大,侵华日军"军队建设费、军需品、兵器、弹药、燃料、粮食、装备的费用、卫戍部队兵营及基地的建设费等""同时,还有机密费、谋略费及特务机关的如梅机关的费用,都要从鸦片费用中筹集"。④

1938 年年底,在日本梅机关特务头子影佐祯昭的指示下,李士群、丁默邨等组成汪伪"七十六号"特务机关。"七十六号"的活动经费,开始全部依靠梅机关供给,后经改组扩大,所需经费浩大,"以绑票、贩毒、募捐、囤积物资、开设银行和钱庄等方式补助特务经费"。⑤ 设于上海九江路 50 号的日满商事株式会社,其经费由里见甫贩卖鸦片赚利投资,并从事情报收集。⑥ 武汉戒烟总局自宏济善堂运来烟土后,仅 1943 年 1 月,经军部核准,售辖区各县政府特务部宣抚用土即有 89950 两。⑦

---

① 曹大臣、朱庆葆:《刺刀下的毒祸——日本侵华期间的鸦片毒化活动》,福建人民出版社 2005 年版,191 页。
② 南京市档案馆编:《审讯汪伪汉奸笔录》,1992 年,第 434 页。
③ 南京市档案馆编:《审讯汪伪汉奸笔录》,1992 年,第 434 页。
④ 冈田芳政等编:《続・現代史資料(12)阿片問題》,みすず書房 1986 年版,第 xii、xi 頁。
⑤ 上海市档案馆编:《日本帝国主义侵略上海罪行史料汇编》,第 390—391 页。
⑥ 上海市档案馆编:《日本帝国主义侵略上海罪行史料汇编》,第 375 页。
⑦ 《武汉戒烟总局阿片月报表》,中国第二历史档案馆藏,档案号二〇一〇/6239。

(二) 为侵华提供情报支持

梅思平在《办理禁烟经过之情形》中供述说:"一般中国人均以为日本有毒化政策,殊不知其内在原因,实为侵略者特工之一种卑劣技术耳。"因日本在华的驻军及特务机关侵略野心甚大,在华所做的特务工作范围极其广泛,而日本政府所给的活动费,每每相差甚远,于是利用日本、日据台湾、朝鲜的浪人制造毒品或贩运烟土,并以领事裁判权为护符,使其深入各地,为其做谍报工作,"且因此勾结中国地痞、流氓或甚至不肖之官吏,以探取种种情报"。①

(三) 为侵华提供政治支持

为了拉拢汪伪集团,使其在政治上对日本更加俯首帖耳,宏济善堂利用毒品贸易获取的财富对汪伪政府予以接济,进而对日本侵华活动提供政治支持。

1939年兴亚院派员到上海,要求各分堂年度营业所得税归上海宏济善堂负责统一报缴汪伪政府财政部。② 宏济善堂每年还向汪伪政府缴纳巨额戒烟收入,1940年,由每月的60万元增到90万元;1941年,平均每月上缴200万元;1943年,则每月高达330万元。③ 1942年,日本派遣军总队部落合少将和永井大佐与伪国民政府接洽订明分8年16期解缴特别献金,每年分为6月、12月两期分解,每期应缴中储券250万元。④ 宏济善堂运行期间,依照规定还要按两交纳印花税,由起初每两的20元起递增至100元,"余如运往海南岛、广州、汕头、香港、厦门、汉口等六处之特货本不纳税,近由职堂竭力斡旋,每两交纳印花税50元","即以1943年12月份一个月税款而论,所有亚土、杂土等项印花税亦在两千万元以上,因为淡旺月之分,此后推销数量当益增多,约计每日所收税款可超出3000万元"。⑤

---

① 南京市档案馆编:《审讯汪伪汉奸笔录》,1992年版,第433页。
② 参见《宏济善堂缴纳所得税卷》,中国第二历史档案馆藏,档案号二〇—〇/7471。
③ 《宏济善堂缴纳所得税卷》,中国第二历史档案馆藏,二〇—〇/7471。
④ 《宏济善堂呈报各地特业商店被青少年团捣毁情形》,中国第二历史档案馆藏,档案号二〇—〇/7468。
⑤ 《华中宏济善堂呈请结束》,中国第二历史档案馆藏,档案号二〇—〇/7467。

(四) 为侵华提供精神支持

宏济善堂的毒害活动,造成中国沦陷区,尤其是华东、华中等地陷入一片毒海之中,严重削弱了中国人民的抗日意志,摧残了中国人民的身心健康。仅南京一市,据有关方面调查报告,售毒者不下 200 余家,被害者已达 10 万以上,全市人口不足 60 万,被害者计占 1/6 强。1943 年,仅上海一地因吸食烟毒而破产的商民就逾万户,苏、浙、皖几省因吸毒而家破人亡者不计其数,令人"闻之酸鼻,言之泪下"。① "众多瘾君子麇集在鸦片等毒品市场与贩卖机构周围,势必使全民族的抗日团结受到破坏,发展下去会使中国的社会解体。"②

日本在中国的东北、华北、长江流域、华南等地蓄意极力推行鸦片毒害政策,使上述地区日渐禁绝的鸦片流毒重新泛滥,并不断扩大。据国民政府内政部禁烟委员会的调查统计,"日本在占领区内强迫人民栽种罂粟,其栽种面积共 1500 余万亩",至于受毒害人数,整个沦陷区内"吸食鸦片及沾染其他毒癖者,共 3200 余万人,其中 3100 余万人系因日本占领直接造成之结果"。③

鸦片毒害政策的实行为日本当局带来了巨额财富,加重了中国人民的经济负担。与此同时,鸦片的吸食与泛滥极大地摧残了中国人民的身心健康,削弱了沦陷区人民的反抗意志。这一切都是无法用数字来统计的。诚如当时国际社会揭露的那样,"日本对于贩卖毒品,可获两种利益:一为由贩卖毒品所获之收入,可作为侵略中国之费用;二为强迫手段,毒化中国人民,使之日趋衰弱退化",④从而达到完全征服中国的目的。

---

① 《行政院就严禁烟毒案与国民政府及内政部的来往文件》,中国第二历史档案馆藏,档案号二〇〇三/851。
② 江口圭一:《日中アヘン戦争》,岩波书店 1988 年版,第 207 页。
③ 《路透社记者所拟问题之答案》,中国历史第二档案馆藏,档案号四一(2)81。
④ 朱庆葆、蒋科明、张士杰:《鸦片与近代中国》,江苏教育出版社 1995 年版,第 449 页。

第二十章　抗战胜利后南京国民政府的禁毒努力

第一节　战后的禁毒形势

历经艰苦卓绝的抗战,中国人民终于取得了胜利。举国欢庆之时,国人面对的是一个山河凋敝、百姓困厄的现状。就毒品问题而言,无论是国统区,还是沦陷区,毒品问题都不容乐观,尤其是沦陷区因日寇有目的地推行毒害政策,更是毒氛弥漫。

一、国统区的毒祸

抗战期间,国民政府虽在政策上仍厉行禁烟,但因战事频仍、财政困顿,政治上无力实施禁毒,经济上无心实施禁烟,以至抗战胜利时,国统区禁毒成效实际上乏善可陈。"各地漏戒烟民尚多,调验又未普遍,防制稍懈,即行蔓延。种、运、制、售非特未曾绝迹,且有变本加厉之势。"①西南地区作为抗战时期的大后方,为抗战的胜利做出了巨大牺牲和贡献,但在禁政方面,战后私种抗铲、制贩毒品的情况十分严重,成为国内主要的罂粟种植地区和毒品来源地。根据西南地区各省向内政部禁烟委员会报告的统计数据,1945年,四川罂粟种植面积为2260.33公顷,西康有946公顷,甘肃为0.07公顷,青海为零,共计3206.4公顷;至于鸦片产量,因罂粟均系非法私种,"其因漏铲或未经查觉而获非法出产之鸦片,政府方面难得统计数字"。

---

① 内政部编印:《禁烟节略》,中国第二历史档案馆藏。

西南各地吸食鸦片及毒品人数,四川共42756名,西康有21694名,甘肃为12369名,青海为3168名,重庆有18425名,西藏因未报送数据而不详。

由于私种未绝、私吸亦多,国统区破获的烟毒案件也非常可观。1945年,四川破获私运毒品案221件,私藏案25件,私售案268件;西康破获私运案627件,私藏案32件,私售案68件;甘肃破获私运案848件,私藏案7件,私售案168件;青海破获私运案5件,私售案2件;重庆破获私运案5件,私藏案1件,私售案82件,综上,1945年,西南地区共计破获毒品私运案件1054起,私藏案65起,私售案588起。①

二、收复区的毒祸

抗战期间,日寇在占领区大力推行毒害政策,国民政府战前颁布的所有禁烟禁毒法令制度一律被废止,开设的戒烟医院也全部封闭,其烟毒之祸较国统区尤甚。据国民政府内政部战后统计,"日本在占领区内强迫人民栽种罂粟,其栽种面积约共1500万亩""吸食鸦片及沾染其他毒癖者,约共3200余万人"。②

江苏是汪伪政府的政治中心,在沦陷期间,苏北徐州、连云港一带民众在敌伪庇护或强迫之下大量种植罂粟。临近上海的崇明岛横沙地区也有栽种,每年鸦片产量相当可观,汪伪政府视其为利薮,并调派伪保安队驻扎当地从事保护。除种植外,江苏地区毒品的运、售、吸等情形也相当严重,尤其以淮阴、淮安、宝山等地为甚,各地烟馆林立,强迫民众吸食。

作为远东第一大城市的上海,经济发达、人烟稠密、交通便利,在沦陷期间成为敌伪推行毒害政策的中心。日伪成立宏济善堂总揽华中地区的鸦片经销事宜,并于上海成立特业公会,下辖土膏行百余家。抗战胜利后,汪伪禁烟总局等机关相继停顿撤销,负责人员各自隐匿逃逸,各土行老板、毒犯也全部销声匿迹。据统计,经战后查封敌伪禁烟总局,即起获烟土143箱、麻包19包、玻璃柜1具、纸包3包,另有伪币4700万元及枪械等。战后上海吸染烟毒者有10万人之众。这些瘾民饭可以不食,但毒品不可一日不吸,在马路

---

① 《内政部转奉美使节略办理中美两国交换烟毒缉私情报特设禁烟委员会上海办事处组织成立展开活动有关文化》,中国第二历史档案馆,四——(2)30。
② 《内政部关于路透社记者所拟问题之答案》,内政部档案,中国第二历史档案馆藏。

或小菜场边及烟馆里皆可看到吸食毒品之人;无钱吸食者则服用罂粟壳所煎之汤抵瘾。大量瘾民的存在刺激了毒品市场的形成与发展,刺激着鸦片贸易的增长,如1945年9月,仅在天潼路157号一次就查获烟土135箱。

北平为华北的中心城市,沦陷时期也是敌伪推行毒化的中心,伪华北政务委员会为搜刮民财,曾于1940年8月公布《华北禁烟暂行办法》,并设立伪华北禁烟总局及伪北平禁烟分局,辖有伪土膏公会、土膏店及土膏行三种组织,名为寓禁于征,实则提倡毒化。在日伪毒化政策下北平烟禁大开。经国民政府考查伪北京禁烟分局残余底册,战后北平约有土膏行店246家,吸食烟民20030人,但据该市医师公会调查,全市烟民应在10万人以上,足见烟毒弥漫情况之严重。

天津在沦陷时期经伪禁烟局许可的土膏店有180余家、土药店有30余家,每天经销鸦片约4万两,全市登记烟民共3万人,但据估计,实际烟民在15万人左右。此外,天津后方勤务总司令部第七卫生材料厂补给库接收的敌伪卫生材料内也有大批鸦片及吗啡等毒品。

安徽沦陷时期,合肥、含山、寿县、舒城、霍邱、巢县、盱眙、宿县、繁昌、淮南一带均有烟苗种植。此外烈性毒品及烟土的运、售、吸也相当普遍。光复后,该省仍有偷种罂粟的情况,违禁运售烟毒的现象也很猖獗。铁路司机利用车头私运,陆路则由军人武装私运。军人运土,既有收编的伪军,也有国民政府的正规部队,军用汽车则为运烟工具。平民百姓运售毒品也多见军方背景,以致当地政府无法检查。

浙江在战前为罂粟绝对禁种省区。全面抗战期间,其沦陷地区因敌伪肆行毒化政策,烟毒弥漫,内地亦深受影响。1940年以后,浙属安吉、乐清、青田、三门、江山、遂昌、淳安、黄岩等县均发现罂粟苗,收复后曾铲除烟苗三千余亩,缉获烟毒为数亦甚多。

河北自抗战全面爆发,禁令即陷于停顿。沦陷期间,伪华北政务委员会除在北平设立伪禁烟总局之外,还在华北各省市设立分局,并于各县乡镇设立办事处,以推行毒化借此牟利。日军投降后,河北所辖地区短期内仍多未恢复,"政令到达之县份不过四十"。烟毒之祸因之弥漫,禁政无从谈起。

第二节 南京国民政府的禁毒举措

一、中央政府的禁毒举措

抗战胜利是国家建设的开始,战后的中国人民面对的是战火蹂躏和敌人铁蹄践踏后满目疮痍的山河国土,一切可谓是百废待兴。解决因战争而废弛的毒祸问题是建设国家的重要前提,这也成为朝野上下一致的认识和诉求。蒋介石在抗战胜利后的第一个禁烟纪念日发表讲话时展现了禁烟建国的态度,"倘使烟毒一日未能肃清,即无异敌人一日盘踞未去,民族生命仍受腐蚀,建国事业无从着手"。① 北平市民马仲三在日寇签署投降书的次月,即1945年10月20日致信市长熊斌,表达了希冀政府厉行禁政的愿望,认为鸦片流毒中国已逾百年,"流毒殊深,人所共知。我同胞被其害者不堪胜数。倾家荡产、当妻卖子、流亡沟渠,比比皆是""昔前禁烟,空喊高调,混水捞鱼,颇不乏人,致此一误再误,蔓延遍地。自九一八至七七事变以来,屈指十数有年,我沦陷区为害较昔尤甚,在铁蹄蹂躏下,我平市无道德之辈设立烟膏店,烟馆到处皆有,最令人痛心",他建议政府:1. 加强禁毒宣传,查毁烟苗、烟土及各类毒具和毒品,同时责令烟民限期自动登记,以备检查;2. 邻里闾长应据实查报,凡是吸食鸦片、毒品之人须持本人照片进行登记,按照要求赴官方指定医院戒除,戒瘾后发放执照以资证明;3. 对于再犯禁政者,罚处有期劳役。同时,马仲三还建议政府应发放补助,奖励并帮助烟民从事生产活动,同时杜绝政府官员的贪污腐败行为,如此禁政方能取得实效。

针对战后毒况实际,国民政府对于禁政工作重新进行调整,除延续战前断禁的基本政策之外,强调"勤教"与"严绳"并重的策略。"勤教"立足于"救",包括宣传、教育和救济等方面;"严绳"则立足于"惩",包括查缉、联保连坐、刑事处罚等方面。"勤教"与"严绳"并重,目的就是要宽猛相济,改变此前

---

① 蒋介石:《三十五年禁烟纪念日训词》,马模贞主编:《中国禁毒史资料:1729年—1949年》,天津人民出版社1998年版,第1312页。

一味依靠严刑峻法实施禁毒的方式,希望通过加强宣传和教育,能够促使烟民改过自新。在施禁方式上,国民政府希望尽可能广泛地动员一切社会力量参与禁毒活动,从而改变禁政工作由政府主管部门唱独角戏的状况,形成官民协作、共同推进的局面。在种、贩、售、吸等环节中,国民政府战后禁毒突出强调了"禁吸",以期通过减少瘾民数量、抑制毒品消费市场的方法,达到在尽可能短的时间内取得禁毒实效的目的。

在具体举措上,为了适应战后禁毒形势,国民政府行政院自抗战后期即着手制定(修订)颁布了一系列禁烟禁毒法规,以完善禁毒法规体系。此外,根据国民政府内政部1946年3月1日下发的《新颁禁烟法规适用原则与注意事项》及《禁烟工作总提示》等文件的精神,战后禁毒工作具体举措还包括以下七个方面:1. 明确机构职责;2. 推行联保连坐;3. 设立禁烟协会;4. 划分禁烟督导区;5. 加强国界、省界地区查禁;6. 普设戒烟院所及调验所;7. 收复区适用特殊办法予以过渡。以下将围绕禁毒立法等八个方面的具体举措逐一展开论述。

(一)完善禁毒法律法规

有法可依是推行禁政的基本前提。在战前,国民政府已经颁布了一系列法律法规,建立了一套禁烟禁毒法律法规体系。战后,国民政府又相继出台(修订)了诸多法规条文以适应新的禁烟禁毒形势,见表20-1。

表20-1 国民政府战后颁布主要禁烟禁毒法规一览

序号	名称	发布单位	时间
1	《修正肃清烟毒善后办法》	行政院修正公布施行	1945年12月13日
3	《修正查缉毒品给奖及处理办法》	行政院修正公布施行	1945年12月13日
4	《华侨禁烟设计委员会组织规程》	内政部公布施行	1946年1月24日
5	《修正内政部禁烟委员会组织条例》	国民政府公布实施	1946年1月28日
6	《修正肃清华侨烟毒办法》	行政院修正公布施行	1946年2月21日
7	《禁烟特派员禁烟督导专员办事规则》	内政部公布施行	1946年4月5日
8	《禁烟禁毒治罪条例》	国民政府修正公布施行	1946年8月2日
9	《收复地区办理烟民施戒及善后救济事务实施办法》	行政院核准施行	1946年8月29日

(续表)

序号	名称	发布单位	时间
10	《各省(市)县设置肃清烟毒调验所办法》	行政院公布施行	1946年11月11日
11	《收复地区戒烟所设置办法》	行政院公布施行	1946年11月11日
12	《收复地区公私医院诊所办理戒烟调验监督规则》	行政院公布施行	1946年11月11日
13	《收复地区各省市监制戒烟药剂管理配发办法》	行政院公布施行	1946年11月11日
14	《举发烟毒案件给奖办法》	行政院公布施行	1946年11月11日
15	《禁烟考核奖惩规则》	行政院公布施行	1946年11月11日
16	《收复地区肃清烟毒办法》	国防最高委员会核准备案	1947年4月5日
		行政院公布施行	1947年4月22日
17	《禁烟罚金充奖办法》	行政院训令	1947年4月19日

在上述新制定(修订)的禁烟禁毒法律法规中,《修正肃清烟毒善后办法》是全国适用的禁毒基本法规,《收复地区肃清烟毒办法》则是收复地区适用的主要禁毒法规。《禁烟禁毒治罪条例》是与上述法规相配套的惩治性法律条文。此三项禁毒法规再辅以组织、缉私、施戒、奖励等法律法规,构成了战后国民政府的禁毒法律体系。

1.《修正肃清烟毒善后办法》

1941年,国民政府制定的"两年禁毒、六年禁烟"的六年禁烟期已到,"前禁烟总监公布之《禁烟禁毒实施规程》已不适用",行政院于是制定颁布《肃清烟毒善后办法》(以下简称《善后办法》)20条,并以三年为期[①]实现断禁。然而时至1944年三年期满,禁烟禁毒仍未达到预期目的,又值抗战期间,遂将《善后办法》展限执行。抗战胜利后,行政院对《善后办法》予以修正,以适应战后新的禁烟禁毒形势。《修正肃清烟毒善后办法》(以下简称《修正办法》)

---

① 《中央日报》1941年1月2日。

共计 22 条,于 1945 年 12 月颁布实施。

《修正办法》规定:1. 烟毒禁绝年限,要求全国各地烟毒均须于战后两年内肃清,只能提前,不能延后;2. 禁烟禁毒的基本原则,种运售吸制藏一律断禁,"并特重禁吸";3. 禁政的主办与协办机关,以各级地方政府为主办机关,各地驻军及交通、财务、教育、卫生、社会、救济等机关为协办机关。《修正办法》还对与禁政有关的经费、督导、考核、社会动员、华侨禁毒、国际合作等内容作了规范性的要求。国民政府的战后禁毒举措也基本是围绕《修正办法》的相关规定组织实施的。

2.《禁烟禁毒治罪条例》

1935 年 10 月,国民政府颁布训令,废止《禁烟法》及刑法鸦片章的内容,同时公布实施《禁烟治罪暂行条例》和《禁毒治罪暂行条例》。1941 年 2 月,为配合"两年禁毒、六年禁烟",国民政府将禁烟、禁毒两项条例合而为一,制定颁布《禁烟禁毒治罪暂行条例》21 条。抗战胜利后,又在《禁烟禁毒治罪暂行条例》的基础上增删调整而成《禁烟禁毒治罪条例》。除将法规名称中"暂行"两字去除,条例内容也多有改动:一是增加了制造抵瘾丸药、栽种麻烟、公务员军警盗换隐没吸用烟毒器具等罪;二是加重了聚众抗铲、运贩罂粟种子供人栽种罪的量刑幅度;三是多数烟毒犯罪的量刑幅度较前法有所减轻,以体现"勤教重于严绳"的精神。

国民政府战后颁布的禁烟禁毒法规法令呈现两个主要特点:一是突出烟民调验施戒,这与"特重禁吸"的施禁原则是一致的;二是突出了"军民分治"的原则。战后,社会各界强烈要求国民政府实行宪政,烟毒案件继续交由军法审判便有违宪政原则而须加改变。因为在宪政制度下,公民除现役军人外不应受军法审判。因此国民政府下令,将烟毒案件的管辖权交还司法机关,由司法机关依照特种刑事案件诉讼系列的有关规定审判烟毒案件,《禁烟禁毒治罪条例》仍适用。从 1932 年国民政府军委会办理豫鄂皖及腹地十省禁烟时开始采用的以军法审判烟毒案件的做法至此遂告结束。①

3.《收复地区肃清烟毒办法》

为尽速遏制战后收复地区毒品问题,国民政府内政部于 1945 年 12 月发

---

① 内政部禁烟委员会编:《禁烟政策与法制之演变》,中国第一历史档案馆。

布《收复地区禁烟紧急措施事项》(以下简称《紧急措施》)11条,要求各地政府广泛宣传国民政府的禁烟决策及重要办法,一律严禁种、制、运、售、吸、藏烟毒及麻醉品的行为,以烟毒为业的商民即日改业,烟民限期除瘾。《紧急措施》同时还要求各地政府作好禁毒的配套工作,如查封敌伪毒化机构、烟民施戒、查缉奖励、焚毁毒品等。

在《紧急措施》的基础上,经国防最高委员会核准备案,行政院于1947年4月颁布了《收复地区肃清烟毒办法》20条(以下简称《收复地区办法》),以统一指导收复地区的禁烟禁毒工作。《收复地区办法》除规定收复地区种、运、售、吸、制、藏、毒品行为应一律禁绝,重点对吸食毒品行为施戒与惩处作了规定,如第二条要求各收复区烟民最迟应在该办法公布六个月内戒除烟瘾;第八条要求地方政府根据烟民人数及分布情况择地设置戒烟示范院所;第九条规定除贫苦者外,申请入戒烟所施戒的烟民应交纳必需费用;对于届满未能戒除毒瘾者,第十三条中规定可参照《禁烟禁毒治罪条例》第八条第三项所定之刑罚予以惩处。

(二)明确禁烟禁毒权责

据《修正肃清烟毒善后办法》规定,主办禁政的机关,在中央仍为内政部禁烟委员会。1946年颁布《修正内政部禁烟委员会组织条例》明确内政部禁烟委员会"承内政部部长之命,掌理全国禁烟禁毒事宜",对各省市禁烟禁毒事宜有督促考核之责。禁烟委员会下设三处一室:第一处掌肃清烟毒、民众禁烟、设置戒烟调验院所、麻醉药品管制等事项;第二处负责禁政相关的稽查、审核、奖惩等事宜;第三处负责禁烟禁毒对外交流与合作;一室为秘书室,负责文电计划的起草翻译汇编等工作。

在地方则为各省市县政府(民政厅、民政局、民政科),这与先前的规定大致相同。但协办机关在原先规定地方驻军有协办之责的基础上,增加了交通、财务、教育、社会、卫生、救济等部门。各部门涉及禁烟禁毒工作的,均须同主管部门通力协作。抗战之后就形成了以中央指导、地方落实,地方民政部门主办、相关部门协办,社会团体辅助的禁政机构体系,具体见图20-1。

1. 中央主管机关——内政部禁烟委员会——{监督、考核国家禁政事宜,设立各区禁烟特派员及督导专员

2. 地方主管机关——各省市县政府{民政厅(局、科)——统筹办理禁政事项
省警务处(警保处)、市警察局——负责查缉检举
省卫生处、市卫生局——负责调验、施戒
省教育局、市教育局——负责禁烟宣传

3. 地方协办机关——驻军、交通、财务、教育、社会、卫生、救济等机关、部门——各就有关禁政业务协助主管机关施禁

4. 地方辅助团体——禁烟协会——负责宣传、调研、施戒、检举、监督、建议、救济等

图 20-1 禁政机构体系

这一机构体系虽从制度上明确了相关机构的禁毒职责,但由于涉及机构庞杂,极易出现权责不清、扯皮推诿的情况。1946 年 7 月 4 日,内政部通令各地方政府,强调:"现阶段之禁政,实占一般中心工作之首要地位,各级地方政府自应认为中心任务,其所属各部机构当以配合禁政为首要,不得视为某一单位独负之责任。"①9 月 24 日,内政部又发布"详订协办事项及肃清烟毒进行方式要点"六项,明确要求各级地方政府应根据施禁工作的实际需要,与各协办机关明确商定协办事项及协作方式,立为制度,共同遵守,以免协助配合流为形式。②

(三)联保连坐加强宣传

联保连坐制度是国民政府进行社会管控的一项基本制度,六年禁政时期国民政府即已将之与禁政相挂钩,希望通过"查禁烟毒人人有责"这一举措,强化甚至迫使基层民众相互监督彼此纠举。抗战后,联保连坐成为国民政府实施基层禁毒的一项重要制度而被不断强化和改进。所谓联保可从纵横两个维度去理解。纵向上的联保就是按基层政府和社会的组织形式层层作保,即区乡(镇)长为辖境内各保长作保,保长为所属各甲长作保,甲长则为所属的户长作保,户长为该户的所有成员作保。这样,从区乡(镇)长至普通住户,在禁政问题上就成了"一根绳上的蚂蚱",如联保内发生违禁情事,则违禁之

---

① 内政部:《渝禁壹字第 1296 号公函》,内政部档案,中国第二历史档案馆藏。
② 内政部:《京禁临字第 0122 号公函》,内政部档案,中国第二历史档案馆藏。

人与保证人共同受罚。纵向的联保是强制推行的,各地的区、乡、镇均须照此办理。但在实践中,各保人为了避免承担连带责任,也存在着上下庇护的可能。

横向上的联保是指共同订立联保切结的各户相互负责,发生违禁情事,违禁之人与同结各户共同受罚。横向联保以5户联保为原则,多者不超过7户,少者不短于3户。传统中国社会是一种"熟人"社会,乡里乡亲彼此熟识,违犯禁政虽干例禁,但察举告纠仍多少有违人情。此外,按照宪政要求,公民不应承担除本人过错以外的法律责任,横向联保规定的一户犯禁,同结各户连带受罚这种以守法之人替违法之人担责的做法显然与宪政精神相抵触。因此,国民政府在抗战后的禁烟禁毒工作中要求禁止强制推行横向联保,只能在宣传的基础上,鼓励倡导人民自行发起订立联保。

根据国民政府的规定,各地建立联保制度后,地方政府必须每3个月对辖区内的纵横联保进行一次考察,平时则要不定期进行抽查。1946年7月3日,内政部颁发《办理禁烟联保连坐要旨》,规定在具结联保之后,联保之中发生违禁事件,如系联保自行检举,应当奖励;如系他人检举而查实者,除将违禁之人予以法办外,区乡(镇)长、保甲长则按情节轻重,处以申诫、记过、撤职等处分,并罚令其定期肩牌鸣锣,游行街巷,宣传禁政,联保之户的户长依情节轻重,罚缴1石至3石粮食。另外,与种烟地亩相邻土地的所有者,制造烟毒、开设烟馆地方的同院或左右邻居,因其明知违禁情事而不检举,虽非联保也应连坐受罚①。除了直接在禁政中推行联保连坐制度,国民政府还动员民众在乡村公约、保甲公约中加入禁毒内容,彼此监督,共同遵守。

此外,国民政府还通过保甲、家族、学校等基层组织加强禁毒宣传,以在全社会形成一种鄙薄吸毒之人的风气。如要求地方家族利用亲缘关系互相宣传劝导,在校学生也应向其家庭及亲族宣传禁令,凡家长违禁者,应恳劝其悔改,有因此而收效者,由政府奖励。各级学校尤应在师生中倡导不与违禁家庭往来,不与违禁家庭子女通婚的风气,使违禁之人处处感受到社会的歧视和压力,从而悔过自新。

---

① 内政部:《渝禁壹字第1285号函令》,内政部档案,中国第一历史档案馆藏。

(四) 组建社团协助禁毒

南京国民政府成立初期，在中华国民拒毒会的推动下，民间禁毒运动开展得蓬蓬勃勃，有力地推动了国民政府的禁毒运动。国民政府随着社会管控能力的不断加强，逐步强化了对民间禁毒组织的控制和对民间拒毒运动的主导。抗战胜利后，国民政府进一步加强了对民间禁毒组织的管理和引导。《修正肃清烟毒善后办法》第八条规定，地方政府应多方鼓励自治机关学校、社会团体以及热心社会公益事业的人士，共同组织禁烟协会，协助政府办理禁政。内政部1946年2月7日颁发的《筹订禁烟协会要点》规定，各省市必须组设禁烟协会，县、市、局设立分会。禁烟协会的任务是研究禁烟问题、提供施禁意见、调查烟毒情况、推进禁烟宣传、发动社会制裁、检举违禁案件、协办烟民施戒救济等，充当政府与民众沟通的桥梁。

(五) 划分专区实施督导

根据《修订肃清烟毒善后办法》第四条的规定，肃清烟毒以各级地方政府为主办机关，各地驻军及交通、财务、教育、卫生、社会、救济等机关为协办机关。同时，第五条规定，内政部可以在各地设置禁烟督导区，委派禁烟特派员督导各地禁烟禁毒。内政部遂于1946年10月首批设置了江苏兼上海、安徽、浙江、河北、山东兼青岛、平津6个禁烟督导区，1947年1月内政部设置了豫晋、鄂赣、闽粤3个禁烟督导区，并于1947年7月再次设置西康、四川兼重庆、热察绥、滇黔、东北5区，从而将全国划分为14个禁烟督导区。每个禁烟督导区由内政部荐派禁烟特派员1人、荐派禁烟督导专员3人，具体情况见表20-2。禁烟特派员及督导专员代表中央禁政主管机关长驻办公，其主要职责为审议禁烟计划及其进度，推进督导区的禁烟工作，考查禁烟协办机关的工作，指导考查禁烟辅助机关的工作，解释禁烟法规，考查违禁案件的处理情形，考查缉获烟毒的处理情形，推进禁烟宣传，检举重大违禁案件，考核禁烟成效等。对于未设督导区的地方，则视情形需要，由内政部临时派员前往督导。

表 20-2　内政部各区禁烟特派员及禁烟督导专员姓名表①

序号	禁烟督导区	特派员	督导专员	设置时间
1	江苏兼上海区	刘学海	秦杰人、袁愈汾、刘　邕	1946 年 10 月
2	浙江区	王醒魂	赵威一、仲梦周、朱绍阳	
3	安徽区	路锡祉	严　进、孙　谋、王　刚	
4	平津区	李　峰	胡应成、罗麟藻、周鸿山	
5	河北区	祁大鹏	邵振寰、谢遵五、蔡鸿范	
6	山东兼青岛区	晁广顺	刘玉德、李文澜、何子竞	
7	豫晋区	杨挺亚	卫邦辅、赵儒浚、罗平造	1947 年 1 月
8	鄂赣区	何昌荣	萧成栋、李侠夫、魏锡山	
9	闽粤区	朱为铃	项际科、李天敏、朱　程	
10	西康区	姚应龙	宋硕甫、刘道经、张定扬	1947 年 7 月
11	四川兼重庆区	宋明炘	汪　洋、刘介鲁、王　刚	
12	热察绥区	叶敬颐	康世英、李汝骧、林葆宇	
13	滇黔区	雷醒南	宋久馨、田　口②、赵景歧	
14	东北区	单成仪	周勇注、张景毅、刘学诗	

（六）查禁国（省）界及边区烟毒

中国陆路相邻的国家和地区较多，边界犬牙交错，如广西与越南，西康与印度，云南与越南、缅甸，新疆与印度、阿富汗，安东、吉林与朝鲜等，"或因地界未定，或因政教未及，以致禁政工作无法推行""选据各方报告，以上各地区，间有种运烟毒情事发生"。因此内政部拟定《查禁国境边界烟毒办法》，并于 1946 年 2 月 28 日由行政院下发，饬令粤、桂、康、滇、安、吉、新疆等省政府切实注意边界地带禁政的推行，严厉查缉种贩烟毒的活动。如邻国有违禁情形影响到我国边界的禁政工作，应迅速查明真相，专案呈报内政部，以便转由外交部与邻国交涉，会商制止。③

---

① 参见朱文原编：《国民政府禁烟史料》（第四册），组织法令·四，台北"国史馆"2006 年版，第 544、551、558 页。
② 原文如此。
③ 行政院：《节壹字第 05721 号指令》，内政部档案，中国第二历史档案馆藏。

关于边区种烟这一老大难问题,1946年2月15日,内政部向川、康、滇、黔、桂、甘、宁、绥等省下发了"推进边区禁政原则",对原先施诸边区的禁政方式作了调整。一是要求各省慎重遴选熟悉边情的人员主持边区禁政,并使其久于其任,以利禁政的推行。二是边区禁政应划分区域,拟定计划,按步骤进行,避免操持过急欲速不达。三是具体施禁工作应当特重宣传,并尽力争取边区的优秀人才的襄助。四是各省政府要把推行禁政与进行边区开发结合起来,在施禁的同时发展农业生产,改善边民生活,创办卫生事业,增进边民健康,以此强化与边民的感情联系。五是今后边区施禁应充分运用经济、教育等方法,不到万不得已,不要派军队强行查铲,以免激化矛盾,酿成事端。①关于省与省、县与县接邻地带及飞插地带,有关地方政府应拟定联防办法,共同负责查禁。对于运贩烟毒或违禁的逃犯,应不分畛域跟踪追缉,并通知所在地方军警协缉,务期破获。今后如查获违禁贩运,人犯来自甲县而在乙县被查获,则惩甲而奖乙。在界址不明地区发现偷种烟苗,有关各县同受处分,以此杜绝相邻地方政府推诿敷衍之弊。

(七)普设戒烟调验院(所)

1940年六年禁政结束后,戒烟院所即被裁撤或改为卫生站所。抗战胜利之后,由于烟民人数众多,同时为了贯彻"特重禁吸"的原则,国民政府令各地再次筹设戒烟院所,并强调要充分发动民众团体设立戒烟院所,公私医院兼办调验施戒业务,以弥补政府力量的不足。以当时政府和社会的力量,遍设戒烟院所显然力有不逮,所以,戒烟院所的作用不是普遍施戒,而是"用济自戒之穷",即瘾癖深痼难以自戒的人才由戒烟院所收容施戒。按照国民政府的要求,各省必须筹设较为完备的戒烟院所1至2个,有条件的省份每市应当设立1个,作为模范院所,对各县乡(镇)及民间所设的戒烟院所进行技术上的示范和指导。为便于广大烟民自戒,戒烟药剂的配制销售办法也做了调整。在先前3年禁烟善后时期,为防止不法医师借出售戒烟药剂之名暗售掺毒药剂,国民政府规定各地药店一概不得经销戒烟药剂。烟民所需戒烟药剂统由中央卫生署配制,交由内政部按各省市所需作价配销。抗战之后为便于烟民自戒,这种由中央卫生署统一制药的方法相应改为授权省市级地方政

---

① 内政部:《渝禁壹字第0332号函令》,内政部档案,中国第二历史档案馆藏。

府监督当地卫生机关,按中央卫生署审定的戒烟药方统筹制发戒烟药剂,以便迅速及时地进行烟民施戒工作。

(八) 收复地区特殊办法

考虑到沦陷区毒品问题的严重性与特殊性,在收复伊始,国民政府行政院便颁发了《收复地区禁烟紧急措施事项》,命令收复部队将敌伪制毒机构及销售烟毒的行店一律查封,为首人犯予以惩办。① 收复地区由于长期受敌伪政权的毒化,情形特殊,因此规定,在收复后的6个月期限内,按照《收复地区肃清烟毒办法》予以办理。这项办法与3年禁烟善后时期所颁的《战地收复地区肃清烟毒办法》内容大致相同,即分为总检查和总检举两期,每期为3个月。总检查时期主要的施禁内容是清理遗留烟毒、宣传禁烟法令、普设戒烟院所、劝令烟民自新等等。总检查工作是沦陷地区肃清烟毒工作的关键,按国民政府中央的指示,总检查工作应占沦陷区肃清烟毒工作的80%,要通过大量的宣传劝导工作,务使禁烟法令政策深入人心,以期烟民和违禁人员知所警觉,改过自新。所有沦陷地区自收复以后,种、制、贩、售、吸、藏等违禁活动一律禁止,凡在收复之后继续从事违禁行为者概以《禁烟禁毒治罪条例》处以各该条的最高刑。对于在敌伪统治时期由于敌伪强迫纵容而有上述违禁行为者,给予自新机会。这些人只要在总检查期间向所在地方政府主管机关坦白交代,并自动铲除所种烟苗缴出所贩烟毒或吸用器具,具结自新,经查确无隐瞒或继续犯禁者,均免究既往。不过,根据行政院对《收复地区肃清烟毒办法》第3条的解释,具结自新免究既往的处理,只适用于确系敌伪强迫或纵容而犯禁者。对于那些凭借敌伪势力大批制贩烟毒戕害人民的罪犯,自当严予惩治,不容宽宥。凡凭借敌伪势力,长期连续从事制售烟毒活动,或一次贩售毒品5两以上,鸦片50两以上者,均应依法严办。② 至于烟民施戒,由于烟民人数众多,只能鼓励以自戒为主。烟民自戒应先向基层主管机关申报,确定戒断期限、领购戒烟药剂,届时由主管机关指定调验所予以调验。贫苦劳动烟民申领戒烟药剂进行自戒,可以酌减费用。烟民施戒期限,一般在总检

---

① 《1946年度禁烟年报》。
② 行政院秘书处:《节壹字第07788号函》(1946年3月14日),内政部档案,中国第二历史档案馆藏。

查期间戒断,年老有病者可以酌为延长,但最长不得超过6个月。

总检查之后,进行总检举,主要任务是查禁、检举各种违禁行为,并对违禁人犯依法惩治。凡是在总检查期间继续犯禁,或在敌伪统治时期有违禁行为而拒不坦白交代具结自新者,一经检举查实,均依《禁烟禁毒治罪条例》严予惩处。为贯彻"特重禁吸"的原则,规定施戒期限届满后,经检举调验尚未戒除瘾毒者,一律按复吸论罪。即施戒期限届满后,凡是未戒断毒瘾者、匿不自戒者及戒后复吸者,均以复吸论罪,判处死刑或无期徒刑。经过总检查和总检举,收复地区便过渡为一般状态,完全适用统一的施禁方式,不再适用《收复地区肃清烟毒办法》。

除上述八端外,国民政府鉴于以往禁烟禁毒因经费支绌,以致施禁措施难以开展或流于形式的状况,在抗战胜利后,多次强调各级地方政府必须将禁烟经费专款列入地方预算,专款专用,不得挪移。1947年3月,为减轻地方财政负担,依照国民政府行政院的指令,将以往禁烟经费完全由地方政府负担的办法改为中央与地方政府共同承担。凡查缉毒品及检举烟毒案件的资金,全部由中央承担,先由地方政府支垫,每3个月上报一次,由中央核准后拨还。设立、充实戒烟院所及调验所的经费,原则上由地方政府承担。确有不敷,呈报中央酌予补助。查铲烟苗及地方禁政机关的业务开支及人员经费,全部由地方政府筹支。①

二、地方政府的贯彻落实

国民政府除在中央层面从机构、立法等方面加强顶层设计之外,对于各地禁政的落实和推行也很重视。抗战胜利后,蒋介石亲赴北平视察,明确要求"北平与天津,应严禁毒品,凡鸦片、吗啡、海洛因,应一律严禁,无论吸者、贩者与运者,一律查获,应即照商所颁发禁烟条例执行,并限三个月内,限明年(1946年)3月20日以前一律禁绝,否则即以各该市长失职是问"。②

在国民政府的部署和明令督促下,各省市在战后初期对于禁烟禁毒工作普遍较为重视,相继出台了一系列地方性禁烟禁毒法规,陆续成立了地方禁

---

① 《禁烟专刊》(第5期),内政部禁烟委员会编印。
② 马模贞主编:《中国禁毒史资料:1729年—1949年》,天津人民出版社1998年版,第1286页。

政机构,对于种、运、售、吸、制、藏等环节的违禁行为也多有惩治。尤其是在禁烟禁毒的宣传领域颇有声势,各地相继发动了多种形式的宣传活动。城市中的大街小巷到处张贴禁烟布告及宣传漫画,电影院、戏院等公共娱乐场所也时常播放禁烟宣传片或表演禁烟戏剧,社会文教团体经常举办禁烟演讲,编唱禁烟歌曲。中小学的教师和学生也组成禁烟宣传队,通过家访的形式,逐户进行禁烟禁毒宣传。有些省市还组织禁烟宣传队到乡村进行流动宣传。在禁烟宣传的基础上,各地政府根据国民政府中央的要求,推行联保连坐,订立民众拒毒公约,提倡不与吸烟家庭往来、不与吸烟家庭子女通婚的风尚。有些基层组织在戒断烟毒的烟民家门上钉起"好国民改过自新"的光荣牌,在逃匿的烟犯家门上也钉起"××烟犯在逃"的木牌,通过各种形式动员社会力量对违犯禁政人员施加压力。一时间,战后各地禁烟禁毒的气氛显得十分热烈。

(一)完善立法

国民政府颁布的禁烟禁毒立法,多为纲领性的指导原则,各地烟毒状况不同,民情也千差万别,发布地方性的禁烟禁毒法规以规范和推进本地禁政工作实属必要。

北平市政府于1945年至1947年间拟定并公布了7个地方性的禁烟禁毒法规,包括《北平市烟毒检查人员须知》(1945年)、《北平市烟民登记须知》(1945年)、《北京市肃清烟毒调验规则》(1945年)、《北平市禁烟禁毒暂行办法》(1946年)、《北平市烟毒检查实施办法》(1946年)、《北平市烟毒戒除所管训人员须知》(1947年)、《北平市肃清纵横连带处罚暂行办法》(1947年),还发放了"北平市烟民戒除证明书格式""北平市烟毒调验证明书格式""北平市烟民登记证格式""北平市禁烟禁毒切结格式"等禁烟禁毒登记表格。

上海市政府于1946年1月公布了市警察局制定的《肃清上海市烟毒计划大纲》《上海市肃清烟毒总检查实施办法》和《上海市烟毒调验规则》。《上海市肃清烟毒总检查实施办法》系依照国民政府《收复地区肃清烟毒办法》第六条制定,该办法规定上海市烟毒总检查事宜由上海市警察局办理,烟毒总检查工作统一于1946年1月底办理完毕,吸染烟毒者则限于1946年6月底前全部戒绝。1946年3月之前,烟民可向警察机关申请自新,出具自新切结;在此期间被查获或被告发的烟民,收缴其烟毒器具,亦准其申请自新,出具自新切结,均免予论罪。1946年3月底以后申请自新者,依法治罪;1946年6月底仍未戒绝烟毒者,依法治罪。

天津市于1946年4月公布施行了《肃清烟毒纵横联保连坐办法》(下简称《办法》)。《办法》规定:依照该办法检举的烟毒人犯,送交司法机关依法审判,连坐处罚相关事项均由警察局传案审讯依法执行。对于"纵横联保连坐",《办法》在国民政府相关法规条文的基础上做了进一步的规定:各区保甲户长逐级负责为纵,邻近户长及该户居民相互负责为横,相关人员需各具"联保切结",对所管辖范围内的吸、运、售、制、藏、种鸦片烟毒或抵瘾药物等违法行为应共同承担劝诫、考查及检举的责任。如能事前防止或自行检举违禁事件,则照章奖励;若事前不作为或不自守而由他人检举告发,一经查明属实,则科以连坐之责。对于触犯联保连坐的区保甲长,按其情节严重程度,分别给予申诫、记过、撤职、定期游行宣传禁政等惩处;违禁的户长则根据其情节轻重程序,给予供给禁烟食粮3市斗至1市石、罚令定期为禁烟医院服务等惩处。《办法》还规定:违反禁政行为判定之后,违禁者如能在10日之内检举其他区域的违禁行为,一经查实,可免其处罚。

《办法》规定户长联结,应以5户为原则,如有特殊情形,亦不得多于7户少于3户,一般居民由户长出具切结,并互具联结,之外还规定寺庙及外侨由地方负责人出具切结。在办理联结前,应广泛发布布告进行宣传,务必使人人都充分明了具结的意义及此后应承担的责任。户长联结手续办完之后,应依次呈送给该保区长,"层级查核无讹,签名盖章,并加盖图记,转送市政府查核存案"。联结各户如发生迁徙死亡等情况,该管保甲长应在5日之内督促相关人员另办联结手续,依前条规定逐级转呈市政府备案,并注销原结。保甲长易人时,也须另行呈报。

《办法》要求应自公布3个月内,天津全市的联结事项应办理完毕,并报送内政部备案。《办法》还规定联结办理完毕后,除逐级严格考核外,市政府还将于每年的1月和7月开展分区检查,市政府社会局将每3个月派员检查一次,区保甲则每月考查一次,另有随机抽查。区以下的考核、检查及抽查的结果逐级上报至市政府核查,市级检查结果则须报送内政部查核。

汉口市也制定公布了一系列地方性禁烟禁毒法规,尤其是市属区一级警察局也制定了相应的稽查办法,如《汉口市警察局第一分局肃清烟毒计划》

《汉口市警察局第六分局各级职员查缉烟毒办法》等①。通过这些基层禁毒计划、办法，汉口市建立起将禁毒责任落实到人的分区制，其基本举措是将各警察分局所辖区域划分为若干警管区，由原管该地区的户籍警负责区域内禁烟禁毒工作，如若该管警察未能发现而被其他机关在其管区内发现烟毒案件且人赃俱获，则该管区负责警员区将承担相应责任。

（二）健全机构

北平市于1947年成立禁烟联合办公处作为全市的禁政主管机构。该机构由北平市政府及所属的民政局、警察局、卫生局、教育局等有关部门组成，北平市市长为主任，民政局局长为副主任。禁烟联合办公处下设行政、查缉、戒验、宣传四个组，各设组长一人。行政组组长由民政局派员担任，负责制定规章、计划及公布政令、编制禁烟经费的预算决算和庶务出纳、收缴烟毒品的保管和解送、督导各地办理禁政和考核、落实各区保甲的纵横联保连坐、指导监督禁烟协会、烟毒的检举揭发和查缉毒品奖励工作等。查缉组组长由警察局派员担任，职责为缉毒及解送等。戒验组组长由卫生局派员担任，职责为烟毒瘾调验、烟毒品及抵瘾药品的化验、配制戒烟戒毒药品等。宣传组组长由教育局派员担任，主要负责社会动员、禁烟禁毒宣传等事项。禁烟联合办公处每两星期召集有关机关汇报一次，并邀请内政部禁烟特派员办公处派员参会。②

上海市根据内政部派赴江苏兼上海区禁烟特派员拟订的《肃清上海市烟毒意见》，成立了上海市肃清烟毒委员会并组织了上海禁烟协会。上海市肃清烟毒委员会于1946年11月25日成立，在成立大会上，上海市市长吴国桢发表演说，认为禁烟绝非凭政府一纸命令即可收获成效，其间困难甚多，肃清禁毒委员会的任务即在于通过宣传及检举以达到肃清烟毒的目的。此后，根据内政部加派高级人员领导策动禁烟工作的训令，上海市市长吴国桢亲任委员会主任，各党政军要员分任委员，如市政府秘书长何德奎、上海市参议会议长潘公展、国民党上海市党部主任委员方治、三青团上海支部主任吴绍澍、淞沪警备司令宣铁吾、市警察局局长俞叔平、市社会局局长吴开先均位列其中。

---

① 武汉市档案馆档案，档案号40—481。
② 马模贞主编：《中国禁毒史资料：1729年—1949年》，天津人民出版社1998年，第1383页。

根据"分工策进"的原则,市属各相关机构明确了在禁烟禁毒工作中的职责,规定民政局或社会局为统筹推进禁烟禁毒工作的主管机关,警察局负责查缉检查工作,卫生局负责施戒调验工作,教育局负责禁烟禁毒宣传工作,其他与市政府无隶属关系的机关为协办机关。1947年3月20日,上海禁烟协会成立,以协助开展禁烟禁毒工作。

天津市政府于1946年2月11日成立禁毒处负责禁烟禁毒工作。5月8日,市政府第32次市政会议通过决议,将禁毒工作改由警察局兼办。1947年5月,天津市成立禁烟联合办公处,附设于市政府,由社会局、警察局、卫生局、教育局共同协办禁烟禁毒工作。联合办公处下设四组,包括社会局主办的禁务组,警察局主办的查缉组,卫生局主办的戒验组,教育局、社会局主办的宣传组。根据规定,由主办各局的局长负责主持推动各组工作,如警察局主办的查缉组,由宪兵团、警备司令部、交通、海关、天津地方法院和检察处等机关派员共同组成,其负责的事项主要是分区组织检查队开展烟毒及其替代品、抵瘾药品的缉查、检举工作。联合办公处的日常事务由社会局局长(后改为民政局局长)负责协调处理,各组每周(后改为每月)汇报一次禁政工作的开展情况。

(三)加强宣传

宣传工作是各地唤起民众、推行禁政的主要手段之一。1946年,北平市政府组织了一次大规模的禁烟禁毒宣传活动。当年1月份,组织方制作了1000份布告、5000份告民众书、1000份纸印标语、23幅布幕标语和1000张小型标语,分别在市区通衢要道、交通工具及公私场所等处张贴悬挂,同时还在报刊上刊载禁烟禁毒新闻和法规,在电台播放禁烟禁毒消息和演讲,在电影院放映由中小学生组织的禁烟宣传队分区讲演的影像。3月份,印制了50000份第二次告民众书——《北平市政府为禁绝烟毒限期将届再告本市民众书》逐户发放,还印制了小型标语20000份张贴各个公共场所。北平市还在电台连续多日广播第二次告民众书,警示民众制卖运藏烟毒品、为人打吗啡或开烟馆、吸食吗啡等毒品、戒除鸦片后复吸均处死刑,收藏烟毒吸食工具判处十年有期徒刑,吸食鸦片判处五年有期徒刑。除针对普通民众的社会宣传,北平市政府还对在戒毒处、劳役所实施毒瘾治疗的瘾民开展禁毒宣传,以坚强其戒毒之决心。对于在戒毒所施戒的瘾民,工作人员将烟民戒毒前后照片、吸毒致死及被枪毙毒犯的照片张贴在戒毒所和烟民宿舍内,同时张贴劝导警诫标语,以警醒督促其真心戒毒。对于在劳役所的瘾民,则由工作人员每天在工余时间与其谈心谈话,包括解读禁烟禁毒法律法规、毒品的危害、人生的意义等,希望通过交流达到教育瘾民的目的,使他们在离开劳役所后洗心革面、不再吸食鸦片毒品,实现真正戒毒。

上海市的禁烟禁毒宣传工作由教育局分工负责。1948年,上海市市长吴国桢要求市教育局扩大禁烟宣传,市政府同意教育局将禁烟禁毒相关材料分别编入高、初级成人班国语教材。① 5月1日,上海市当局又同意市禁烟协会的建议,要求本市各公私广播电台播放禁烟宣传材料,内容包括政府决心禁绝烟毒,使国家无一不健全的公民。凡是染有烟毒嗜好及贩售烟毒的人,应当时时以个人生命及国家地位为念,涤除旧染,奋勉自新,共同完成禁政。公共场所也到处张贴"不与吸食烟毒者结婚""强国必先强种,强种必须肃清烟毒"等标语。

武汉居于长江中游,经济发达、交通便利,毒祸相当严重,对于禁烟禁毒宣传工作也较为重视。1946年年底,汉口市各警察分局根据要求,将木制的禁毒标语悬挂于各餐饮店铺等公共场所,并指定专人看护。1947年4月底,汉口市组织了声势颇为浩大的禁毒宣传周。宣传大会暨宣传周开幕式于4月21日在中山公园举行。25日、26日两天主要活动为入户访查宣传,武汉市各警察分局、各区公所分别组织了12支访查队,入户访查4138户,散发标语2700份。主办方还在街头向民众讲演烟毒之害,如新安区组织的两支流动讲演队,于长堤街、满春路、民权路、花楼街等人员众多的繁华地段开展街头演讲,宣传烟毒之害和国家禁烟禁毒法令,颇为引人关注。此外,武汉市内各剧院还编演有关禁烟禁毒的戏剧,电影院则放映禁烟禁毒相关影片、张贴标语,均取得了良好的宣传效果②。为纪念林则徐虎门销烟,在1947年国民

---

① "鸦片烟里毒质多,吸了伤脑做事误,有害身体又费钱,吸烟实在自吃苦。李老二吸鸦片,身体一天弱一天。好好工作无心做,血汗金钱化烟雾,吸烟有害无好处,全家老少都受苦"为初级成人班国语教材。"鸦片、海洛英、红丸、白面等都含有大量吗啡,一经吸食神经就要中毒,脑力就要减退,身体日渐衰弱,做事毫无精神,吸上了瘾,终身受害"和"鸦片为害百余年,祸国殃民不堪言。政府决心除烟毒,三令五申意志坚,种售烟毒因违法,吸食之人杀不赦。民族生命关系重,奉劝同胞不吸烟"为高级成人班常识教材或国语教材。
② 《汉口市政府工作报告(1946.12—1947.5)》,武汉市档案馆档案,档案号9—48。

政府"六三纪念日"当天,武汉市政府在民众乐园召集各机关团体、学校及区保代表举行纪念大会,发行禁烟特刊,散发禁烟禁毒印刷宣传品,剧、影院放映禁烟纪念影片及标语。汉口市政府还鼓励民众自行订立禁烟公约,约定:1. 协助宣传禁令;2. 协助检举烟毒案犯;3. 协助自新烟民谋生;4. 相约制裁烟犯(如不与烟民交往,不与烟民子女通婚等)①。

1947 年 2 月 3 日,广东省各界在中山纪念堂举行禁烟宣传大会。张发奎亲临主持,内政部粤闽区禁烟督导专员朱为珍发表禁毒演讲。朱为珍在演讲中详细叙述了鸦片毒祸及因之带来的国耻,认为以往禁烟始终难收成效,其原因在于帝国主义操纵国内政治,而国内政府借烟谋利,且政令不畅,军阀官僚包庇烟贩。朱为珍重申了战后国民政府的烟毒禁令,强调根据两年内禁绝鸦片的要求,广东省必须依限于 1947 年 6 月底前肃清省内烟毒,"事前互保联保,事后连坐处分,务求普遍深入,根绝鸦片"。②

(四)缉毒施戒

缉毒施戒是"特重禁吸"原则的重要体现。1946 年 1 月,北平当局设立了东郊、西郊、南郊、北郊、外一、外二、外三、外四、内三、内四、内六等共计 11 个烟毒戒除所,负责烟毒调验,并对贫苦瘾民免费施戒。同时,北平市政府又指定市立第一医院、市立第三医院、市立第四医院、市立肺病疗养院,及崇德、小峰、同德、人人、卢永春、百揆、东华、顺天、柏林、永和、半施、普济、白氏、鼓楼等 18 家公、私立医院作为烟民自费施戒的医院。此外,北平市还设立了一处烟民戒除管训所。据 1946 年 2 月 10 日统计,北平市政府烟毒戒除所施戒烟民 1097 名,公、私立医院施戒烟民 534 名,共计 1631 人。③ 1946 年 1 月 26 日,北平市政府在东单练兵场公开销毁抄获的日伪烟土共计 957200 两。焚毒活动到有时任北平市市长熊斌、副市长张伯瑾、行营代表王捷三、北平市党部主任委员许惠东、美驻军司令骆基中将及各机关团体代表 40 余人。焚毒地点及相邻街道沿途均悬挂巨幅宣传条幅,书有"建国自禁毒开始,吸鸦片不

---

① 武汉市档案馆档案,档案号 9—6586。
② 《粤各界举行禁烟宣传大会》,马模贞主编:《中国禁毒史资料:1729 年—1949 年》,天津人民出版社 1998 年版,第 1376 页。
③ 黄仪、方立菲:《民国时期北平的禁烟禁毒》,北京市档案馆:《北京档案史料》1996 年第 1 期,第 37、42 页。

但摧残自身并且殃及全家"等标语。

天津的缉毒检查工作由市警察局牵头负责。1946年11月,天津市各警察分局分别组织检查队,由分局长担任队长。检查队下设若干组,由各分所长及该管警长、户籍警与当地保甲长组成。检查队定期开展巡回检查,兼以随时抽查、秘密侦查等手段缉查烟毒,并要求相关负责人及户籍警层层负责,不得推诿,同时责成旅馆、饭店举报烟毒犯。1947年1月,天津市警察局根据密报,破获了一起大贩毒案,抓获烟毒犯11名,缉获海洛因40多两。所破获的这一贩毒团伙专门从张家口私运海洛因至北平、天津,再转运上海出售。同年7月,天津市警察局又根据密报,由市警察局第十分局会同市警备司令部在段芝贵住所地窖内查获89斤鸦片、3斤多烟膏、5斤多烟土料膏、11支烟枪、烟灯等烟具40件、黄金条锭9斤多、金饰品4斤多。8月,市警察局根据线索,破获一处专门制造毒品运往京沪等地销售的制贩毒机构,抓捕人犯10多名,查获制毒机器1架、"白面"1包、麻醉药品1包、制造"白面"的咖啡精1包,以及料子、乳糖等甚多。

1947年2月15日和8月26日,天津市分别开展了两次烟毒总检举活动。第一次总检举于2月10日开始筹划。市警察局召集联席会议,当地军、警、宪、党、团各机关参加,决定成立联合检举机构,由市警察局主导,各机关协同。会议还通过总检举实施要领,作为活动的指导方案。2月15日,全市组成50个小队,根据事先设计好的路线,连日逐户检查。总检举活动中,将各警察分局辖区划分为一个检举区,全市共分10区。每个小队由警察局及警备司令部、宪兵团、党团及该区保甲长共同组成。截至1948年4月30日,全市共查获烟毒案件2091起,其中吸食毒品1786起、私售毒品237起、制造毒品5起、私藏毒品25起、私运毒品38起;抓获烟毒犯3793名,其中男性2646名、女性1147名;收缴烟毒16种,计20多万两,烟具19种,共7290多件。对于缉获的鸦片、毒品,天津市举行焚毒大会予以公开销毁。1946年元旦,天津市政府在市财政局门前广场焚毁了由市党政接收委员会从日伪天津禁烟局及土膏店同业公会接收的400多两烟土、烟膏247支,及2996件其他烟具。1947年6月3日,市警察局举行第一次焚毒大会,焚毁各类毒品460两,其中红丸3斤半,油纸1捆,烟枪655支,烟具2986件。同年9月5日举办的第二次焚毒大会,焚毁了包括天津警备司令部、地方法院送交的和警察局办案中收缴的毒品,此次焚毒活动由警察局局长李汉元主持,市党部、三青团、六十二军、市临时参议会、市政府等机关及社会人士到场监督。

天津市烟民登记工作于1945年12月开始由市禁毒处负责进行。禁毒处撤销以后,烟民登记事项由市警察局兼办。天津市警察局因禁烟禁毒事务繁杂,仍在其下设立禁毒处专负其责。前往禁毒处登记的烟民大致可分两类。一类是在日伪时期即在伪禁烟局登记的烟民,另一类之前未在册,战后自动请求登记的。登记的瘾民分别限定期限自行戒除或送至禁烟医院施戒。瘾民的戒烟戒毒事宜由市卫生局负责。卫生局下设的戒烟医院对瘾民进行免费施戒,各市立医院附设的禁烟室也"尽先收容"烟民戒烟。另有巡回戒烟队及8处委托戒烟医院对瘾民施戒。烟民的调验工作由戒烟调验所负责,施戒烟民戒除毒瘾后由承戒单位采集尿液送至调验所化验。据统计,自1945年12月至1946年2月,天津市自动登记的瘾民人数为345名。1946年6月,戒验人数共计257名,其中戒烟252名、调验5名。1947年1月至12月,戒验人数为1558名,其中,戒烟801名、调验757名。1948年11月,调验104名。

根据1946年1月颁布的《肃清上海市烟毒计划大纲》《上海市肃清烟毒总检查实施办法》和《上海市烟毒调验规则》的相关法规要求,上海市决定自当年1月至3月开展烟毒总检查,凡是种、制、运、销、吸鸦片毒品的,需于3月底之前具结自新,并予以登记,统限于6月底之前戒绝。但瘾民登记工作进展并不顺利,主动到局登记者甚微。3月15日,上海市警察局建议市政府对地方保甲提出连坐要求,以推动瘾民登记工作。4月4日,上海市政府发布公告,责成各地户长积极推行禁烟禁毒工作,在限期之内自行检查,并将本户私藏烟毒及烟民情况具连坐切结于月底前报送市警察局。尽管如此,瘾民登记工作仍不理想。截至1946年6月底,登记烟民只有6060人,①与实际吸食鸦片毒品人数相去甚远。对于已登记的瘾民,施戒工作开展得也并不顺利。上海市虽规定登记瘾民应在1946年6月底之前全部戒绝,但实际上当时上海市仅有一所市立戒烟医院,施戒条件和能力极为有限。迫于无奈,上

---

① 其中男烟民4370人,女烟民1690人,从事工商业者3222人,公务员28人,自由职业者417人,无业者2393人。

海市政府于4月份出台政策,允许瘾民可由卫生局指定的医师负责戒绝毒瘾并由其出具戒绝证明书。5月初,上海市政府要求市警察局专辟一地对自新瘾民传案调验,但因警察局无相关设备,采样的尿液需送至市卫生局调验所进行化验,以致调验工作效率低下。至1946年12月底,上海市立医院调验瘾民为1068人,加上缉获烟犯中发送调验所查验的瘾民1069人,合计调验人数为2137。

在烟毒查缉这一方面,上海市在1947年共破获1152起烟毒案件。例如1月7日在望平街缉获毒犯17名;11月10日在由天津开往上海的北元轮上查获烟土40斤;11月14日江海关与中国航空公司查获由昆明经武汉飞抵上海的47号班机夹带生烟土3116斤,熟烟0.78公斤,吗啡3.72公斤;11月30日在复兴中路瑞华坊破获制毒案一件,缴获海洛因34两,吗啡6两;12月11日查获制毒机关一处,缴获海洛因6325两、制毒原料120斤。对于查获的毒品,上海市也通过公开举行的焚毒活动予以销毁。1947年6月3日,上海市地方法院和市警察局分别在浙江北路养济院和外滩公园焚毁烟具3024件,烟馆烟账17本,海洛因11两,白粉367两,烟土632两又大小26块(约重6两),烟泡47只,烟膏一大罐(约重30两)。1947年年底,上海市政府又令上海国药商业同业公会将625家药店的罂粟花、壳限期呈缴,并于1948年4月5日将收缴的罂粟花、壳共计1749斤在外滩公园当众焚毁。

武汉市为落实国民政府的断禁精神,在战后初期将公开售吸的大小烟馆一律予以封闭,所查封的日伪遗留鸦片10万两,于1946年9月16日在汉口中山公园体育场当众焚毁①,在国民政府内政部派驻鄂赣区禁烟特派员的协调下,汉口市警察局、武汉警备司令部、江汉关、宪兵第12团、平汉铁路局等机关,共同组成烟毒检查团负责烟毒查缉工作。据统计,1947年,汉口市共计查获各类烟毒1714.9两,另查获罂粟壳1194公斤。② 与此同时,瘾民施戒工作也分两步展开。1947年7月,由市立医院兼办,协和、博爱、天主堂三家医院协办的汉口市戒烟所启用,自1947年8月至12月,戒烟所共计调验456人,戒绝烟瘾108人③。

---

① 罗元铮主编:《中华民国实录》四卷上,吉林人民出版社1998年,第3560页。
② 武汉市档案馆档案,档案号9—2806。
③ 武汉市档案馆档案,档案号9—2806。

山西省政府为推动烟毒查禁及瘾民戒瘾工作,专门组织了"山西省政府巡回戒烟队",根据1946年2月颁布的《山西省政府巡回戒烟队组织规程》,戒烟队隶属于山西省政府,负责全省巡回戒烟相关事宜;巡回戒烟队设队长1名、医师2名、药剂员1名、管理员2名、护士4名、事务员1名,同时聘有雇员1名;戒烟队具体职责包括收容施戒和烟民调验两项;戒烟药品等相关材料由省政府拨付,经费则列入省预算,由中央财政拨发。①

第三节 海外华侨禁毒

抗战胜利,举国同庆,海外华侨亦欣欣然,渴望为国家发展、民族振兴而出力。长久以来,华侨寄居海外,受治异邦,列强对海外华人弛禁烟毒,甚至专卖谋利,华侨所受毒祸甚深,禁烟禁毒之情亦切。

一、海外华侨的毒况

海外华侨受毒之深以南洋为巨,盖因当地为列强殖民地,对于鸦片多以专卖谋利。新加坡在清末时期即有由当地基督教会主持推动的禁烟运动。1935年,当地成立戒烟社,经费就地筹募,对烟民实行免费治疗,每月可戒治百余人。但因经费原因,该戒烟社于1940年陷于停顿,不再开展活动。

英属马来亚总人口大约五百万人,其中华侨有250万人,而当地吸食鸦片的烟民百分之九十九为华侨。在250万华侨中,工人约占半数,而吸食鸦片者大半为工人群体。当地政府对于烟民虽然采取登记售烟的办法予以管理,但因手续烦琐,华侨居所零星分散于各地,难以做到全部登记,所以未能登记的烟民极多,而这些未能登记的烟民均向已登记之烟民套购鸦片啄食,而登记之烟民则借此谋利。

基于鸦片税收等原因,殖民地政府对于禁烟态度并不坚决。1941年英属马来亚为日军所占,日军在占领地区推行毒化政策,以致华侨所受毒害较之前更甚。面对鸦片荼毒,当地也曾积极开展戒烟运动,宣传劝导烟民戒毒,

---

① 朱文原编:《国民政府禁烟史料》(第二册),组织法令·三,台北"国史馆"2006年版,第526页。

但因"多集中都市方面,与分居各地之侨胞实际接触甚少,故收效不宏,持之不易"。

泰国华侨有三百余万人,习染鸦片烟瘾者甚多,也有施打吗啡等毒品者,"彼辈满身疮痕,惨不忍睹",且因吸食烟毒之人身心俱损、品行不良,以致当地华侨处处受人歧视。而泰国政府因税收关系,听任民众开设烟馆供人吸食毒品。

鸦片专卖为法国殖民政府的主要税源,设有专卖局招揽民众承销,平均每条街有承销零售店一间,其招牌或为"××号公烟开灯",或为"谈话室"。当地华侨吸食鸦片者多为老年人、苦力,间有富商吸食(多为贩烟致富之鸦片商)。盖因华侨寓居海外,生活苦闷,"故一有空闲,即群趋烟馆以为消遣,其惯常性犹如国内之坐茶馆"。

澳门鸦片实行专卖政策。战后,澳葡政府低价吸收日本存于华南及港粤地区的鸦片,转而售于烟民,全年销售额计葡币700余万元,计值国币15000余万元。公开烟馆遍布全市,"即康庙街一小地区,计有烟馆七所,家庭户尚未计入,酒楼旅店多设烟具",①可见当时澳门烟毒为祸之巨。

印缅地区是当时世界主要的鸦片产地之一,印度更是一度成为中国鸦片输入的主要来源地。印度国内对于鸦片采取领照吸食的方法予以管理,持照烟民准许购买鸦片,制造烟膏,"不啻鼓励华侨吸食鸦片",以致在印华人大多染此恶习。缅甸与印度接壤,其国内掸邦、钦族、佤族地区均盛植罂粟,得之既易,习染乃速,再加之英国殖民政府实行的鸦片专卖制度变相地促进鸦片贸易,使得"中国旅缅侨民染有烟癖者甚多"。②

欧美各国在其本土对于鸦片等毒品均取严禁政策,华侨吸食毒品一旦被缉获必受严惩,因此,就烟毒严重程度而言,远较南洋地区为轻。如美国在其境内即严禁烟毒,烟毒贩一旦被缉获,将科以监禁等惩罚措施,有毒瘾者强制戒毒,若是重犯且为外籍则即行驱逐出境。墨西哥禁令亦甚严,且鸦片为外部输入,来源不易,烟价甚高,吸食之人亦少。

---

① 《广东省政府关于澳门华侨烟毒情况致内政部公函》,1946年3月8日,马模贞主编:《中国禁毒史资料:1729年—1949年》,天津人民出版社1998年版,第1298页。
② 《华侨烟毒状况与中国政府意见》,马模贞主编:《中国禁毒史资料:1729年—1949年》,天津人民出版社1998年版,第1429页。

二、华侨禁烟座谈会

鉴于海外华侨吸食毒品人数众多（据估计达四十余万），影响民族健康，有损国家声誉，内政部禁烟委员会在抗战胜利前夕的1945年7月，邀请赴重庆参加国民党第六次全国代表大会的海外侨领香玉堂、林庆年等十九人举行禁烟座谈会，一方面了解海外各地华侨吸食鸦片、毒品的状况，一方面听取各地侨领对于华侨禁毒的意见和建议。各地侨领在结合当地禁烟禁毒政策及华侨吸食毒品情况的基础上，纷纷建言献策。

泰国侨领梁寄凡认为，鸦片之害尽人皆知，侨胞染毒之深更足忧虑，所以华侨禁毒刻不容缓，鉴于国内禁毒法律法规并不能适用于海外，因此提出三点建议以促进华侨禁毒。一、运用社会教育力量宣传劝诫。中国海外侨胞大多有同级会馆等社团组织，为华侨集会的中心，华侨禁烟可加以利用，使同一组织之人相互规劝，一致警觉。同时，华侨沾染烟毒者多为普通劳动者，如能善加领导、广为宣传，借助社团力量规劝制裁，可望助其逐步戒除毒瘾。至于禁毒宣传要旨主要在于激发吸毒者戒毒之自觉意识，因为华侨所在之殖民地政府借烟谋利，对华侨吸毒放任不禁，所以只有唤起侨胞自觉禁毒的意识，方可与烟毒相抗。二、派员长期驻留宣传。驻留官员不需禁毒专家，只要擅长宣传工作，如普通文化工作人员即可预提此项宣传工作。三、注重救济与娱乐工作。华侨吸食鸦片、毒品者多为从事体力劳动者，常借吸食鸦片以维持体力，或者利用烟馆以为消遣娱乐场所。因此，帮助瘾民戒除毒瘾，在经济上应予以免费治疗，酌量求助其家属，使之无生活之虞；在精神上应筹设正当的娱乐场所，从物质和精神两个层面予以支持，"以为根本之解决"。

荷属印尼华侨领袖林及时建议：一、在社会舆论上，造成海外华侨一致鄙视烟民的风气，对其施加心理压力，促其立志戒绝毒瘾。二、发展海外侨民教育，唤起华侨自觉意识，促其遵奉国内法令，革除不良嗜好。三、责成外事部门加强交涉，禁绝鸦片输入，并规定烟民限期戒绝毒瘾，如有逾期不戒者，勒令迁返回国。四、重申政府禁绝鸦片之决心。因政府禁政或寓禁于征，或推行不力，以致海外华侨误认为政府禁烟政策实为姑息烟民之策，负面影响至大，亟须表明政府严禁鸦片之立场。

其他参会侨领也分别就华侨禁烟禁毒问题发表了自己的见解，最终，与会代表形成五点共识。第一,为发动各地侨领力量协力禁烟起见,由国民政府内政部禁烟委员会组织设立华侨禁烟设计委员会。第二,由禁烟委员会聘请与会各位侨领担任华侨禁烟设计委员会设计委员,并请参会诸位侨领尽量推荐热心禁烟之其他华侨领袖参与设计委员会工作。第三,在华侨侨居地组织拒毒会与所在地政府密切联系,协力开展禁烟工作。第四,各地华侨广为搜集当地禁烟法令及相关资料提供给禁烟委员会,以作为推动禁烟工作之参考。第五,在时机成熟时,委派专人前往或简派当地热心侨领担任华侨禁烟视察人员,与当地禁烟组织共同推进禁烟工作。

三、华侨禁烟设计委员会

1944年国民政府"六三纪念日"时,蒋介石曾表示:"期于英美荷诸盟邦废除在南洋各地烟毒之声明成为联合国一致之行动。"抗战胜利后,国民政府内政部为推进华侨禁烟工作,召集华侨领袖就禁烟问题进行座谈,并决定成立华侨禁烟设计委员会。

华侨禁烟设计委员会设立之目的是延揽海外热心禁烟侨领,共负设计研议及协助禁政责任,以期肃清华侨烟毒,配合国内断禁计划。华侨设计委员会设常务委员1名,由禁烟委员会主任委员兼任;设总干事1名,由常委委员在禁烟委员会职员中指派兼任,负责处理华侨设计委员会的日常事务;设计委员由内政部聘任,任期1年,名额不定,禁烟委员会简任秘书及第一、第二两处处长为当然委员。华侨禁烟设计委员会设调查、通讯、编审三组,每组设干事1名,由常务委员从禁烟委员会职员中指派兼任,受总干事之指导,分别处理各该组事务。华侨设计委员的基本职责包括以下五个方面:1. 出席华侨设计委员会会议;2. 建议有关华侨禁烟办法;3. 辅导所在地华侨禁烟事宜;4. 解答华侨设计委员会咨询事项;5. 办理华侨设计委员会委托事项。可以看出,华侨禁烟设计委员会是国民政府为团结海外华人推动华侨禁烟禁毒的一个咨询和参议机构。[①]

[①] 朱文原编:《国民政府禁烟史料》(第四册),台北"国史馆"2006年版,第499页。

四、《肃清华侨烟毒办法》

国民政府为肃清华侨烟毒,专门制定、颁布《肃清华侨烟毒办法》,该办法共计19条,其中规定:1.海外华侨烟毒统限于两年内肃清。2.各驻外领事馆负责督导肃清当地华侨烟毒。3.驻外领事馆应发动当地侨民团体组织华侨禁烟协会,推行禁烟事宜;华侨禁烟协会应以两年为限(如当地政府有更短之禁烟期限,则遵照当地政府要求),制订工作计划,切实推进。4.应加强华侨禁毒宣传,讲解国民政府禁烟政策、禁烟法令、禁毒意义,劝导瘾民自戒,奖励检举;可委托公私医院或由华侨禁烟协会自设戒烟医院帮助烟民实施戒毒,贫苦瘾民应酌予减免施戒费用并予以适当救助。5.对于借毒谋生之华侨,应严加取缔,劝其改业;劝诫不改者则给予名誉、经济或职业方面之制裁;制裁无效者则严加惩处或押解回国治罪。6.各领事馆办理华侨禁毒所需经费,由内政部呈请行政院拨发;各侨民团体办理施戒救济等事所需经费,以就地劝募为原则,如有不敷,可申请政府补助。7.内政部可组设华侨禁烟设计委员会,遴聘热心禁烟之侨领充任委员,襄助规划,并协办肃清华侨烟毒事宜。①

为了促进海外华侨禁毒,国民政府又于1948年对刑法第五条予以修订,将海外侨民也作为鸦片罪的管辖对象。这一举措体现了国民政府对于华侨禁毒的重视,但因华侨旅居海外,禁政势必涉及外交关系,况且海外华侨吸食烟毒者甚多,调验、施戒、宣传、劝导各项工作开展存在诸多困难,以鸦片罪相关条款处置华侨,"不唯执行发生困难,抑且有背政府历年施禁注重'勤教严绳'之原旨,国民政府于是一方面仍向华侨宣示吸食烟毒有违鸦片法等法律规定,使其自动禁戒,其逡巡观望者一律押解回国治罪;另一方面,仍要求以《肃清华侨烟毒办法》为指导华侨禁毒的基本办法,强调各项工作务须严定期限,次第完成"。② 同时在外交方面加强与各国的交涉,以为华侨禁毒营造良好的外部环境。

---

① 《行政院修正公布肃清华侨烟毒办法》,马模贞主编:《中国禁毒史资料:1729年—1949年》,天津人民出版社1998年版,第1292页。
② 《内政部请外交部转饬各领馆办理华侨禁烟及查禁国境边界烟毒公函稿》,马模贞主编:《中国禁毒史资料:1729年—1949年》,天津人民出版社1998年版,第1508页。

五、华侨禁毒交涉

战后,国民政府对待烟毒采严禁态度,但海外侨民染毒情形严重,且所在国家或地区(尤其是南洋及印缅地区)大多禁政松弛,国民政府外交部及驻外领事机构就禁毒问题多次进行交涉。

在印度,中国驻加尔各答总领事陈质平于 1945 年 6 月 8 日当面与英国孟加拉省督加赛沟通,请其设法取消已发给华人之吸食鸦片执照,并禁止以后再将此种执照发给华人。加赛表示将予考虑。当年 9 月 11 日,陈质平接到孟加拉省督秘书高得来函,函称根据孟加拉省 1932 年制定的鸦片吸食条例,凡年 25 岁以上之人,准予领照吸食鸦片;年在 25 岁以下者或聚众吸食者,均在禁止之列。在规定期限内,超过 25 岁且已吸食成瘾者,必须向主管机关登记,逾期除新自外国来印具有特殊情形者外,概不登记发证。高得认为此条例之目的及孟省政府之政策,乃是防止新烟民之增加,而逐渐使烟毒归于消灭。他称战前加尔各答三千多华侨大多染有毒瘾,但仅有 276 人登记,从而说明印度华侨烟毒严重之根源,在于华侨不配合当地政府登记吸食鸦片的政策规定,"如果华侨社会予以更大之合作,则统制政策必可收更大之效果"。高氏指出吸食鸦片一事,若仅予以禁止,则将使吸食者更趋秘密,而不能收逐渐消灭之效,因此要求由中国总领事馆运用其影响力,促使吸食鸦片成瘾而未向当地政府登记者即行登记,并与警察局及缉私机关加强合作,以查缉未领执照而吸食鸦片、聚众吸食、非法贩卖烟土,以及年在 25 岁以下吸食鸦片等行为。在来函中,高氏还代表当局建议当地华侨社会应设立收容所,用以帮助烟民,尤其是年轻烟民的治疗,以解除他们的生理、心理上遭受的痛苦。信末,高得进一步表示,孟加拉省督相信如果中国总领事同意,并且与警察局及缉私局加强交流与合作,提出解决烟毒问题的实际方法,"则对于此事当可获致有效进展"。高得的来函对于印度政府弛禁鸦片政策多所托词,且完全将印度华侨烟毒泛滥之责推予中国政府。对此,国民政府心知肚明,"该省督之意见利用'寓禁于征'之政策,希望中国总领事馆协助促使烟民领取执照,并与之合作,以获取各项情报等,显与我方意见相左"。国民政府认为:1. 英国政府曾于 1943 年 11 月发表声明,表示在被敌人占领下之远东领地及保护地,于收复后施行完全禁吸鸦片政策,并不再恢复鸦片专卖制度。

该声明虽未明确将印度纳入其中,但战后如印度继续准许烟民购买鸦片,制造烟膏,并发给吸烟执照,这一行为与英政府声明之精神明显相悖。2. 英国驻华大使薛穆爵士曾致函国民政府外交部次长吴国桢,声称印度早已严禁鸦片,现在孟加拉省督希望中国领事馆协助其督促华侨烟民领照吸食鸦片,与薛穆的声明明显不合。3. 孟加拉吸食鸦片条例规定虽较缜密,但其立法本意,系为推行鸦片专卖制度,对于禁烟宣传、烟民施戒、限期禁绝等内容均未提及。该条例与1912年《海牙禁烟公约》第二章第六条、1925年《日内瓦禁烟协定》第七条及先后经1936年第20届国际劳工大会与1937年第22届国际禁烟委员会通过的《救济吸烟工人决议案》,也均有不合。为此,国民政府当即饬令陈质平一面积极推进施戒工作,一面再向省督交涉严禁。陈质平根据国民政府指示要求,随即向印度方面做进一步交涉,详细说明中国的禁烟政策是严禁人民沾染烟毒,其已沾染此项恶习者应限期戒绝,以后不得再犯,而不是印度方面所推行的"寓禁于征"的政策。陈质平还提出两点建议:1. 凡持有执照之烟民,应即集中一处限期强迫戒绝。2. 未持执照者,应即拘捕,勒令戒绝。对于中方的交涉及建议,印度未再予以回复。

在缅甸,流亡印度的缅甸政府曾于1944年2月经会议决定采取鸦片统制之法,美国政府得悉后于1945年8月照会英国政府予以交涉,缅甸政府为此在措辞上进行了适当调整,改为实行鸦片专卖和鸦片吸食许可证制度。1946年2月缅甸政府电告英国政府,决定实施鸦片专卖政策,并为此大肆搜捕走私鸦片商人及无照吸烟或无照持有鸦片之人,一旦抓获,均依照缅甸政府鸦片法处罚。国民政府认为,1. 缅甸为二战时期日军占领区,中国将士为缅甸之收复做出大量之牺牲,如果战后实行鸦片专卖,既有违英国政府1943年禁烟声明之精神,也是明显的对华不友好之举动。2. 缅甸与中国云南接壤,两国之间尚有未定地界,缅甸烟禁不严,对于中国旅缅华侨禁烟及国内禁政,均有重大妨碍。3. 缅甸政府的鸦片法系1931年修正公布,其目的在于维护鸦片专卖制度与捐税收入,有违禁毒的时代精神,自然不能作为战后推进禁烟工作的依据。

相对于印缅地区,国民政府与马来亚、越南等国的禁毒交涉则较为顺利。战前马来亚政府对于鸦片实行专卖制度,战后英军重返马来亚后即取消此项制度,转为禁止吸食与售卖。越南经中国驻西贡总领事馆多次交涉,于1946

年 7 月下令禁止鸦片吸食与贩卖,其具体规定为:1. 鸦片专卖制度予以取消。2. 禁止一切售吸活动。3. 鸦片仅可用于医药之用。4. 需经政府许可才得设立戒烟医院,并在医生监督下发给戒烟证明书,作为购买必要之鸦片,以供递减戒除毒瘾之用。①

六、华侨戒烟运动

国民政府对于华侨禁烟的重视及组织(华侨禁烟设计委员会、华侨禁烟协会)、法律(刑法中关于鸦片条款适用于海外华侨、《肃清华侨烟毒办法》)、外交等方面的诸多举措,对于战后海外华侨戒烟运动的开展起到了积极的推动作用。以泰国为例,泰国因以往无中国政府驻外机构,且该国将鸦片公卖政策作为政府的财政政策,以致全国烟馆林立,烟民众多。经调查,仅曼谷一地就有烟馆 270 余家,烟民不下 5 万名,而经营鸦片行业及吸食之人又多为华人。这一形势既有违国内严禁鸦片的政策,又危害海外侨民的健康,更有损中国在战后的国际形象,因此,中国驻泰国大使馆设立之后,即广泛动员华侨领袖,共同推动华侨禁毒运动。

1947 年 1 月,在泰华人举行禁烟会议,讨论禁烟办法,并成立禁烟协会筹备会,草拟了相关章程。考虑到禁烟属泰国内政且与泰政府经济收入相关,如直接要求其禁绝鸦片,难免招致对方抵触,且不免有干涉其内政之嫌,易遭泰方之忌。于是,国民政府驻泰使领馆召集当地华侨禁烟协会筹备委员讨论对策,遂议定将华侨禁烟协会更名为华侨戒烟促进会。"盖戒烟者,乃含有烟民自动戒吸之义,与强令禁绝者似有不同,庶可免遭方之非难也。"同时决定于国民政府"六三纪念日"召开华侨戒烟促进会成立大会。成立之时,泰国华侨各界人士到有千余人,并一致通过会章,推选理监事人选。

鉴于在泰华人吸食鸦片及借此为业者众多,泰国华侨戒烟会成立后旋即成立一设计委员会,以规划戒烟工作之推行。设计委员会就戒烟拟就两项方针:1. 思想方面,以劝导方式,促进社团领导人士先行自动戒烟,以身作则;呼请舆论界广为宣传,唤醒侨众,有所警惕;鼓动烟商遵从国民政府禁烟政策

---

① 《华侨烟毒状况与中国政府意见》,马模贞主编:《中国禁毒史资料:1729 年—1949 年》,天津人民出版社 1998 年版,第 1429 页。

之意旨并从民众福利的角度着想从速改业,以达成救人救己之目的。2. 行动方面,创立戒烟医院,专司其事。染有烟毒恶习之人,经宣传觉悟之后,需有适当场所戒绝烟毒,以收实效。只是戒烟工作,耗资巨大,设计委员会又拟就两项实施步骤:1. 利用现有侨民所举办的医院兼负瘾民戒烟之责任。2. 从速设法募集巨资,创办戒烟医院,以达成全体侨民戒烟之目的,最终达到烟毒不再见于泰国侨社之目的。

国民政府驻泰国泗水领事还专门就禁烟问题向华侨发布通告,指出:鸦片一物,为害殊甚,其影响不仅限于个人健康,且与国家民族前途关系至巨。然而华侨中昧于此义者,竟不乏人。值此国家努力复兴,建设伊始之际,非全国人民集中力量,不足有以观成,而一人吸食鸦片,即减少一分力量,力量减则建设缓,阻碍国家建设者,即为国家之罪人。因此,禁绝烟毒,实为当务之急。通告还向华侨宣传了国民政府的华侨禁烟政策和办法,海外各地华侨烟毒,统限于两年内肃清。如当地政府订有较短禁绝限期者,应于其所订期限内,提前肃清。一般烟民施戒,得委托公私医院代办,但如当地烟民人数众多,华侨禁烟协会自行筹设或联合有关方面共同筹设戒烟所,普遍施戒。对贫苦烟民,得酌予减免施戒费用,并为必要之救助。华侨运售烟毒者,应严加取缔,并辅导其改业。华侨吸用或运售烟毒经劝诫不改者,应以团体力量,施与名誉、经济或职业方面之制裁,烟民经制裁仍不改悔者,由领事商请当地政府严加惩处或押解回国治罪。①

国民政府驻泰使领馆认为鸦片公卖既然属于泰方经济政策之一,如以法令形式对侨民发出命令,严禁其贩吸,倘若收效,则必影响泰方财政收入,势必遭泰方干涉;倘若仅以劝晓方式促华侨烟民自动戒绝,在泰方虽无词可借,但侨民染此恶习者未必愿遵从劝导自行戒绝,侨民从事烟业者未必能放弃获利最易之营业而改他业,如此一来,禁令则徒具形式。为此,建议国民政府通过外交途径:一方面向泰方交涉,一方面向联合国烟毒委员会提出有关泰方施行鸦片公卖,有损各国在泰民众身心健康的提案,并由在泰华侨戒烟协会

---

① 《中华民国驻泗水领事馆通告》,马模贞主编:《中国禁毒史资料(1729—1949 年)》,天津人民出版社 1998 年版,第 1376 页。

向泰方提出交涉，促其自动取消鸦片公卖政策。①

第四节　国际禁毒合作

抗战胜利后，随着中国国际地位的提高和国内禁毒意愿的进一步加强，国民政府在国际禁毒合作领域逐步趋向积极，主动谋求国际社会对中国禁毒工作的支持与配合。

一、国境边界禁毒交涉

中国幅员辽阔，边境绵长，陆路接壤国家也较多，尤其是西南地区相邻国家多为鸦片的主要产地，而云贵地区也是鸦片产地之一，国境边界地区"烟毒之存在，究系责在我方，抑系邻邦造成"，常产生国际纠纷。为根绝国境边界地区的烟毒，国民政府多次严令各有关省政府严厉查禁管辖边界地区烟毒，"唯比年以来，各省多未切实遵照办理，以致边区烟毒，仍甚严重"，为此，国民政府于1949年专门制定颁布《查禁国境边界烟毒应行注意事项》（以下简称《注意事项》），作为相关地方政府办理烟政的法律依据。注意事项规定：1. 国境边界地区的相关省政府应察酌当地情形，严定期限，厉行禁绝烟毒种运售吸制藏等问题，并特重禁种禁运，务须彻底扑灭，免为外人所借口。2. 邻国民众在其本国境内，或在两国界址不明地带种运售吸制烟毒，影响中国禁政推行时，应由当地县政府调查事实，搜集证据，报送内政部转商外交部交涉制止。如上述行为系在中国境内发生，则应视同本国人民，一律拘捕送交司法机关法办。3. 在罂粟下种及出土时期，县政府应发动当地禁烟协办机关及辅助团体，组织检查团（队），由县长率领亲往国境边区遍履勘查。如发觉有偷种烟苗情事，应立即予以铲除，并将人犯拘捕，送交司法机关法办。倘有畏罪逃往国境以外情事，并应查明其首要分子，报送内政部转商外交部照会邻国政府引渡法办。4. 国境边界地区县级政府应联合当地军宪警及有

---

① 《关于在泰国发动华侨禁烟运动之经过》（1947年11月），马模贞主编：《中国禁毒史资料：1729年—1949年》，天津人民出版社1998年版，第1424页。

关机关,于国境边界及邻近各地交通要口暨重要城镇设置烟毒检查站,专司烟毒检查事宜。同时加强与当地海关及有关查缉机关密切联系,互通情报。如缉获或者获悉有关国际贩运烟毒案件,应当依照《国际烟毒缉私情报交换办法》第三条的规定,责成有关机关承办人或联络人,在最短时间内报送内政部主管人员转送联合国禁烟机构及有关国家。5. 县政府应根据实际情况,积极发动禁毒宣传,向民众广泛宣传烟毒的祸害、国际禁烟的重要性,及政府查禁国境边界烟毒的决心,以促使相关民众自动禁戒。6. 省政府应随时派员赴国境边界地区各县督导查禁辖境烟毒,并考核施禁人员工作成绩之优劣,依照相关规定予以奖惩,并报内政部备案查核。

二、联合国禁毒框架

20世纪20年代,国际禁毒即已出现合作趋势,相关各国多次召开禁毒大会并达成了一定的共识。二战结束后,于1945年成立的联合国取代了此前国联在禁毒方面的角色和作用,履行相关职责的机构主要有两个:一个是联合国经济及社会理事会于1946年下设的麻醉品委员会(The Commission On Narcotic Drugs, CND),这是联合国在国际麻醉品管制方面的主要决策机构;另一个是1948年成立的世界卫生组织(World Health Organization, WHO),同年由联合国94个成员国签署的《巴黎议定书》(Paris Protocol)规定将人工合成麻醉品置于国际管制之下,并赋予世卫组织在国际毒品管制方面以广泛的职能,如根据授权可合法生产和出口麻醉品,可建议麻醉品委员会修订麻醉品和精神类药物公约附表,可提出并实施预防滥用麻醉品及精神类药物的国际计划等。

为促进国际禁毒的实质性合作,在联合国框架下,自1946年至1948年,有关国家连续召开了三届禁烟会议。第一届禁烟会议于1946年11月27日至12月13日于纽约召开,国民政府外交部派驻联合国经济及社会理事会代表张彭春、卫生署派驻美国专员施思明、内政部禁烟委员会处长刘晋暄三人作为代表出席。国民政府利用这次会议向国际社会充分表达了禁烟主张和决心,分别提交了中国禁烟法令及政策、1940年—1946年6月逐年麻醉品行销情形、1942年中国禁烟年报、1943年—1946年6月中国禁烟情形报告、日本毒化中国概况、华侨禁烟经过等一系列文件。此外,国民政府还向大会提交了滇缅交界地区禁烟问题、华侨烟毒现状及中国政府意见、管制麻醉毒品公约建议草案等提案。根据国民政府提出的《国际管制日韩烟毒案》的提案，决定由中、美、苏、英、法、印、荷七国组成特种委员会，在日本设立国际麻醉品储藏所，并由联合国实行国际毒品缉私。对于朝鲜毒品问题则参照日本管理办法予以实施。

第二届禁烟会议于1947年7月24日至8月8日召开，国民政府派施思明与会，并提出两项提案。一是"划一惩处标准案"，建议各国政府统一烟毒刑事处罚标准。据此提案，会议秘书处决定利用两年时间详细研究各国禁烟法令，以作为统一标准之基础。二是"召开专门会议讨论生料生产案"。据此提案，会议决定由相关各国统计答复，待了解清楚后再做后续决定。此次大会上英美等国就中国鸦片非法运入缅甸等向国民政府提出疑句，这从一个侧面反映出经过战后两年的努力，国民政府的禁毒成效并不明显。

第三届禁烟会议于1948年5月3日至5月22日召开，国民政府派驻联合国安理会代表夏晋麟、禁烟委员会上海办事处简任秘书都本仁作为代表参加会议。此次会议国民政府提出两项提案。一是关于印、缅、越南及中国港澳等地一律严行断禁案，国民政府鉴于中国已实行断禁政策，而相邻之印、缅、越等国家和港澳地区仍未严禁，要求印度推动国内鸦片禁绝工作，取消烟民领证吸烟法规；要求缅甸注重山区鸦片的种、运、售等问题；要求泰国政府废除鸦片专卖，不分年龄、国籍和职业一律禁止鸦片吸食；要求法越总督府严加禁止烟毒的种、运、售、吸、制、藏等问题。二是召开禁烟大会、制定新断禁公约提案，国民政府认为既有之国际禁烟协定与公约皆未体现断禁之旨，以至相当多的国家烟毒未能尽除，因此必须制定以纯粹禁绝鸦片为目的之新的国际公约。

国民政府在联合国三次禁烟会议上与有关国家就烟毒问题多次交锋，体现了当时国际禁毒合作的复杂形势。总体来看，随着中国国际地位的提升及国内严禁鸦片立场的确立和逐步落实，中国的国际禁毒环境正逐步得到改善。

三、烟毒缉私情报交换

为促进国际联合禁毒行动，国民政府与美国率先签署了《国际烟毒缉私情报交换办法》(以下简称《交换办法》),并于1947年5月颁布实行。《交换办法》规定:1. 凡是属于烟毒及其他麻醉品在两国间私运的消息,或缉获时的情形与处理办法等均属《交换办法》所指的情报范畴。此项情报通过电信方式交换,先自中美两国着手,再推展至联合国禁烟机构及其他参加国际禁烟公约之国家。2. 国内烟毒缉私情报的侦查工作由地方政府、海关、军警宪,及其他有关检查机关主管人员负责;罪行事实与处理情形的记录,由有关检查及审判机关主管人员负责;情况记录等的搜集、编译、交换由内政部禁烟委员会主管人员负责。3. 凡缉获或查悉有关国际走私及外侨私贩、私制案件,各有关机关的承办人员或指定的经常联络人,应立即填写情报表连同罪犯照片及指纹印模或特征各二份,直接报送给禁烟委员会指定的机关或人员查收办理。情报表中应载明罪犯姓名、性别、年龄、国籍(籍贯)、罪行事实、私运方法、起运处所、运抵或拟运目的地、同伙人姓名、麻醉品种类、办理经过等信息。4. 鉴于上海为远东吐纳港口、海空运输的起点及终点,禁烟委员会应在该处设立办事处专门负责对内烟毒情报的搜集编译及对外烟毒情报的交换事宜。5. 各地海关及有关检查审判机关应随时将搜集的情报等寄送禁烟委员会驻上海办事处处理。6. 禁烟委员会驻上海办事处除随时整理所获情报对外交换外,应按月编订国际走私及外侨贩制案件黑名单交送国内外有关机关参考。①

1947年7月,国民政府行政院公布了《内政部禁烟委员会上海办事处组织规程》,对其职掌、机构、人员编制进行了明确的规定。上海办事处主要负责办理对外烟毒缉私情报的交换,下设三组一室。第一组主要承担秘书事宜,包括对外公文的编撰翻译,情报表式的编制,罪行记录及审判资料的整理编译,国内外缉私报告、缉私情报的整理编译,私贩人员黑名单的编制等工作。第二组主要负责情报的调查收集工作,包括对外联络,罪行记录及审判资料的收集查催,缉私报告及情报的收集查催,海关缉私工作的调查与联系,各重要口岸烟毒私运情况的考察,禁毒国际交流人员的接待与联系。第三组主要负责行政事务,包括编撰行政计划与工作报告,保管资产、印信、案卷文

---

① 《内政部转奉美使节略办理中美两国交换烟毒缉私情报特设禁烟委员会上海办事处组织成立展开活动有关文化》,中国第二历史档案馆,档案号四—(2)30。

书的收发与撰拟,电报翻译,人事管理,日常事务;其他不属各组(室)负责的事项。技术室负责对外烟毒缉私的相关技术工作,包括查缉技术的研究,烟毒走私的拍照取证,涉案人员的指纹等特征的收集、记录,相关图表的绘制等。

第五节　南京国民政府战后禁毒努力的失败

一、依然严峻的禁毒形势

(一)一再展限的禁毒期限

1947年,战后两年禁毒期限届满,但烟毒走私、贩卖及违禁吸食行为仍然大量存在,可见两年肃毒计划并未能达到既定目标,为此,国民政府决定从1948年起战后肃毒工作进入延续期。根据国民政府内政部于1948年年初公布的"本年度禁政要点",禁政工作此时进入"最后阶段",要求各省市加紧施禁,不得松懈。第一,"要点"重申了"特重禁吸"的原则,要求各省市普遍设立戒烟所和调验所,并充实设备,加强调验勒戒工作,同时要求各级政府大量制发戒烟药剂;第二,"要点"要求地方政府继续严厉查缉烟毒及违禁行为,尤其要注意对交通要隘及重要港埠的查缉;第三,要求扩大禁烟宣传,强调多用戏剧和图画形式,务求深入民众和经常持久;第四,"要点"要求广泛发动社会力量参与协助禁政,禁烟禁毒机关尤应切实负责,切忌流于形式;第五,要求各级地方政府切实办理施禁官吏的考核奖惩、杜绝因循敷衍。

由于各地毒况迥异,如东部省份毒品吸食问题较为严重,而西部地区罂粟种植情况较为复杂,中部地区则为毒品的运输孔道,因此,施禁重点也各有不同。1948年,国民政府内政部要求各省根据统一部署和各地实际情况,拟定具体施禁计划和单行办法。据统计,1948年,仅各省报内政部备案的单行法规有17种,如《浙江省加强查禁种烟办法》《贵州省加强禁种办法》《滇黔两省联合禁烟实施办法》《鄂赣皖豫陕川湘七省协同查禁毗邻地区烟毒办法》等。这些地方性单行法规主要围绕以下几点展开:1.禁种;2.相邻省份跨境禁毒协作;3.禁政相关官员的追责。其中,尤其突出对施禁人员普遍存在的敷衍推诿现象的追责和惩罚,如湖北省《各级施禁人员连坐办法》规定,自 1948 年起,再发现私种烟苗案件,不问偷种数量多寡,该管县长立予撤职;发生运、售、制、吸等违禁案件,该管保长及警察所所长一律撤职,该管区乡(镇)长及警察局局长记大过,三次记大过者撤职;一县(市)内如有 3 个乡(镇)长因烟毒案件而撤职,则该管县(市)长及警察局局长一并撤职;一个行政督察专区内有 3 个县(市)长因烟毒案件而撤职,则该专区行政督察专员也一并撤职。浙江省《查禁种烟考核奖惩标准》规定,在历年发现烟苗之处,因防种严密而无烟籽下种者,县长或警察局局长晋级或记大功;烟籽下种或烟苗出土时即被查获,并缉获种犯,县长、警察局局长及出力人员均记大功;偷种罂粟在 3 月底前发现铲除并缉获种犯,不予奖惩;偷种罂粟在 4 月 15 日前发现铲除并缉获种犯,县长和警察局局长记大过或降级;4 月 16 日以后发现偷种烟苗,虽铲除烟苗但未缉获种犯,县长及警察局局长一并撤职;发现烟苗隐匿不报或少报,县长及警察局局长、县府第一科(禁烟科)科长一并撤职查办。

各省编制的施禁计划主要是国民政府禁政部署在各地的具体化,体现的是各省施禁重点上的差异和侧重。如四川省将西部边区的罂粟种植作为施禁工作重点;西康将封锁彝民地区鸦片外输作为重点;广东将全省划为特重禁种地区、特重禁运地区及特重查禁售吸地区,进而有针对性地进行施禁;福建省则将省内各地划分为普通地区和沿海地区,普通地区重点查禁种烟,沿海地区重点查禁走私贩运。在施禁的期限上,大多数省份没有自行设定明确的完成期限,少数省份则把施禁期限定得较为宽松,如贵州省定于 1949 年底完成施禁计划,福建省定于 1951 年底。

自国民政府于 20 世纪 30 年代开展"两年禁毒、六年禁烟"以来,禁政完成期限因各种原因一再展限,直至 1948 年国民政府放弃战后两年内肃清的目标而实施"禁毒延续期",由各地根据实际情形,授权地方分别肃清,这其实已经从一个侧面变相地反映出国民政府的战后禁毒归于失败。诚如国民政府内政部所言,"迄今时限已过,种运仍频,肃清仍未可期"[①]。

(二) 日益恶化的毒品问题

国民政府战后仍未能从根本上解决毒品问题,尤其是战后两年禁毒期满

---

① 马模贞主编:《中国禁毒史资料:1729 年—1949 年》,天津人民出版社 1998 年版,第 1463 页。

后,内战全面爆发,国民政府政治日益腐败、军事不断溃败、经济陷于崩溃,虽仍在形式上维持着禁政,但实际上已无力将其禁毒意志贯彻到基层。许多资料清楚地显示,1948年之后,在国民政府统治区内,禁烟禁毒工作虽仍在进行,但烟毒情形已出现恶化的趋势,种、贩、售、吸等违禁现象均有增多的迹象。

1. 吸食泛滥

"特重禁吸"是战后禁毒的一项基本原则,也是禁政工作的重点,因此,国民政府于立法、机构设置、宣传等方面均于禁吸工作着力颇多,到1948年全国专设戒烟院所216个,兼办戒烟院所607个,兼办调验所778个。然而,从禁吸的成效上来看,其结果实难令人满意。根据国民政府的相关规定,烟民戒毒,无论是自戒,还是戒烟院所收戒,都应先行登记,届时进行调验。但是一般烟民因怕登记后不能按时戒除要受到重罚,大多逃避登记。据1946年16省7市上报的烟民登记情况,总共登记烟民365924人,当年戒绝烟民98990人;1947年戒绝的烟民为119969人。[①] 已登记烟民戒绝率仅为50%左右。而未经登记的"自戒烟民"能否真的自行戒绝烟毒,以及戒断的具体人数,则难以考察。

从各省上报的施戒情况来看,各地差异也极大。以1946年为例,江苏省戒绝烟民18850名;山西省戒绝烟民36112名;山东省戒绝烟民只有1053名;河北省戒绝烟民更少,只有960名。[②] 这反映出因各省在烟民施戒方面重视程度的差异,导致禁毒效果的差异,较为重视的省份,戒绝烟毒的烟民也相对较多,施戒的效果就好一些。如陕西省共设戒烟院所175个,未设戒烟院所的地方则由地方卫生院兼办戒烟事务。该省规定自1946年12月至1947年2月,由政府举办最后一次施戒。为此陕西省政府作了广泛的宣传,要求烟民不要错过机会,结果前来投戒的烟民络绎不绝。原先估计投戒烟民最多不会超过5万人,但实际施戒人数达到64783,以至宣告的戒烟期限只得一再后延,到1947年7月底才结束。[③] 由此可以看出,政府举措得当、配套到位,绝大多数烟民是愿意戒除毒瘾的。这也从另一个方面反映出国民政

---

① 内政部禁烟委员会编:《禁烟节略》,中国第二历史档案馆藏。
② 《1946年中国禁烟年报》。
③ 《禁烟专刊》第39期,内政部禁烟委员会编印。

府,尤其是各地方政府在禁政举措上是雷声大、雨点小,并未切实推进。

2. 禁种失控

禁种是查禁烟毒的另一个关键点。从罂粟种植面积上来看,战后两年禁种还是取得了明显的成效。1946年,据13个省报告,共查获私种案件272起,缉获种烟人犯873名,铲除私种罂粟662925亩有奇。1947年,据20个省的报告,共查获私种案386件,缉获人犯326名,铲除罂粟107911亩有奇,①比上年有明显减少。

然而各地对于罂粟种植大多不能做到事先预防,以致事后政府查铲困难重重。等到烟苗出土以后,经人告发,上级机关转令地方查铲时,才去查铲一番,至于查铲是否彻底,复勘是否周到,其效果实难预料。况且,烟苗一旦播种,烟农则赖其收成以维生计,政府查铲必将影响烟农及其他相关人员的利益,因此,各地尤其是西南地区的暴力抗铲事件屡有发生。政府查铲也只能依靠军事力量强力弹压。如四川第五行政专区雷、马、屏、峨地区的垦社,历年大规模种烟,武装抗铲,令川省政府束手无策。1946年年初,四川成都行辕责令国民党79军98师协助地方政府对该地区实施武装查铲,由98师军事长官与四川乐山行政专署组成雷马屏铲烟指挥部联合指挥查铲。3月,查铲部队由乐山出发,历沐川、马边、屏山、雷波等县,迂回行进两千余支,并横越渺无人烟的大横山,攀越绝岭十四荡,深入彝人居住区进行查铲。抗建垦社、拓边垦社及同生垦社的第八垦场迫于形势,只得同意自行铲烟。同生垦社拥有枪炮四千余件,首领穆肃中自恃武力,据险抵抗。查铲部队分兵进占大岩洞、黄浪、柑子坪等要地,又从云南绥江县渡过金沙江抄其后背,同生垦社抵抗失败,穆肃中逃进小凉山彝区,铲烟工作遂得以进行。峨边大火地、金岩溪、三叉河、墩子坪等地大量种烟,当地彝人拥枪千余支,头领木干儿也率众抵抗,历四十余日,查铲部队击败反抗,将烟苗大部肃清。拓边垦社先同意铲烟,后又伺机反抗,遭到围剿,首领廖旭龄被击毙。屏山烟匪胡国光拥枪数百,历年武装种烟,1946年11月也由叙泸警备司令部派兵剿灭。这次武装铲烟,除由部队直接进行铲烟外,动用的铲烟民工达7000人以上,所铲烟苗

---

① 内政部禁烟委员会编:《禁烟节略》,中国第二历史档案馆藏。另据内政部所编:《各省市烟毒概况》底稿。

不下数万亩。又如陕西宁强地区位于川陕边界境内,张家山峰峦层叠,林木深密,历年均有烟匪武装种烟。1947年4月,宁强县集中保安大队及警察武装400余人进山剿铲,历时69天,终将烟匪肃清,铲烟1500余亩。

即使如此,当年查铲,来年复种的情况比比皆是。仍以川西雷、马、屏、峨垦社为例,1946年,在动用了大量的人力、物力之后,经过武力剿铲,次年又开始偷种。1948年私种规模反而进一步扩大。又如贵州省威宁、兴义等地,云南省昭通、罗平、泸西、弥勒、邱北、师宗等地,1948年均发生武力抗铲事件。另外福建、广东、西康、湖南、广西等省,均有私种烟苗现象。其他地区,如西康的宁属雅属各县、四川西部边远各县、云南、贵州、陕西、甘肃、察哈尔、广东、山西等省,私种罂粟的现象也同样禁而不止。1947年云南查获种烟之地,有广南、砚山、邱北、师宗、罗平、石屏、元江、墨江、景东、澜沧、镇南、楚雄、腾冲等30个县,以及耿马、沧源、陇川、瑞丽等9个设治局。其中广南县查获的烟苗有3300亩。广东省原本很少种烟,但1947年春季发现私种烟苗的县份达43县之多,铲除烟苗21891亩又3495万余株。湖南湘西地区,在省府组织的勘查委员下乡实地勘查中也发现大量私种现象,其中古文、龙山、大庸、凤凰、麻阳、沅陵、辰溪等县均发现大片烟苗。沅陵县因"种烟人民过多,未便深究",只能把乡保人员处置一番。事实上,由于乡村地域广阔,种烟地亩的分散隐蔽,以及查铲工作的敷衍疏漏,各省查报的私种罂粟的亩数毫无疑问要远远小于实际。据内政部的统计,1947年全国春季及秋冬季节二次查报的种烟亩数,总计259754亩以上,其中私种较多的省份有察哈尔(99622亩)、广东省(67438亩)、四川省(46179亩)、西康省(278890亩)、云南省(6678亩)、陕西省(5146亩)、贵州省(1594亩)、山西省(1336亩)、绥远省(1119亩)等。1947年秋,内政部下发《防禁冬烟下种办法》指出,不仅各省边区大量种烟,武装抗铲之事时有发生,而断禁已久的省份,积久玩生,也出现种烟现象。违禁私种的实际数量虽无法统计,但产出的鸦片数量可能仍很可观。以国民政府首都南京为例,南京烟民消费的烟土有热察绥烟土、陕甘烟土、川康烟土和云贵烟土。热察绥烟土和陕甘烟土主要由津浦铁路而来,川康烟土和云贵烟土由长江水路而来。当时私种罂粟的产区鸦片在供应本地烟民需求外,仍有余货进行跨地区的远途贩销,可见鸦片产量仍然不少。

正如国民政府禁烟委员会所指出的:"现在各地方一般的现象对于种烟

一项尚有未能事先防种,以致事后查铲困难者,当春烟或冬烟下种时期,不去理会,等到烟苗出土以后,有人告发,经上级机关转令查铲时,才去查铲一番,至查铲是否彻底,复勘是否周到,难免不有敷衍了事者。"①只要防种能够办得认真彻底,又何必事后兴师动众虚耗国家人力、物力,动用武装力量戕生害命的暴力查铲?

3. 走私猖獗

禁吸与禁种不力,导致的后果就是私运、私贩现象猖獗。在政府严禁政策的施压下,查获毒品贩运案件大幅增加。1946年,据25省6市报告,当年查获烟毒案件23749件,缉捕人犯39300名。1947年,据16省4市的报告,共查获烟毒案件20597件,缉捕人犯30363名。从缉毒案件数量上来看,缉私查毒效果明显。陕西省1946年查获烟毒案件5214件,缉获人犯6363名,为当年查缉烟毒绩效最显著的省份。河南省实行查缉与鼓励检举相结合的办法,也取得较好的效果,1946年缉捕烟毒人犯6127名,1947年春节期间又组织突击检查,捕获烟毒人犯1232名。从1946年至1947年6月,河南省保安司令部与开封地方法院共审理烟毒案件3120件,其中判处死刑的案件为65件。上海市1946年查获烟毒案件1473件,缉捕人犯2126名,1947年查获烟毒案件1152件,缉获人犯2397名。云南省1946年查禁工作未见成效,全年只查获11案,缉捕人犯21名;1947年云南省加强了烟毒案件的查缉工作,当年查获烟毒案件484件,抓获人犯1620名,禁政工作有所改观。1946年全国缉获的烟毒数量,据19省4市的报告,共计鸦片2485.127公斤,烟膏656.673公斤,烟灰34.41公斤,吗啡4.514公斤,海洛因9.273公斤,红白毒丸3.446公斤,其他毒品119.153公斤。各地解缴中央卫生部供制药所用的烟毒,自1946年以来数量也有上升,至1948年6月,各省市上缴的制药烟毒(包括部分待验收的烟毒),为数在130万两以上。这些烟毒品都是各地在查缉烟毒集件中缴获的纯度高的部分。

虽有政府的严厉打击,但潜在市场及商品产地的存在,仍然刺激着毒品交易活动。据内政部禁烟委员会的调查,战后烟毒贩售活动形式虽然隐蔽,

---

① 《重庆行辕辖区各省市禁政座谈会纪录》(1947年10月),中国第二历史档案馆档案,档案号一(1)1882。

但仍然相当频繁。主要的烟毒贩销路线大致是：

1. 华北地区：以热、察、绥三省产烟较多，山西也有少量出产。所产烟毒除供应本地区外，主要由平古（"古"指热河古北口）、平绥路偷运北平和天津，部分散销当地，部分由津沪路转运鲁沪等地。

2. 西北地区：以陕、甘种烟较多。所产烟毒除散销本地外，多沿陇海路偷运河南、安徽，另有一部分经四川茂县、灌县、彭县等地转运成都。

3. 西南地区：除广西外，川、康、滇、黔均出产较多烟毒，广东也有少量出产。西康烟土除散销当地外，全部进入四川。云南烟毒，西北部所产烟毒直接由巧家进入西康，取道西昌转运成都、重庆。滇西烟毒多集中于保山，沿公路偷运昆明，然后转运川康等地。滇东威信一带烟毒直接入川，取道宜宾、泸县以至重庆。滇黔交界地带所产烟毒大多集中于昆明，转运川康，小部分运销贵阳。贵州烟毒，盘县、兴仁、兴义等地烟毒均集中于贵阳，大部分转运重庆，小部分进入广西，与广西省西林、西隆等地烟毒同在百色集中，转运南宁、梧州等地，或进入广东。成都、重庆和万县是西南地区最重要的烟毒转运站。

4. 东南地区：南京、上海等地消费的烟毒，一是由平津等地沿津浦铁路运来，一是由四川沿长江水路运来。另有少量安徽所产的烟毒进入江苏。浙江烟毒主要来自上海，或由轮船偷运至浙江各口岸，或由上海浦东沿内河经金山卫、乍浦沿海，越杭州湾至浙江省分销。福建烟毒多来自广东，由广东汕头用轮船运至厦门等地，或取道澄海、诏安等地陆路运入福建。

5. 华中地区：河南省烟毒主要来自陕、甘，另有少部分热、察、绥烟毒由天津运入河南。湖北烟毒来自四川，湖南烟毒来自四川和云贵。

6. 邻国进入的烟毒：缅甸卡瓦山一带烟毒，多由云南畹町、腾冲转保山、下关以达昆明；缅甸的木柬、壳昂、永等、满张四寨所产烟毒，多由云南的南峤等地输入；缅甸所属猛协境内，以及猛尤、猛类境内所产烟毒，多由车里等地输入；滇越交界地带越南所产烟毒，主要由麻栗坡一带输入；广西毗邻越南边境地带的烟毒，则由镇边、靖西等地输入。

对此，国民政府禁烟委员会徒叹，禁种无法遏制，"至烟土上市后，地方政府与军警宪又未能普遍严密查缉，以致烟毒运销，暗中畅行无阻，因此制毒吸食烟毒的人，有增无减，政府虽然设所施戒，但以人数太多，缉不胜缉，戒不胜戒,徒增繁难,无济于事"。①

二、禁毒失败的原因

国民政府战后查禁烟毒,从决心上来讲不可谓不坚决,从举措上来讲也不可谓不缜密,从实际成效上来讲却最终归于失败,施禁期限一再展限,直至放弃明确的肃清时间底线,究其原因,涉及诸多方面,其中既有客观方面的原因,如烟毒流布时间长,瘾民数量庞大且借此为业者众多;自晚清借烟征税,烟毒一度作为一项产业渗入国计民生诸多领域;抗战造成国民经济困顿凋敝,财源枯竭;国民党挑起内战使国家再次陷入战端,对禁政的实施必然产生不利的影响。主观上,国民政府自上而下对禁政的困难估计不足,目标制定脱离实际,机构法规制度的设计缺乏科学性和合理性等。现择其大端予以阐述。

(一) 目标制定不切实际

国民政府战后查禁烟毒存在明显的急于求成倾向。禁毒工作从性质上来讲本就是一项长期的、持续性的工作,自国民政府成立之初,朝野上下对于禁毒就有毕其功于一役、短时间内迅速肃清毒品的倾向,初衷虽好,却有违禁毒规律。抗战胜利后,沦陷地区充斥着毒品且烟民数量众多。为了迅速肃清烟毒,国民政府要求各地设立戒烟院所,规定烟民无论是戒烟院所收戒还是在家自戒,至迟要在6个月内彻底戒断烟毒,这个期限显然过于急迫。从客观上讲,当时的各方面条件并不足以支撑各地设立能够满足烟民调验之用的戒烟院所,这就导致了当时大量烟民因担心逾限不能戒除遭惩罚而不去登记,同时,登记的烟民也无法做到在规定期限内参加调验和戒除毒瘾的治疗。战后禁毒是"两年禁毒、六年禁烟"善后时期的展限之期,从禁毒任务的角度看,其目标应是肃清"残余烟毒",但从当时的毒况来看,无论是饱受日寇毒祸的沦陷区,还是坚持抗战的国统区,其烟毒状况都远非"残余"两字所能概括。因此,国民政府提出抗战结束后两年之内肃清全国的烟毒,主观上明显低估了当时全国烟毒的严重程度,同时又过高估计了政府在烟民施戒和查禁烟毒

---

① 《重庆行辕辖区各省市禁政座谈会纪录》(1947年10月),中国第二历史档案馆档案,档案号一(1)1882。

方面的能力。且不说收复地区地方政府工作千头万绪,实难对禁政工作全力以赴,单就施禁计划而言,也缺乏切实有效的措施,如仅仅依靠散发戒烟药品,鼓励大多数烟民自戒,由戒烟院所收戒少数瘾癖深重的烟民,以及对逾限不戒或戒后复吸者施以重惩等措施,要在6个月内解决数以千万计的烟民问题,实在是力不能及。看起来较高的目标和紧迫的期限,固然可以防止地方政府拖沓懈怠,形式上可以起到雷厉风行之效,但一旦超出地方政府的能力范围,其结果只能是敷衍应付,禁毒实质上演变为形式主义的走秀和走过场。如果禁毒计划不能如期完成,被迫一延再延,要使地方政府和一般民众继续保持对禁政的高度热情和积极性便很难了,"或误解禁烟工作业已完竣,或以烟毒严重,表示失望",这些心理都影响到地方政府的施禁积极性。而且,禁毒期限一再展限,不但于政府的公信力和禁毒法规政策的威慑力有损,于禁毒工作的持续开展也极为不利。如湖北省自收复以来,经过严厉查禁,虽然已经没有公开的种、制、运、售、吸、藏等现象发生,然而隐秘的违禁行为仍未因严厉的查禁而减少。四川省政府1947年8月也表示,当年虽为国民政府规定的烟毒断禁之年,但该省实际情形,不唯距离预期目的尚远,而烟毒犹复猖獗,"且有潜滋暗长现象"。川西地区历年大规模私种罂粟的问题一直未获根本解决,下川东23县毒区经过多年重点治理,情况仍未明显好转。西康省"偷运私吸仍未禁绝,而私种罂粟,则禁者自禁,种者自种"。此外云南、贵州、察哈尔等省均认为,虽经严厉查禁,但烟毒情形仍无较大改观。贵州省政府并提议将最后断禁期限由1947年底延长到1949年底。这些均说明国民政府在制定禁毒目标时缺乏科学的论证、合理的规划,实际上难以贯彻和实现。此外,在政府形式上的严逼之下,烟毒表面上有所收敛,但实际上反而趋于隐蔽,更加不利于烟毒的肃清。国民政府在禁毒规划上如能实行"长短结合"的策略,短期内有力打击烟毒蔓延势头,同时立足于长期的持久的工作准备,断绝烟毒来源与查禁贩、售、吸、藏并重,断禁与救助相结合,自然能逐步取得较为显著的效果,而要在短期内达到肃清烟毒的目标,显然不切实际,战后两年的施禁结果就证明了这一点。

(二)法律制度难以遵循

国民政府为推动禁政,制定、颁布了一系列的法律、法规,应该讲,在法律层面形成了一套相对完备的禁毒法律体系,基本实现了禁毒"有法可依",但从实践上来看,"有法必依""执法必严"都远未达到,这里存在着主、客观两方面的原因。

首先,主观上,禁政人员存在着故意枉法的情况,"抓苍蝇",不"打老虎",对于无权无势的平民违禁问题办理十分认真,一查到底。1948年1月11日,汉口市新安区第17保甲长、保干事会同刑警第1队警长和3名警员前往该市得胜街30号楼上某市民家中查缉烟毒,结果在该居民家中的床上枕边搜到烟土4钱。① 出动6名缉毒人员仅查获普通烟民自吸的微量毒品,在警员编制仅为192名的汉口市不可谓不劳师动众。② 此举姑且可看作地方政府重视禁政的表现,但同时也可以说是对于人力、物力资源的一种浪费。相较于对托庇各色军政警势力贩运售卖烟毒的大毒贩无心无力、不闻不问、不了了之的情况,这种明为执法、实为枉法的行为对于禁政的执行,对于禁毒法律威严的破坏效应更为恶劣。如此因循往复、抓小放大,毒品自然始终难以肃清。

其次,腐败也是战后查禁烟毒过程中禁政人员故意枉法的重要原因。众所周知,抗战胜利国民政府接收日伪敌产时,政府官员及公务人员就存在着大量的贪腐现象,且愈演愈烈,更有"五子登科"之讽喻。蒋介石痛斥此类官员"穷奢极侈、狂嫖滥赌、招摇勒索、无所不为、腐败堕落,不知自爱至此"③。贪腐的政治生态自然难以保证禁政的高效推行,更无法实现肃清烟毒的治理目标。不仅如此,官员吸食毒品现象也大量存在,以吸毒之人或以吸毒之人的僚属、亲朋查禁毒品,无异于与虎谋皮,枉法自然是难免的。如汉口市就频繁报出公务人员吸食及包庇烟毒情事。④ 至于办理禁烟的警保人员"故意放纵隐匿,收受贿赂,强行勒索",调验人员"故意虐待烟民,滥施戒烟药剂,虚索针费"⑤更是屡见不鲜,民众对此极为愤慨。在1947年6月的汉口市新安区区民代表会上,有代表鉴于查缉人员利用禁令乘机敲诈,以及不据事实任意进入民众住宅翻箱倒柜的情况,建议地方当局加强约束,以安民心。任用腐

---

① 武汉市档案馆档案,档案号9—6586。
② 罗元铮主编:《中华民国实录》(四卷上),吉林人民出版社1998年,第3559页。
③ 秦孝仪主编:《总统蒋公思想言论总集》(第37卷),中国国民党中央委员会党史委员会,1984年,第325页。
④ 武汉市档案馆档案,档案号9—6586。
⑤ 武汉市档案馆档案,档案号9—6570。

败人员执法,其结果只能是知法犯法、执法犯法,以此来办理禁政,不但无法得到民众的支持,相反,既有损于禁政,也有损于政府的形象和法律的威严,更是加速了国民政府的败亡。

再次,国民政府制定的禁毒法律、法规,有相当一部分脱离实际,难以执行,再加之当时官民上下普遍法律意识不强、法律观念淡薄,"人治"常常代替"法治",这也是当时禁毒工作中有法不依的一个客观原因。例如,当时汉口市政府为推进禁毒工作,大力加强宣传工作,其中一条标语为"何处存有烟毒,赶快密报领奖",非以大义而是以小利诱惑民众揭发,在这种舆论氛围的引导下,品行不良之人难免视烟毒举发为个人牟利之坦途。另有一条标语为"运、制、藏、售、吸食烟毒,概处死刑"①,实际上,根据国民政府当时颁布的相关法律法规,不同类型的禁毒违法行为,其适用的刑罚、量刑的标准是不同的,类似标语中这种无差别的"概处死刑"的表述,既有违法律精神,又误导民众,更难收实际效果。为达禁毒效果,通过恫吓的方式向民众灌输错误的禁毒法律法规观念,实在是有违"法治"精神,无异于饮鸩止渴,这样的宣传策略不仅难以激发、调动民众的禁毒热情,反而令人徒生反感。当然,这也正从一个侧面反映出当时从事禁政宣传的工作人员,乃至大部分从事禁政工作的人员法律意识的淡薄、法治观念的淡漠。由这样一群人领导、推动禁政工作,很难形成全社会的禁毒法治氛围,从而在具体的禁毒实践中形成了政府单纯打、压、防、堵等强制制裁、带有浓厚人治色彩的方法,警察机关"严查严捕",司法机关"随审随判"②,短期来看,能起到有效遏阻的作用,但缺少了法律的长效威慑作用,必然导致毒品犯罪此消彼长,缉不胜缉。

最后,行政机关与司法机关在禁政问题上缺少协调,也是禁毒法律得不到有效执行的一个重要原因。烟毒案件划归司法管辖,是各省市政府意见最为集中的一个问题。普遍认为烟毒案件由军法审判转为司法审判,导致对烟毒犯罪惩治不力的状况,难以发挥震慑的作用,而且与禁烟主管部门行政性的施禁工作不能互相配合。这种矛盾体现在:一是审判迟缓,量刑过轻以及执行判决中又有保释等变通方法,以致形成此捕彼释的状况,使查缉人员的

---

① 武汉市档案馆档案,档案号 40—481。
② 武汉市档案馆档案,档案号 40—481。

积极性受到挫伤。二是司法审判必须有确凿的证据,但查缉机关很难满足司法机关对证据的要求,实践中便时常出现查缉机关认为某人有罪,抓捕送交审判机关则被宣判为无罪,查缉机关认定某人有重罪,审判机关只认定其犯有轻罪。三是审判机关的职责是定罪量刑,缺少查缉犯罪的能力,因此"对于某一案件之查获,在查缉机关常将已获人犯送交审判机关即为任务完成,而审判机关则多注意其审判范围以内事项,对其他一切背景、来源,每不能彻底严究,以致主要人犯甚易逍遥法外"①。另外,审判机关处理吸食烟毒案件,也受到自身条件的限制,难以同"特重禁吸"的施禁原则相配合。按照抗战后《禁烟禁毒治罪条例》的规定,吸食烟毒如系戒后复吸,则要判处死刑或无期徒刑。一般吸食同戒后复吸量刑悬殊,因此,判明是否复吸就成为吸食烟毒犯罪的量刑关键。只有经过官办戒烟机构的勒戒程序,烟民有勒戒记录,才能判定复吸。事实上,绝大多数烟民未经勒戒,不能以复吸定罪,故复吸者极多,而能判罪重惩者却很少。就一般吸食而言,只要不是当场拿获,均须先经过调验,由于调验所并非一个"不受任何势力所左右的超然机构",且许多调验所缺乏必要设备准确审判吸食条件,殊为不易。烟毒犯罪被宣判后,执行也很困难,因为吸食犯罪的人犯最多,而法院的监所和囚粮都是有限的。因此对吸食烟毒人犯"往往取保服役或因病保外医治,或刑期过半准予保释"。这种变通便使法律的严肃性大打折扣,"烟民出狱以后仍吸食如故,结果使禁令如同具文"。②

(三) 中央政府权威不足

南京国民政府自成立之日起就面临着权威不足的困境,仅仅在形式上实现了对全国的统一,政令所达,难及全域,各地方实力派政由己出,更遑论涉及财税经济利益的鸦片问题岂愿中央政府染指。虽说抗战胜利为国民政府和蒋介石个人赢得了巨大的政治声望,但国民党及其政权迅速的贪腐化使其很快丧尽民心,威望尽失。同时,国民政府自成立之日起,就始终未能建立起一元高效的政治体系,确保其政令能够自上而下地畅行全国。国民政府的政

---

① 《禁烟特派员和督导专员工作讨论会记录》,内政部禁烟委员会档案,中国第二历史档案馆藏。
② 《四川省政府关于今后禁政改进意见》(1948年11月),内政部禁烟委员会档案,中国第二历史档案馆藏。

令既受到各地方实力派的抵制,也受到了地方利益阶层的反抗,这一点在战后禁政推行的过程中表现得极为明显。

就省级政府而言,对中央政府部署的禁政常常以敷衍的态度予以应付,积极主动地贯彻执行中央禁政的省份并不多。如甘肃省,禁政工作纯属例行公事,下发一些官样的禁烟公文而已,只在中央派员亲临检查时才做出查禁的样子。禁烟宣传工作,除每年"六三纪念日"循例举行一次外,平时也甚少进行。对于许多省份在施禁问题上的消极态度,中央政府主管部门并非不知,问题在于,内政部对于各省禁政工作中的因循敷衍并没有什么控驭的办法。不仅是内政部,国民政府中央对各省的控制力量都很有限。禁政工作的好坏在很大程度上取决于省府的态度,而不是中央政府的督责。由于具体的施禁工作以及对禁政官员的考核均由省府负责,中央禁政部门控驭各省禁政的方法只有禁烟督导区制度和临时派员督察。事实上,设在各地的禁烟特派员与督导专员对于地方禁政只有监督指导之权,没有领导和考核之权,地方禁政官员并不需要对其负责。而且各省权力多为地方实力派人物所把持,禁烟特派员和督导专员作为外来官员,能否立足并开展工作,还要看这些地方实力派人物的态度。从禁烟特派员与督导区地方政府的禁烟联合会议的若干记录来看,多属应酬场面的言辞,很少有对实质问题的讨论。至于西康、四川两省,对于禁政不仅是敷衍,甚至地方政府的禁烟机构就是运贩烟毒的组织,不少地方实力派人物与烟毒有密切的关系。尤其是西康省,更是军政一体,包庇纵容烟毒泛滥,窃禁烟之名,行分肥取利之实。1939年夏设立的西康宁属屯垦委员会,名为屯垦机构,实是西康省府设在宁属的行政管理机构。该机构的"政务"之一就是征收鸦片烟税,以开辟财源。每年烟籽下种时节,屯垦委员会都要印发大批文告,遍贴田野,并派出禁烟宣传队分往各地宣传禁烟。但另一方面,各县府派遣得力人员到各地召集乡镇保甲长,商讨抽收公烟事宜,烟苗出土后,屯垦委员会又组织"查铲队"分赴各乡,名为铲烟,实则稽查种烟田亩及长势情况,作为征收依据。稽查结果由各县府编造收量概数表密报屯垦委员会。同时,各县府则将"某地烟已铲尽""本县无偷种烟苗情事"或"夷人偷种,非调集大军不为功"之类的报告送到西康禁烟联合会议。禁烟联合会议接到各县的报告后再派禁烟督察官及查铲部队到各县复查,"实地履勘"一番后,商定分肥办法,一切办理妥当,便向禁烟联合会议报称

"未有烟苗发现"或"已查铲净尽"。经过这样一番周折,查禁种烟的工作便告完成,下面的工作便是集中力量进行烟土征收工作,烟土征收之后便交与驻宁属的 136 师(后改为旅),由军队负责烟土的运输。对于烟农交纳"公烟"之后的剩余烟土,部分流入当地烟土市场,部分仍由官方低价收购。另外,西康省府还要求县府将公款发放给各保甲,限定其必须为县府购买公烟若干数量,谓之官买平价烟,或者向各保甲强行摊派劣质布匹,每匹作价若干,规定换烟若干两,还命令各保甲认购由部队退下的烂枪和子弹,规定换烟若干。对于少数民族地区所产烟土,除用银两、盐、布等物交换外,主要是靠枪支来交换。136 师与宁属屯垦委员会合组的"济宁公司"主要就是负责贩卖枪弹调换烟土。这些情况,均取自内政部所派查禁专员姚荣龄于 1946 年年初在西康宁属经过两个多月实地调查后写给内政部的报告。在此之前国民参政会组织的视察团在视察西康宁属地区时也曾提到西康烟毒严重泛滥的情形。可见,对于西康省禁政败坏的情形,中央禁政部门并非不知,但控驭能力有限,无可奈何。西康烟土主要运入四川,除川省散销外,其余部分沿长江出川销往沿江地区。运送烟土主要由西康军队负责,这在四川已是公开的秘密。1948 年 9 月 8 日,驻成都宪兵二团在本市红牌楼街口截获西康军队驻双流迫击炮营三连二排的 21 名运送烟土的军人,从每个军人的背囊中查出鸦片 57 包,重 4221.5 两,除 3 人逃逸外,当场抓获 18 名运烟的军人,这就是当时轰动成渝的"红牌楼运毒案"。据被捕的士兵交代,这些烟土由小汽车从西康运至双流后,存放于车营或军官家里,然后由驻军长官选派士兵背负到成都。当被捕士兵被问及其高级长官为谁时,则称为刘文辉、刘元瑄、伍培英。烟土的运送地点则是成都的潘公馆(潘文华家)、伍公馆(伍培英家)、刘公馆(刘文辉、刘元瑄、刘元瑭各家)及二十四师驻成都的办事处等地。可见,西康军人武装运送烟土到成都,是二十四师有计划的经常性的行动,而非个别中下级军官的犯禁行为。[①] 案件本身事实昭然,处理却颇费周折。四川兼重庆区禁烟特派员宋明炘面见四川省主席王陵基,要求果断处理此事。王陵基平素与刘文辉嫌怨甚深,这次截缉西康军人运烟也是在他指示之后进行的,意在给

[①]《内政部四川兼重庆区禁烟特派员办公处关于红牌楼武装运烟案详情并转请惩廿四师负责长官代电》,1948 年 12 月 28 日,内政部禁烟委员会档案,中国第二历史档集馆藏。

刘文辉一个难堪,然而,审讯之后得知此案直接间接地牵涉到刘文辉及二十四师大批军官,以及川省实力派人物潘文华等人,王陵基便不敢贸然处理了。事实上,中央政府也同样无力处理此事。国防部在接到内政部通报后曾电令西南军政长官公署处理。被捕的运烟军人押解在成都警备司令部,但成都警备司令部声称职权有限,无力处理,要求西南军政长官公署承办此案。西南军政长官公署只能将被捕的18名下级军士分别判处徒刑,草草收场。但事情还未结束,刘文辉因烟土被缉既伤了颜面又受了损失,岂肯善罢甘休,一口咬定四川缉获的烟土是西康解交内政部的缉私烟土,公然向川省主席王陵基索取正式收据。而川省所缉烟土封存于省保安司令部期间,已被保安司令部官员提出一部分私行分赃,抛售于成都的烟土黑市。西康省府得知后,对王陵基大加攻讦,指责川省将西康解交中央的烟土截拿私分,致使王陵基大为被动。惩处保安司令部官员,便等于承认西康政府的指责为事实,不加惩处,则私分烟土事实昭彰,无法掩盖。最后王陵基只得请出潘文华出面调停,将缉获的烟土提出小部分予以焚毁,借以掩盖视听,其余大部分烟土交还给西康刘文辉。这样,川康的王、刘两主席的一场龃龉始告平息。此后遇有西康军人运烟进川,川省政府再也不敢轻举妄动了。从西康省军政一体,上下沆瀣,一面敷衍中央禁政,一面大肆纵容烟毒借以牟利的事实,到红牌楼武装运毒案的处理过程,可以看出国民政府中央权威的屡弱及对各省控驭能力的虚弱。像西康省这样肆意破坏禁政,中央政府尚无力约束,对于一般省份的消极敷衍,中央政府除了颁发公文予以督促,更无什么有效的办法。中央政权与地方政权在统一表象下存在的分裂,正是国民政府政权机制的致命弊端,从这一角度来看,国民政府对各省的禁政,不可能发挥出强有力的监督与领导作用。

(四)地方政府执行不力

地方政府是落实禁政的首要责任人。战后国民政府禁毒的失败与各级地方政府执行不力有极大的关系。尽管战后各级政府在禁毒机构设置、法律实施、宣传教育等举措上看上去大张旗鼓,搞得有声有色,但实际上多数地方政府对于禁政多是形式大于内容,据国民政府派驻各地的禁烟特派员和督导专员的观察,"敷衍应付,缺乏主动精神"是各地办理禁政的普遍问题。"各地对于禁政,甚少主动,企划且乏积极负责精神,以致犯者累累,而破获甚少。

考其统计报表,几近肃清,实际则全属敷衍。""施禁人员多以禁政事简,一纸公文即可禁绝,故对奉颁法令从不悉心研究,其能注意施禁方法与技术者更不多见。"而且,接到烟毒违禁事件的检举或情报部门的送查案件后,"大都经年累月,悬案不绝。或则转查去后,毫无结果"。① 如甘肃各县,"视禁烟为例行公事。部派检查专员到达各县时,查禁较为紧张,迨专员他往,则又因循怠忽,甚至不加查禁"。② 1947年10月,重庆行辕召集辖区川、康、滇、黔四省及重庆市政府主管禁政的部门官员讨论禁政会议,主持会议的行辕萧副主任首先发言指出,以他的考察,当前办理禁政最主要的缺点就是"舍本逐末,敷衍公事"八个字。各地对于私种罂粟,下种时不去理会,等到烟苗出土后,有人检举告发,经上级机关层层批转,命令查铲时,才去草草查铲一番。待烟土上市,又不能普遍严密查缉,以致烟毒运销暗中畅行无阻,因此制毒吸毒之人有增无减。政府禁令虽严,但"违禁人数太多,缉不胜缉,戒不胜戒,徒增繁难,无济于事"。③

相对于多数省份的敷衍应付,四川、西康等少数省份的禁政情形更为糟糕。按照全国禁烟特派员和督导专员工作会议对川康两省禁政做出的评价,"地方当局不仅无施禁决心,甚至自身即系违禁犯科之人。其所表现于禁政者,在使禁烟机构变为运输贩卖之组织,禁烟人员变为贩卖之烟商。禁政之败坏,莫过于此"。④ 1946年1月23日至4月9日,内政部禁烟委员会派查禁专员姚荣龄到西康省的宁属8县实地调查烟毒情形,并考核地方政府的施禁成绩。姚专员经过2个多月的实地考察,向内政部报告说:"西康自建省以还,迄已六载,而禁者自禁,种者自种,吸者自吸,不唯毫无进步,且使毒焰日张。不唯夷区发现烟苗,即汉区亦大量发现。不唯僻远之地,幽邃之处毒卉潜滋,而区署左右,大路两侧,亦尝罂花映目。……专员行经各地,不独殷实

---

① 《禁烟特派员和督导专员工作讨论会纪要》,内政部禁烟委员会档案,中国第二历史档案馆藏。
② 《禁烟特派员和督导专员工作讨论会纪要》,内政部禁烟委员会档案,中国第二历史档案馆藏。
③ 《重庆行辕辖区各省市禁政座谈会纪录》(1947年10月),中国第二历史档案馆藏,档案号一(1)1882。
④ 《禁烟特派员和督导专员工作讨论会纪要》,内政部禁烟委员会档案,中国第二历史档案馆藏。

之家,家家吸烟,即赤贫者亦普遍吸食。烟民之多,任何地区不足与比,在医院戒烟者,有三五岁上瘾之孩童。"这种情形,虽有其特殊的经济社会原因,但与西康省政当局以烟养军,以烟系政,包庇纵容的政策有着直接的关系。"政府机关,每年将办理禁政之所得予以提成,以弥补政费之不足,并分润同僚。军事机关则武装贩运,以为筹饷及扩充实力之唯一办法。甚至从事党务者,亦常利用监察职权插足禁政圈,以调剂清苦之生活。地方土劣,则千方百计为政府谋生财之道,流氓地痞,则寻机觅缝为土劣奔走,同以鸦片为共同发财之目的。"言及于此,姚专员感慨地说:"今日之西康,烟毒之渊薮,贪污之源泉。专员足迹所至,稍加查访,不曰此县城文武官员除某某数人外无不经营鸦片,便曰此县城官绅多与鸦片发生关系。似此几乎无官不贪,以言考核,诚不知如何着手。"①西康省政当局既要以烟养军,以烟系政,又不能不敷衍中央,因此,在施禁方法上便采取一种自相矛盾的做法,既广贴布告严禁私种罂粟,又暗中鼓动民众放胆栽种,甚至通过地方土劣向民众提供罂粟种子。既向种烟民众抽收烟税,又时常查铲烟苗。这种自相矛盾的做法固然敷衍了中央,却时常遭到种烟民众的激烈抵抗,不断演出流血事件。1945 年 4 月,西康军队 136 师 822 团到越儒县普雄铲烟,便被当地民间武装打掉两个营。1947 年春,西康政府为应付中央禁令,再次派部队在西康雅属地方铲烟。由于查铲部队一路烧杀,激起袍哥武装与种烟民众的共同反抗,结果派出铲烟的三个保安大队在荥经遭到围歼,一千余人全军覆没。省保安司令张禄宾被活捉杀死,悬尸示众,一千余支步枪,八十余挺机枪全部被地方武装缴获。这就是当时震惊全国的西康"雅属事变"(即"荥经事变")。自此之后,西康民间种烟更盛,地方政府不敢贸然派兵武装查铲,施禁措施只是做做样子而已。

另一方面,自晚清鸦片弛禁,至抗战胜利,几近百年,鸦片早已融入国计民生,在一些地区,甚至成为民众的主要生计来源,这也是地方政府客观上对于国民政府禁毒政策执行不力的重要原因。这一点在县级及以下地方政府推行禁政过程中表现得尤为明显。县级以下的地方政府作为政权的底层,国民政府中央从来也未能真正实现有效的控制,而地方豪绅势力则把持着权柄

---

① 《内政部禁烟委员会视察西康宁属禁政报告》,内政部禁烟委员会档案,中国第二历史档案馆藏。

的各个段落,使地方政府变成为地方有权势上层人物的利益服务的工具。在许多地方,豪绅势力甚至操纵着地方政府,没有豪绅的赞同,地方政府甚至无法执行上级政府的命令。这种状况在推行禁政的活动中同样表现得非常明显。1948年的禁烟特派员和督导专员工作讨论会即提出:各地烟毒未能肃清,各种特殊势力之包庇抗玩,要为主因。所谓特殊势力,首先是地方上的土劣恶霸,其次是乡镇保甲长及地方政府官员,此外还有帮会、土匪或流亡军人等等。这些土劣官绅在地方上有权有势,且互相勾结,关系网盘根错节,很难查处,社会人士惧惹是非,一般也不敢出而检举。即使查明违法犯禁,在重重关系网的保护之下也难以依法惩处。一些禁烟特派员也反映各地办理禁政,遇到"豪强巨憝"违禁犯法,"或则曲予包容,或则避撄其锋",以至法纪不伸,一般奸民视禁令为具文。① 应当说,这些情况从中央政府到省级政府并非不知,但基层政权力量薄弱,国民党的基层组织本身也软弱不堪,无力监督地方政府,因此基层政权不得不向乡村豪绅势力退让,默认其事实上拥有的各种特权。其实,腐败正是政治软弱的集中表现,是缺乏有效的约束与监督机制的必然结果。就地方政府尤其是施禁官员而言,真正努力奉行禁令者也是凤毛麟角,"或则畏惧豪门巨室,遂致有所瞻顾,因循敷衍;或则徒事外表,欺蒙粉饰;或则为利之所诱,竟敢乘机放纵,取巧渔利",②如四川省历来就是鸦片的主要产地,抗战期间国民政府迁都重庆,川省禁政即在国民政府监督之下,因此,就川省政府而言,自然不能再以烟税充裕财政。六年禁政结束时,川省政府即在财政预算中勾去了鸦片税收一项。但是,川省政府愿意放弃鸦片税收,各级官吏和盘根错节的地方势力,甚至是赖此为生的普通烟农皆不愿放弃鸦片利益。各方势力依然通过层层的关系网,为私种罂粟提供保护,借以插手分肥。从川省的烟毒情形来看,虽然川西雷、马、屏、峨的垦社受到武装查铲,但转而复种的现象时有发生。至于川西的其他地区以及川省与陕、甘、康、滇等省的毗邻地带,滥种罂粟的情况仍很严重。1946年在松潘、靖化等地,均曾发生烟匪戕杀禁烟官吏之事。1947年4月,川省第十四行政

---

① 《禁烟特派员与督导专员工作讨论会纪要》,内政部禁烟委员会档案,中国第二历史档案馆藏。

② 《重庆行辕辖区各省市禁政座谈会记录》(1947年10月),国民政府档案,中国第二历史档案馆藏。

专区(即剑阁专区)新任行政督察专员燕德炎决定强行铲烟,一上任便率保安团队下乡查铲。当地党、政、参、团及军警、袍哥势力沆瀣一气,上下勾结进行阻挠和破坏。先是怂恿燕专员带兵去广元、旺苍、青川、平武等边远县份查铲,专员带兵走后,城防空虚,他们便唆使匪徒进城破狱劫囚,又鼓动已受招安的匪首率众反叛,四处抢劫。沿途军警不仅暗中保护,而且提供武器,使其畅行无阻。在制造了一连串震动全川的大案之后,这些两面三刀的地方实力人物纷纷站出来,指控燕专员有匪不剿,纵匪殃民。结果燕德炎上任3个多月便被革职,旺苍、平武等县4万余亩烟苗,铲除数千亩便只好作罢。川省第十六行政区专署更直接地指出:"厉行禁烟已久,而越禁越烈,实由于县以下各级执禁人员阳奉阴违敷衍塞责甚至有包庇倡种、抽收烟税者。"①

由此可见,中央政权的软弱导致省级政权呈现半独立状态,而县级政权的孱弱使得乡村豪绅势力实质性地把持与操纵着基层政权机构,使中央禁政在省级政府至县乡保甲各级地方政府的贯彻过程中均重重受阻。所以,禁令的贯彻只能是表面文章,外严而内弛。

由于对基层社会控制力的松弛,有些地方禁政恶化,烟毒再度呈现半公开化。如湖南湘西地区,沅陵、黔阳、晃县、辰溪、溆浦等县,运售吸食烟毒的现象随时可见,泸溪县城中即设有烟馆,龙山县更是"种运售吸情事几无乡无之。大达乡土霸师兴周拥枪千余,包庇种烟,为公开之事实"。② 贵州省都匀县公民代表上书中央政府说:"政府为贯彻法令,曾经三令五申。无如言之谆谆,听之藐藐。如我黔南都匀,烟馆林立,城内场坝,岂仅百余家。无知小民偷运吸食,少数无钱活动,被抓送法院办理,有权有势者,不特吸食,甚至包庇开设(烟馆)、共谋利益。"③贵州镇宁一位退伍军官写信给蒋介石,说在镇宁"吸食鸦片者随地可见可闻。一般奸商暗地买武器弹药,运至产烟地区兑换鸦片。地方机关,奉到政府法令,都是敷衍了事。所搜集之烟土,未见缴呈中央,或得钱卖放,或以真报假,或以多报少,无奇不有"。④

---

① 《四川省第十六专署派员复查松潘各地烟苗情形》(1949年3月),内政部禁烟委员会档案,中国第二历史档案馆藏。
② 《湖南省卅七年度下期烟毒勘查一览表》,内政部禁烟委员会档案,中国第二历史档案馆藏。
③ 《黔省办理禁烟情形》,内政部禁烟委员会档案,中国第二历史档案馆藏。
④ 《黔省办理禁烟情形》,内政部禁烟委员会档案,中国第二历史档案馆藏。

解放战争进入后期,国民政府行将崩溃之际,各地禁政更难维持,甚至部分地区再度恢复借烟征税的情况。1948年,桂林绥靖公署成立自卫特捐委员会,统一包运专卖鸦片烟土,允许大、中城市开设烟馆、抽收烟捐。这一政策使得当地的贩毒、吸毒现象再度猖獗起来。到1949年,国民党政权在大陆的统治走到了尽头,地方政府已没有多少精力和兴致去进行禁烟禁毒工作。如西康政府的施禁计划是继续防种查铲、继续封锁少数民族地区、继续对烟民施戒调验等。① 其他如广东、福建、贵州等省施禁计划也不过是继续防种、宣传、查缉、施戒等项,这些禁政事项施行数年未有显著效果,即使编入计划也无力实施。基层社会也渐呈失控状态,对禁令多不理会。1949年3月,川省第十六专区派员查勘松潘各地种烟情形,结果是"松潘县本年春烟种植甚为严重"。不少乡保长因管束松懈,都包庇倡种,借以取利,对查铲人员行贿不成,便武力抗拒。② 广东省作为国民政府中央退出大陆前夕的所在地,也大面积种植了罂粟,1949年春进行查勘发现番禺、东莞、花县、南海、云浮等30县均有私种现象,铲除烟苗达20355亩之多。甚至广州市的彬社区和敦和区也铲烟33亩,烟苗已栽种到国民政府中央的眼皮之下。③ 到1949年夏,云贵、两广地区的烟毒禁令已名存实亡。川康地区烟毒情形本来即很严重,1949年春地方政府曾象征性地进行了一番查禁,但此后再也没有什么查禁举措,烟毒禁令事实上归于废弛。1949年中华人民共和国成立前夕,仅广西梧州地区每月买卖鸦片烟土数量即达1.6万斤,有鸦片烟馆(档)二三百间,吸毒成瘾的烟民2000多人。

(五)机构设置未尽合理

国民政府在形式上从中央到地方设计了一套禁政机构体系,将相关的机关单位全部作为责任单位赋予了其相应的职责,同时还划分了禁烟督导区,表面上看统属有序、各有分工,但这种机构体系在实际工作中存在着极大的问题。

首先,地方政府禁政主管机构力量薄弱。就省级禁政主管机构民政厅而

---

① 《西康省卅八年度肃清烟毒计划》,内政部禁烟委员会档案,中国第二历史档案馆藏。
② 《四川省第十六区署派员复查松潘各地烟苗情形》,内政部禁烟委员会档案,中国第二历史档案馆藏。
③ 《广东省卅八年春铲除烟苗一览表》,内政部禁烟委员会档案,中国第二历史档案馆藏。

言，其下属具体负责禁政的机构，有些省份是专设禁烟科以承担禁政事务，有些省份则是在某一科下设置禁烟股，有些省甚至只是在某科室中指定某个科员负责禁烟事务而已。主办禁政的人员一般也多由负责其他事务的人员转管此项工作，甚或只是兼管禁烟业务，因此，精通禁政业务和法令的人少之又少。主管禁政的人员缺乏专业化的知识，自然影响到禁政工作的开展。从禁烟主管机构的人员配备来看，设置禁烟科的省份，人员配备就多一些，一般有10人左右；但未设禁烟科的省份，主办禁政的人员便很少，如贵州省只在省政府民政厅第三科下设置禁烟股，人员仅有一名股长、两名科员而已。[①] 以如此少的人员主办如此繁杂的禁政事务，自然力所不逮。内政部禁烟委员会经常批评各省主办禁政人员在工作上缺乏主动和积极负责的精神，其实，由于多数省份主办禁政的人员过少，又缺乏足够的业务知识，应付中央部署的施禁措施已属不易，很难指望他们根据中央政策法令的精神，主动地、创造性地开展禁政工作。由此也可以反映出许多省市政府对禁政工作并未予以应有的重视。

其次，协办机关有名无实。虽然国民政府通过法令法规划定了众多的部门作为禁政的协办机关，意在加强协作，从各方面为禁政工作提供条件，但实际上禁政工作仍是主管机关的独角戏，这就影响了施禁的效果。如查缉毒品贩运得不到交通部门的协助，便很难取得理想的成效。不仅协办机关有名无实，省与省之间的协禁也徒具形式，如为防禁私种，川康滇黔都会商订立了协禁联防办法，但事实上，"能和衷共济，切实会商执行者，确属少数"，以致这些交界地带"兵去匪来，铲后复种，此剿彼窜，难以彻底"。[②]

再次，禁烟协会难以发挥作用。组设禁烟协会是为了加强政府与民间力量在禁烟禁毒事务中的合作，到1947年5月，苏、浙、豫、鲁、皖、晋、冀、绥、粤、陕等14省及南京、上海、北平、重庆等市相继组设了禁烟协会。各省禁烟协会之下还组设了为数众多的县级禁烟协会，如江苏省有41个县级禁烟协会，河南省有55个，陕西省有32个，山西省有28个。按照内政部下发的《禁

---

① 《贵州省政府与滇黔区禁烟特派员禁烟联合会议记录》，内政部禁烟委员会档案，中国第二历史档案馆藏。

② 《重庆行辕辖区各省市禁政座谈会记录》(1947年10月)，国民政府档案，中国第二历史档案馆藏。

烟协会组设要点》第七条的规定:"协会经费,由协会自行筹集。其工作著有特殊成绩者,该管地方政府得酌予补助。"事实上,抗战结束后各地经济凋敝,物价上涨,很难依靠募捐或接受赞助的办法筹集经费。既然经费无法筹集,协会工作自然也难以开展。尽管不少省份建议将禁烟协会经费纳入政府预算,由中央政府拨款,但中央政府财政困窘,无款可拨,这一问题始终未能得到解决。

最后,禁烟督导区制度也未能发挥应有的作用。禁烟特派员和督导专员是中央派驻地方,代表中央禁政主管机关监督指导地方政府开展禁政活动的官员。但禁烟特派员公署(办公处)与地方政府的禁政主管部门之间并无行政上领导与被领导的关系,监督和指导究竟应采取什么方式也没有明确的规定,因此如何进行监督和指导便是个不易处理的问题。不少省市主管禁政的人员很少,对禁烟特派员公署的督导感到不胜其烦。禁烟督导制度本身也存在若干缺陷,禁烟特派员公署除特派员一人及督导专员二至三人外,并未配备办事人员,因此一般事务性工作已使禁烟特派员"虽夙兴夜寐,仍顾此失彼,无能为力""对外则工作迟缓,推动不易,对内则公文积压,招致责难",①作为中央禁政机关的派出机构,禁烟特派员公署应当属于行政性的机构,但按照有关规定,禁烟督导机构应按"民主方式"组建,这样一来,禁烟特派员与禁烟督导专员的隶属关系便模糊不清。名义上督导专员应受禁烟特派员指挥管辖,但由于"民主"的建制原则,以及内政部不断强调"人和",以致禁烟特派员对禁烟督导专员不便管理,只有客气相处。禁烟特派员作为公署的负责人员,必须承办来自中央的各项规定和指令,特派员因不便指挥督导专员,只得事事躬亲,"而督导专员竟可悠游自若,作壁上观"。② 这表明禁烟督导制度未能走上正轨。另外,禁烟特派员公署是中央派出机构,办公经费由中央拨给,每年定额为10余万元。这一拨款定额在筹建禁烟督导制度之初尚属宽裕,但随着物价迅速上涨,这笔经费很快便不敷使用了。这样,督导作用就受到了很大的限制。

---

① 《浙江区禁烟特派员检讨禁烟督导区制度利弊并陈改进意见》(1947年4月),内政部禁烟委员会档案,中国第二历史档案馆藏。
② 《浙江区禁烟特派员检讨禁烟督导区制度利弊并陈改进意见》(1947年4月),内政部禁烟委员会档案,中国第二历史档案馆藏。

(六）财政经济难以支撑

根据国民政府制定的相关法规,禁烟禁毒经费主要由各地方政府承担,但禁政不但大大减少了地方政府的烟税款项,相反还需其拨款推行禁政,因此,虽有明文要求必须专款列入地方政府的财政预算,但实际上,"各级政府对此仍多忽略,未照规定列入。或虽然列入,仍被核定机关予以剔除"。① 1947年3月,中央决定查缉毒品举发烟毒的奖金由中央拨发,地方筹建戒烟院所及调验所的经费可以由中央酌予拨补。这样一来,地方政府指望中央拨款额拨的禁烟经费便更少了。如河南省,"因省库奇绌,所列禁烟经费总数不足一次派员督导之需"。② 大多数省份都希望由中央财政拨补禁烟专款,但中央财政同样困窘,不可能大量向各省市拨付禁烟经费,因此各省市普遍存在禁烟经费严重短缺的问题。由于缺乏经费,筹设和充实戒烟院所、调验所,查缉和举发烟毒,查铲私种烟苗等都无法实施。如陕西省根据1945年3月拟订的《各区烟毒检查专员设置办法》,将全省各县市局划为四个烟毒检查区,由陕西省政府遴员派往工作,其所需经费当时因该省当年度禁烟善后经费已经核定,遂由省禁烟专款结余下开支。各区烟毒检查专员设置以来,取得了一定的成效,抗战胜利后,"一切庶政均待建设,对于肃清烟毒更属刻不容缓,此项机构实为检查烟毒及督导考核各县局办理禁政工作唯一有效方法",仍有保留必要,但陕西省的禁烟专款结余已告罄,若保留机构则经费无从着落,无奈之下,陕西省政府向国民政府内政部提出申请,"所有薪旅等费及生活补助费列入本府三十五年度总预算内请由国库拨发,其补给食粮亦由本省省级公粮内拨发"。此外,陕西省的烟毒调验工作也同样面临着经费的困难。根据国民政府及陕西省政府相关要求,拟在每一专署驻在地开办一所完善的戒烟调验所,以便加强禁吸工作,但因陕西地方贫瘠,民力凋弊,各县预算不敷甚巨,如依照相关办法设置调验所,所需经费粮食均非当时地方财力所能负担,为兼筹并顾计,陕西进行了变通办理,即不设专门的调验所,而是就原有卫生院所充实人力负责办理调验事宜。具体方案包括:1. 各县

---

① 《禁烟特派员和督导专员工作讨论会记录》,内政部禁烟委员会档案,中国第二历史档案馆。
② 《河南省政府今后肃清烟毒改进意见》,内政部禁烟委员会档案,中国第二历史档案馆藏。

设有卫生院者,于院内增设医师、护士各一人;设有卫生所者,于所内增设医师一人。2. 医师、护士待遇比照县级公务员待遇标准,医师月支底薪二百二十元,护士月支底薪一百元。3. 卫生院所另设调验室专供调验及勒戒烟犯之用,原有房屋不敷时,由卫生院所商承县政府另辟使用,其警卫事宜应责成县府派驻警察负责。4. 卫生院所内不再分组,遇有勒戒烟犯时,仍由卫生院所办理。即便如此变通办理,陕西地方戒烟调验所仍因经费问题而受影响,"兹本省为平衡各县地方财政收支,紧缩县级机构,经拟具方案,将本年各县卫生院所添设之医护人员,自七月一日起一律裁撤,所有各县卫生院所调验室调验嫌疑烟民事宜,仍责成原有医护人员切实办理"①。因经费原因而裁撤新聘之专门负责戒烟调验人员,相关工作委之原有医护人员,此法虽从政策条文上可以规定,但人员紧张、人手不足,必然会影响禁政相关工作的开展。

最后,战后国统区难以遏制的通货膨胀成为制约禁政实施的重要经济因素。抗战中期以后,国统区就出现了较为明显的通胀现象,1945年1至7月,物价上涨了251%。通货膨胀虽然主要是缘于战争的消耗,但与国民政府权力的软弱,未能创造出新的税收来源同样有着重大的关联。国民政府的经济基础原本是东部城市与沿海地区的税收,中央政府迁往经济落后、统治薄弱的大西南地区后,情况就发生了变化,在这里,农村地区变成了税收结构的主要部分。由于政治控制力的软弱,它的岁入很快便减少了63%,其结果便是不得不依赖无节制的赤字财政。抗战结束后,为了应付严重的物品短缺,国民政府只得从外国进口,一时间洋货如潮涌般地进入中国,到1947年2月,国家的外汇储备已经用尽。这种大规模的进口虽然一时缓解了物品短缺,但大大伤害了民族工业及农村经济的复苏,通货膨胀仍然继续蔓延。此后,国民政府执意发动内战,并将其政府开支的65%—70%用于军事,而且由于缺少收入来源,将近70%的开支是靠发行没有保证金的纸币。这样,物价的致命飞涨便一发而不可收了。法币的急剧贬值大大打击了民众对国民政府的信心,所有人都在抛出法币,赶紧换成实物,而货币周转速度的加快又进一步加剧了通货膨胀的程度,到1947年底及1948年,物价的上涨已经是直冲云

---

① 朱文原编:《国民政府禁烟史料》(第二册),组织法令·三,第534页。

霄。万般无奈之下，国民政府只得铤而走险，于 1948 年 8 月 19 日颁布"财政经济紧急处分命令"，宣布实行金圆券改革。但仅仅 40 天，金圆券改革便告失败。

通货膨胀对于禁政的负面影响主要表现在以下几个方面。

首先，通货膨胀导致币制贬值，使得禁烟经费得不到保障。如有些省份就抱怨向中央申请的禁烟经费，辗转拖延几个月，领到款项已经没有多大用处了；另有一些省份禁烟经费本已捉襟见肘，再经货币贬值，几乎等于没有经费。各地戒烟院所及调验所除公私医院兼办的以外，因经费无着大多无法正常工作。至于法院、警局缉查和审判烟毒案件，同样存在这个问题。有的法院呼吁，如果囚粮及监所经费跟不上物价上涨速度，在押人犯将成批地饿死于狱中。对于贫苦烟民吸食烟毒的案件，法院更惮于处理，判处罚金毫无用处，收监执行又徒耗钱粮。总之，在禁政中所有涉及经费的方面和环节，均由于货币的急剧贬值而变得不堪维持。在严重的通货膨胀的情势下，国民政府颁布的所有关于奖励查缉烟毒、举发种烟的法令也变得无法执行。在制定法令时奖额都定得很高，但很快这些奖励都变得微不足道，丝毫起不到鼓励人们检举揭发烟毒的效用。即使是反复修改奖励幅度，也还是于事无补。以《查缉毒品给奖及处理章程》为例，从 1940 年 3 月到 1945 年 12 月前后修改了六次，最后只好改为由各省市政府根据当地实际情形自定奖励标准，报行政院核定。到了 1947 年之后，缉获烟毒的奖金额无论怎样调整也跟不上物价上升幅度。因为这笔奖励由中央负担，事实上也不可能按超过黑市价格的标准发放。1948 年，河南省府、江苏省府等被核定的缉获吗啡、海洛因、高根的奖金为每两 12 万元，而黑市却价值几亿法币。由于奖金先要由各省府垫发，每 3 个月上报中央一次，待核实后再由中央如数拨还各省府垫发的奖金，这样各省也不愿过高提升奖金标准，因为垫发的奖金经过几个月后，又不知贬值了多少倍。由于烟毒的黑市价格太高，而缉获毒品的奖金太低，原有的一些禁烟法令无法执行，而查缉机关及员兵隐没盗换缉获的烟毒，或查缉中得贿卖放的现象则层出不穷。有的警局将缉获的烟毒转手抛入黑市，以此解决员警的薪资低薄问题。可见，由于货币的急剧贬值，禁烟经费形同虚设，许多禁政措施因经费缺乏而无法落实，而烟毒价格的奇昂，又使得查禁烟毒的各个环节变得流弊重重，禁政自然难见成效。

其次，由于人们已丧失了对法币的信心，以货易货的交易形式重新变得普遍化，烟毒充当一般等价物的现象在许多地区又开始出现，像白银、黄金一样，成为交易中的硬通货。这种现象虽不是公开的，却是普遍的。烟土买卖，使用的主要是银币、黄金等硬通货。人们有其他货物或法币，也常常换成银币、黄金或烟土以求保值。法币虽然仍在流通，但币值急剧下跌，已很难起到一般等价物和价值尺度的职能。根据一些老人的回忆，在法币形同废纸的年代里，人们手中的法币除用于抢购必需品之外，首要考虑的是想办法购买金银器或烟土以求保值，其他如布匹、衣服、食品、鞋子也要抢购，而这些东西在当时也可交换其他物品。中华人民共和国成立后在全国厉行禁烟，一些不吸烟毒的人也从宅屋的地下把贮藏的烟土挖出，上交地方人民政府，这些烟土主要是为保值而贮藏的。烟土由于货币的极度贬值而重新拥有交易媒介、价值尺度等社会经济功能，表明烟毒对社会的渗透程度重又加深，肃清烟毒变得更加困难。另外，由于烟土价值极昂，人们种烟图利的欲望更强，偷种现象大为增多，到1949年，云南、贵州等少数尚被国民政府占据的省份均出现大规模种烟的现象。整个西南地区在解放前夕种烟土地竟达154546万亩，占全部耕地面积的9.4%，产烟约23万担。

最后，通货膨胀打击了社会政治经济的各个方面，加速了国民政府的崩溃。在这种危难之际，禁烟禁毒的重要性对于国民政府来说，早已退居到无关紧要的地位了。进入1947年之后，国统区的经济状况已经是糜烂不堪，所有缓解经济崩溃的努力都宣告无效，到1948年，经济的崩溃趋势已无可挽回了。几乎所有的人都明白，如果经济垮了，政治与军事的全盘覆灭也就接踵而至，绝望的空气笼罩着整个国统区。在经济崩溃的同时，军事上大规模的失败也到来了。从1948年9月到11月，中国人民解放军占领了整个东北。11月8日，中国人民解放军已向南京、上海的最后一道军事屏障徐州发起了攻击。此时的国民政府已开始南迁广州，一些政界要人和富商大贾携带家眷，纷纷夺路而去，一个星期内即有5万多人逃到香港。此后，这个出逃数字便直线上升。这表明包括国民党要人在内的整个上层社会对国民政府在大陆的统治已丧失了信心。到1948年12月，国民政府各机关均已接到准备撤退的通知，禁烟的主管部门——内政部及其所属的禁烟委员会也不例外，并预借了遣散家眷的经费。在这种情境之下，国民政府已经没有多少心思用在禁烟方面了。地方政府也同样如此,不少省府在1948年9、10月份按照要求汇报禁政情况、提出改进意见时均显现出情绪低落、敷衍应付的状况。有些省份虽然名义上仍属于国民政府,但只控制了该省的小部分地区,如热河省当时能控制的只有承德、滦平两县,连该省政府还能存在多久都难以预料,哪里还有心力奉行禁政。另外,严重的通货膨胀也大大加剧了国民政府的腐败。抗战之后随着通货膨胀的日益严重,国民政府各级官员的实际收入直线下降,仅存的一点奉公精神被消磨殆尽,腐败贪污变得无处不在。禁政方面,由于烟毒价高利厚,同样也是贪污腐败的渊薮,执禁人员经手烟毒,贿纵卖放、缉多报少、以假换真或私分隐没,都是常见现象,属于公开的秘密,甚至有的缉查人员也受雇于烟毒贩,为其包运烟毒。至于警察局办理禁政,更是黑幕重重,手法穷极诡诈,非笔墨所能尽述。在国民政府、内政部及禁烟委员会留下的档案中,关于地方官员借禁舞弊或敛财分肥的控案连篇累牍,不胜列举。既然众多的官员要靠禁政敛财肥私,那么,禁政便只能是表面文章。

(七)底层民众缺乏救助

国民政府虽然认识到禁毒"特重禁吸",但由于施戒及配套的救助措施跟不上,禁吸问题一直困扰着各级禁政机关。社会中下层烟民在烟民群体中占大多数,其中靠吸食烟毒增加体力去做苦工养活家小的贫苦烟民更不在少数。贫苦劳动烟民的施戒工作必须同烟民救济一起进行,但在各省市禁烟经费奇缺的状况下,烟民救济工作只能是纸上谈兵。按有关法律的规定,对于赤贫烟民施戒调验,所需费用应予减免,这一规定似乎考虑到贫苦劳动烟民的难处,但地方政府无力承办,规定也就成了空话。抗战后由于各地组设了禁烟协会,于是地方政府又将烟民救济工作视为禁烟协会的当然任务。禁烟协会本身的经费尚需自筹,更不用说为赤贫烟民及其家庭筹募生活补助。查缉机关和审判机关对于这些贫苦劳动烟民也缺少适当的处理办法,严加缉拿则缉不胜缉,法院因粮和监所有限,也惮于大量处理赤贫烟民。而不加缉拿,又与厉行断禁的政策相悖。由此形成方方面面对贫苦劳动烟民惮于处理的状况。战后禁烟时期,乃至整个国民政府时期,底层贫苦烟民的施戒问题均未得到妥善的解决。由此可见,尽管国民政府中央为肃清烟毒,制定、颁布了一系列的施禁措施,但落实和执行的情况普遍不佳,有些施禁措施甚至徒具形式。更有甚者借"戒"牟利,以上海为例,1946年6月,上海市政府登记烟民有 6060 人,直至 1949 年年初,据市警察局统计,才调验了 4556 人。其中有瘾复发者 584 人。最初以 10 天计算,有 5 万元就可以调验烟民 1 人。到了 1947 年 8 月,因物通货膨胀,涨至 20 万元,至 12 月升至 40 万元,尚须一次缴清,如此费用,一般贫苦烟民自然难以承担。而调验的实际成本,1948 年年底才需 3 万元,戒烟药剂甲种全剂为 8800 元,乙种 5760 元,丙种 4320 元。① 1948 年 2 月 7 日,内政部禁烟委员会主任视察江苏兼上海区禁烟特派员办公处工作时,向内政部报告说:"沪市环境复杂,交通便利,所有贩运制造烟毒,悉以该地为东南各省集散之地,办理禁政困难较多。……二为贫苦烟民一身而系全家生计,施戒困难。"同时,罂粟种植因缺乏替代产业,赖此为生的烟农断难舍此营生,以致各地暴力抗铲事件频发。这就导致各级政府,尤其是基层政府在"种""吸"两端因缺乏对底层贫苦民众的求助而投鼠忌器难有作为。

(八) 国境边界管控乏力

国民政府虽然意识到禁毒外交的重要性,并在战后积极参与、主动推进国际禁毒合作,但因力量衰微,其在国际禁毒领域的影响力及交涉的成效并不明显,尤其是南方诸省与缅、越等国接壤的国境边界地区,成为抗战之后禁政工作的一大难点。一方面,二战结束之后,法属越南、英属缅甸在毗连我国边界地区仍大量种植罂粟。广西与越南毗邻地区,情形也同样如此。由于我国厉行断禁政策,烟毒黑市价格高昂,因此边境毗连地区所产烟毒除供自己消费,率多流入我国。另一方面,这些边境地区由于"僻处极边",也是政治统治相当薄弱的地区。且云南与缅甸之间有很长的未定界地段,"情形更为特殊,历来未经施治"。② 许多不法商人和莠民越过边界购买烟土偷运回国销售。由于边境线绵长,地形复杂,小路过多,随在皆可出入,因此,防缉工作难以奏效。中方边境地区因受境外的影响种烟现象也随之增多。有些距离边界较近的边民为了种烟,常常举家迁至境外。其迁徙原因主要是国内禁种鸦片,而边民素以种鸦片为生,一旦禁绝,生活无法维持。云南省政府边境县局

---

① 刘光清:《抗战后的上海禁烟》,全国政协文史资料委员会编:《中华文史资料文库(第 8 卷):民族宗教编》,中国文史出版社 1995 年版,第 661 页。
② 《云南省政府禁政工作报告》(1947 年 7 月),内政部禁烟委员会档案,中国第二历史档案馆藏。

的报告也证实边民迁徙为常见现象,当时中缅边界多为未定界,"人民既有迁徙,其未定界地区,于界务亦受影响"。① 当时英属缅甸政府也有意招徕中方边民,"英人在滇缅边境利用教会唆使中国边民移入彼境,每户借与耕牛一条,种子30箩,以及无息贷款,指定耕住地,三年以后每户酌收门户英洋四元,边民贪利忘害、受惑效尤"。② 迁往越南的边民也为数不少,"人民因羡慕彼方得自由种烟,贪图厚利,年来迁入越南者甚多"。③ 这些移居缅越的边民熟悉边境地区的情况,很容易躲过查缉,将烟毒运入内地。抗战之后在广西、云南等地出现的"小朝货"④就是由越南流入中国的烟土。由于边境禁政牵涉到国家主权,问题便复杂得多。中国政府曾就毗邻地区种烟问题反复与缅越殖民政府交涉,并呼吁国际社会共同关注,但均无实际结果,而英缅当局则称缅境鸦片已基本铲除,是中国云南大种鸦片以致烟毒大量流入缅甸,并在联合国禁烟会议上指责中国边境种烟影响了缅甸政府施禁。云南省政府曾提出由中缅两国联合勘查边境种烟情况,但在两国边界尚未最后勘定的情况下,即使查勘种烟也难以判明责任。因此,解决边境地区的施禁问题,除了通过外交途径的交涉,只能要求边境省份加强查缉。事实证明,由于边境漫长,随时皆可出入,查缉几乎没有明显的效果。至于改善边民生活,发展边境地区经济和文化事业,虽也有人提出,但条件所限,无从施行。

---

① 《云南省政府关于缅越与我接壤地区边民违种鸦片迁徙国外情形代电》(1947年9月),内政部禁烟委员会档案,中国第二历史档案馆藏。
② 《云南省政府关于缅越与我接壤地区边民违种鸦片迁徙国外情形代电》(1947年9月),内政部禁烟委员会档案,中国第二历史档案馆藏。
③ 《云南省政府转呈第五行政区专署代电》(1948年6月),内政部禁烟委员会档案,中国第二历史档案馆。
④ 边民称中国为大朝,称越南为小朝。